競売不動産
取扱主任者
公式
テキスト

# 競売不動産の基礎知識

## 4訂版

一般社団法人
不動産競売流通協会
代表理事

青山一広

著

住宅新報出版

# はじめに

## 競売不動産取扱主任者を目指すあなたへ

「競売不動産取扱主任者」、聞きなれない名称かと思います。

通常、不動産業に従事するには「宅地建物取引士」（以下、「取引士」）の資格を保有する必要があります。これは国家資格であり、不動産を取り扱う際の必須資格と私は考えております。

しかし、今日、不動産の取扱いや運用の多様化が進むなかで、「取引士」の業務範囲を超える相談も多くあるのが現状です。例えば、相続や投資、リフォーム、そして競売不動産の取得に関するものなど、不動産の間口は広がっております。

「競売」と聞くと、多くの方は非常に敷居が高いイメージをお持ちになるかもしれません。しかし、近年、手続や法整備が進み、不動産取引情報の公開化も進むなか、一般消費者からの関心が大変高まっている市場です※。

インターネットを媒介として一般消費者の競売市場への参入がさらに加速すると予測される今日、一般消費者がネットの情報などを頼りに自分自身で入札した結果、トラブルや予想外の出費などが起こっているのも競売不動産の現状です。トラブルを未然に防ぎ、一般消費者が安心して競売制度を利用するために競売不動産のアドバイスを的確に行える人材＝「競売不動産のプロ」が必要とされています。

これからの時代、真の「不動産のプロ」として活躍していくため、取引士だけでなく、不動産に係るあらゆる知識、その1つとして競売不動産に関する知識も不可欠になっていくと考えられます。

私ども「一般社団法人　不動産競売流通協会」は、競売不動産取扱主任者の資格制度を通じて、一般消費者に適切なアドバイスを行うことができる「競売不動産のプロ」を養成するとともに、一般消費者等に対する啓発・教育活動を続けております。

本書は、不動産従事者や金融機関従事者、各士業の方々が日常業務を営むうえでのテキストとして、執筆いたしました。

４訂版では、改正民事執行法をめぐる最新局面がわかるように、できるだけ新しいデータと情報を盛り込むべく、本文はもとより、図表の修正・補足を行い、さらに理解しやすく興味をもっていただけるようにしております。

　同資格は、法務大臣認証裁判外紛争解決機関「日本不動産仲裁機構」のADR調停人候補者基礎資格に認定されており、弁護士でなくても競売トラブルの仲裁に介入できるなどより一層社会的信頼度が高くなってきております。

　本書を手にされた皆様が、この競売不動産市場において、大きな飛躍の一歩を進み始められますことを、心より願っております。

一般社団法人　不動産競売流通協会
代表理事　青山　一広

※協会が運営している競売情報サイト「981.jp」の会員数は2024年４月現在約120,000名となっております。

# 競売不動産の基礎知識　4訂版

―競売不動産取扱主任者　公式テキスト―

・・・・・・・・・・・・・・・・・・・・・・・・・・・・・・・・・・・・・・

# 目　次

# 第2編　民事執行手続に関する法律

# 第2章　滞納処分と強制執行等との手続の調整に関する法律

# 第3章　民事訴訟法

第3編　不動産競売を理解するための周辺法令知識1（民事法）

# 第3章　不動産登記法　338

## 第4編　不動産競売を理解するための周辺法令知識2（その他の法令）

# 第1章　公法上の規制　354

# 第2章　その他の法令　366

**第5編** 競売不動産の移転、取得等に関する税金等

※本書の内容は、令和6年4月1日現在施行の法令によるものです。

　法改正等は、当協会ホームページにて随時ご案内いたします。

# 第 1 編

# 不動産競売の概要

**本編の学習の指針**

　本編では、不動産競売の全体にわたる基本的な知識を学びます。不動産競売とは何か、どこで情報を得るのか、どんな手続で行うのか、参加するにはどうすればいいのか、落札した後はどんな問題があるのか等々、不動産競売に関する基本的知識について実務で必要な知識を織り交ぜながら解説しています。

　「競売」は民事執行手続の一部ですが、不動産競売に参加する立場から見ると、売却手続すなわち「競売」に関する知識こそが中核ということになります。当然、競売不動産取扱主任者の試験でも、この分野からは相当数の問題が出題されます。したがって、競売不動産取扱主任者を目指す方は、本編を読むことから始めてください。

　そして、「用語」の意味を理解し、競売手続の流れを覚えてください。不動産競売は手続です。手続はその流れが最も重要です。そして、その流れの中でどんな制度があり、誰が、どんなことができるのかを押さえましょう。手続を理解するには、５Ｗ１Ｈが役に立ちます。すなわち、Who（誰が）What（何を）When（いつ）Where（どこで）Why（なぜ）How（どのように）を意識してテキストを読むように心がけましょう。

　また、本書は、競売不動産取扱主任者試験の公式テキストですが、本編は実務を意識し、不動産競売の入門的な役割も持っていますので、不動産競売が初めての方にもお勧めの内容となっています。

　**なお、本編では、（　）内の参照条文として単に「法」と表記されている場合は、民事執行法の、また、「規則」と表記されている場合は、民事執行規則の条文番号をあらわすこととします。**

# 1 不動産競売・競売不動産とは

この章で学ぶこと
- 不動産競売のイメージと流れをつかむ。
- 不動産競売の種類と違いを押さえる。

## ① 不動産競売とは

　例えば、お金を貸したのに借主（＝債務者）が借金を返さない場合、貸主（＝債権者）は、**債権を回収**するために、民事執行法という法律に基づいて裁判所に申立てをして**債務者の財産を差し押さえ**、その財産を**強制的に売却**させ、**売却代金から債権を回収**することがある。この強制的な売却の手続を「競売」という。不動産競売とは、上記の競売において、売却対象となる財産が**不動産**である場合をさす。

> ポイント  不動産競売とは、民事執行法に基づいて行われる不動産の売却手続のことであり、「競売不動産」とは、競売の対象となっている不動産のことをいいます。

　なお、「競売」は、世間では「きょうばい」と呼ぶことが多いが、法律用語・不動産用語としては、「けいばい」と読むのが一般である。

## ② 不動産競売の種類 重要

　不動産の競売手続には、 a ）**不動産強制競売**と、 b ）**担保不動産競売**、 c ）**形式的競売**の3種類がある。

　 a ）**不動産強制競売**は、抵当権等の担保権を有しない債権者が、判決等の債務名義をもとに行う競売手続であり、 b ）**担保不動産競売**は、抵当権等の担保権を有する債権者が、その担保権の実行として行う競売手続のことである。

　他方、 c ）**形式的競売**は、例えば、遺産分割手続において、遺産である不動産を競売にかけて代金を相続人間で分割するなど、競売の本来的

な目的である債権回収とは異なる目的で行われる競売をいう。

　不動産強制競売事件には、「令和○年（ヌ）第○○号」という事件番号が付され、担保不動産競売事件には、「令和○年（ケ）第○○号」という事件番号が付される。なお、不動産に対する強制執行のもうひとつの方法として「強制管理」という方法がある。これは、差し押さえた不動産を管理人により強制的に管理し、その得た収益又はその換価代金によって執行債権の満足を得る方法である。

## a）　不動産強制競売

　不動産強制競売の対象となる不動産は、登記をすることができない土地の定着物を除く民法上の不動産（民法86条1項）と民事執行法上の不動産とみなされるその共有持分及び登記済の地上権、永小作権とその準共有持分、及びその他特別法上の不動産とみなされるものである。強制競売を行うには、確定判決等の債務名義が必要となる。

## b）　担保不動産競売

　担保不動産競売の対象は、不動産強制競売の場合と同じである。そして、その実行手続も**債務名義**※**が不要である**点を除き、**ほとんど強制競売の手続と同様**である。すなわち、民事執行法の総則規定が当然に適用されるほか、執行対象の区別に従って、その強制執行に関する手続規定が大幅に準用される。

　　※債務名義：債権者が執行機関に対して強制執行を申し立てる際に、執行債権の存在及び範囲を客観的に示すための確定判決等の公的な書面。債務名義があれば、執行機関は執行債権の存否を判断することなく、債務名義に基づいて直ちに執行ができる。なお、債務名義に基づいて強制執行するときは、原則として、債務名義の執行力の存在と範囲を公証する「執行文」という文書が付されなければならない（民事執行法25条、26条2項）。

　担保不動産競売では債務名義は不要であるが、担保権の存在を示す公的な文書が必要とされる。

　もっとも、通常、競売対象不動産には抵当権等が複数つけられており、

担保権を有しない一般債権者が配当を受ける可能性は少ない。それゆえ、事件番号（ヌ）の事件が競売の対象となることは少ない。逆に（ヌ）事件の物件は要注意である。

### c） 形式的競売事件

　裁判所が扱う競売事件には、他に「形式的競売事件」というものもある。もっとも、これは、**債務の清算としてではなく**、遺産分割、共有物分割、破産手続上の換価など不動産を売却してお金に換える必要があるときに、**競売手続をその手段として利用するもの**である。したがって、事件番号の符号はその性質に応じて（ヌ）又は（ケ）と表示される。

> **ポイント** 👉 ここでは、不動産強制競売と担保不動産競売という、似たような制度が説明されています。似たような制度があった場合の出題の最大のポイントは、両制度の比較であり、類似点と異なる点を整理しておくことが試験対策のポイントとなります。

| 競売手続の種類 | （不動産）強制競売 | 担保不動産競売（←強制競売の手続を準用） |
|---|---|---|
| 実体法上の概念 | 強制執行（直接強制※） | 担保権の実行 |
| 債務名義の要否 | 必要 | 不要 |
| 事件番号 | （ヌ）事件 | （ケ）事件 |
| 手続の内容 | 差し押さえた不動産を売却し、その売却代金によって執行債権の満足を得る方法 | 抵当権、質権、先取特権についてそれらの担保財産を強制的に換価し、被担保債権に金銭的満足を与える法定の手続 |

※直接強制：債務者の意思にかかわらず、国家機関が債権内容を直接、強制的に実現することを言い、例えば，買主が代金を支払わないとき、裁判所が買主の預金や給与、不動産等を差し押さえ、これを代金債権の満足に充てること等ができます。ただし、この直接強制の方法は、物の引き渡しを目的とする債務（与える債務）についてだけ認められます。

📖 **Q&A**　　　　　　　　　　　　　一問一答 ✍

問　① 不動産強制競売と担保不動産競売は、全く異なる手続で実施される。

　　② 不動産強制競売も担保不動産競売も「債務名義」が必要である。

‥‥‥‥‥‥‥‥‥‥‥‥‥‥‥‥‥‥‥‥‥‥‥‥‥‥‥‥‥‥‥‥‥‥‥‥‥‥‥‥‥‥‥‥‥‥‥

答　① ×　「全く異なる」 ➡ 「ほぼ同じ」

　　② ×　担保不動産競売では債務名義は不要。

## 2 一般流通不動産と競売不動産との相違

この章で学ぶこと

• 一般流通不動産の特徴を押さえる。
• 競売不動産の特徴を押さえる。
• 一般流通不動産と競売不動産の相違を確認する。

　流通不動産は、民法の売買契約に基づいて市場で取引されるものであり、通常は、不動産業者（宅地建物取引業者）を介して購入する。これに対して、競売不動産は、民事執行法に基づいて裁判所が行う競売手続に参加することによってのみ入手することが可能な物件である。不動産業者を通じて流通不動産を購入する場合は、宅地建物取引業法（以下「宅建業法」という）などにより、業者自体が免許制とされており、また、契約に際しては、契約上の重要事項説明義務や契約不適合責任の強化など購入者の保護が図られている。これに対して不動産競売においては、裁判所は、手続を主宰するだけで物件に関して一切責任を負わず、買受人（＝競売で落札した人）を特別に保護する法律もない。法律上の建前では、債務者を除いて原則として誰でも競売手続に参加することができるが、専門的な知識が必要なことから、一般の人が購入するときには「競

売代行業者」を利用したり、競売不動産取扱主任者に相談したりすることも多い。

　競売不動産と流通不動産の違いで特に注意が必要なのは、競売不動産には、民法上の契約不適合責任（物の種類・品質の不適合に関する責任）の適用がない、賃借人等の占有者や不法占拠者（居住者とは限らない）が存在するといったリスクである。とはいえ、こういったリスクやかつての難解な競売方法などの「競売物件」に起因するマイナスイメージがあるからこそ、競売不動産を市場価格より安い価額（7割～8割前後）で取得することができるという点がメリットとなっており、競売不動産の大きな魅力となっている。

> **ポイント** 👉 ここも、制度の比較が出題のポイントとなります。類似の制度というより、全く異なった制度の比較です。異なった制度の比較の場合、類似点よりも、それぞれの制度の特徴を押さえることが重要です。特徴の違いは、その制度の本質に根ざす場合が多く、その点が理解できているかどうかが試されます。

### 流通不動産と競売不動産（物件）の違い

|  | 流通不動産 | 競売不動産 |
|---|---|---|
| 関連する法令 | 宅建業法 | 民事執行法 |
| 主宰（購入窓口） | 宅建業者 | 裁判所 |
| 消費者保護規定 | あり（宅建業法） | なし |
| 仲介責任 | あり | なし |
| 契約不適合責任（物の種類・品質の不適合に関する責任） | あり | なし |
| 物件調査 | 宅建業者 | 自己責任 |
| 物件内覧 | できる | 事実上不可（内覧制度はあるが、差押債権者の申立てが必要） |

**Q&A** 一問一答

問 ① 競売不動産には、種類・品質に関する契約不適合責任の適用はない。

② 流通不動産にも競売不動産にも消費者保護規定がある。

答 ① ○

② × 競売不動産には、消費者保護規定はない。不動産競売は、一般の取引ではなく、裁判所での手続だからである。

## 3 不動産競売手続はどのように行われるのか

この章で学ぶこと

- 不動産競売の流れを押さえる。
- 不動産競売手続に登場する関係者の役割を押さえる。

基本的な不動産の強制競売手続の流れは、次のとおりである。

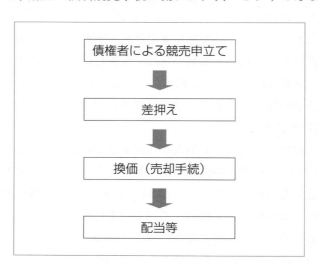

債権者による競売申立て
↓
差押え
↓
換価（売却手続）
↓
配当等

## (1) 売却準備手続

　金融機関からお金を借りた者（債務者）が、約束の期日までに弁済できない場合を想定すると、以下のようになる。

　金銭債権が弁済されない場合、債権者は、書面により不動産の強制競売を申立てることができる（法2条、規則1条）。

　そして、強制競売の申立てがあると、執行裁判所は、書類を審査して適法と認めるときは、強制競売開始の決定をし、その開始決定において、債権者のために不動産を差し押さえる旨を宣言する（法45条1項）。

　この開始決定は債務者に送達される。他方、裁判所書記官は、直ちに差押えの登記を管轄法務局に嘱託しなければならない（法48条1項）。

　不動産強制競売の開始手続が終了すると、執行裁判所は、執行官に対し、不動産の形状、占有関係その他の現況について調査を命じなければならない（現況調査命令、法57条1項）。命令を受けた執行官は、不動産の現況調査をし、必要事項を記載した「現況調査報告書」を作成して所定の日までに執行裁判所に提出する（規則29条）。

　また、執行裁判所は、目的不動産の現況調査とともに、当該不動産の売却基準価額を決定するため、評価人（通常は不動産鑑定士）を選任し、評価を命じなければならない（法58条1項）。

　選任された評価人は、必要事項を記載し、不動産の形状図面、周辺概況図面を添付した評価書を所定の日までに執行裁判所に提出しなければならない（規則30条1項）。評価書の写しは、物件明細書の写し及び現況調査報告書の写しとともに、執行裁判所において一般の閲覧に供される（規則31条3項）。

　そして、執行裁判所は、評価人から評価書が提出されたときは、その評価に基づいて、不動産の売却の額の基準となるべき価額として売却基準価額を定めなければならない（法60条1項）。競売物件を購入しようとする者は、この売却基準価額を2割下回る価額（買受可能価額）以上でなければ買受けの申出はできない（法60条3項）。

　他方、裁判所書記官は、現況調査や利害関係人の審尋等の結果を総合

的に判断して目的財産の権利状態等を記載した「物件明細書」を作成し、売却実施日の1週間前までに、物件明細書の写しを執行裁判所において一般の閲覧に供するか、インターネットを利用する方法によって不特定多数の者がその内容の提供を受けることができるような措置をとらなければならない（法62条1項・2項、規則31条1項・2項）。

## (2) 売却手続　重要

　以上の売却準備手続が完了すると、実際に不動産を売却する手続に進むことになる。

　この段階が、執行手続のうちの「競売」に相当する部分である。したがって、競売物件を購入したい一般人が競売に参加するのは、この段階からである。

　なお、売却の手続も法令に定められており、次のような流れで進められる。

### ① 売却方法

　不動産の売却は、裁判所書記官の定める売却の方法により行われる（法64条1項）。現在、裁判所書記官が選択できる不動産の売却方法は、「期間入札」「期日入札」「競り売り」及び「特別売却」である（法64条2項、規則34条、51条）。

　もっとも、実務上は、「期間入札」と「特別売却」を組み合わせた形で行われるのが通例である。

## 売却手続の流れ

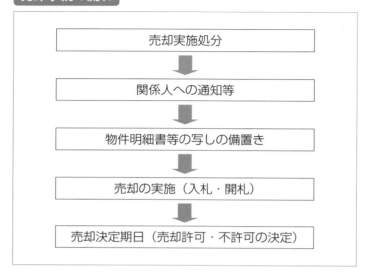

売却実施処分

↓

関係人への通知等

↓

物件明細書等の写しの備置き

↓

売却の実施（入札・開札）

↓

売却決定期日（売却許可・不許可の決定）

## 主な売却手続

| 主な売却手続 | 内　　容 |
|---|---|
| 期間入札 | 執行官が**一定の入札期間内に入札を受け付け、開札期日に開札する売却方法**（規則46条１項、47条）。 |
| 特別売却 | 入札及び競り売りの方法による売却を実施しても**適法な買受けの申出がなかったときに実施される**売却方法。実務上、先着順で、最初に売却基準価額の８割に相当する買受可能価額以上の額で**買受けの申出をした者が買受人**とされるのが一般的。 |

## ②　期間入札の流れ

　競売における売却の基本形である「期間入札」の大まかな流れは、次のとおりである。

① 売却実施処分
② 関係人への通知、公告、入札期間等の公示（入札期間は、東京地裁では原則として 8 日間）
③ 物件明細書等の写しの備置き
④ 入札期間における入札
⑤ 開札期日における開札（開札期日は、東京地裁では原則として入札期間満了の日から 1 週間後）及び最高価買受申出人及び次順位買受申出人の決定
⑥ 売却決定期日における売却許否決定

　競売物件を購入したい場合は、入札期間内に、買受申出保証金（通常は売却基準価額の 2 割（規則39条、49条、50条））を提供して買受けの申出をする。開札期日に開札がされ、最高価額で買受けの申出をした者が、最高価買受申出人とされる。なお、開札期日には、最高価買受申出人のほか、最高価買受申出人が代金を支払わない場合などに備えて、次順位買受申出人も決定される。

　執行裁判所は、最高価買受申出人に売却を許可するか否かの審理をして、売却決定期日において許否を決定する。最高価買受申出人に対して売却を不許可とすべき事由がなく、その他手続上も売却を不許可とすべき事由がないときは、売却許可決定の言渡しがされる。

　売却許可決定が確定すると、買受人は、裁判所書記官の定める期限までに代金を納付しなければならず（法78条1項）、買受人が期限までに代金を納付しないときは、売却許可決定は効力を失う（法80条）。代金不納付により売却許可決定が効力を失うと、次順位買受申出人がある場合は、その申出について売却の許可又は不許可の決定をするが、次順位買受申出人がない場合は、再売却の手続がとられる。

　他方、買受人が代金（残額）を納付すれば、その時点で買い受けた不動産の所有権を取得することになる（法79条、188条）。具体的には、買受人に対して残代金納付（買受申出額から納付済みの買受申出保証金の額を差し引いた額）の通知がなされ、買受人が残代金及び登録免許税

| | | |
|---|---|---|
| | 売却の準備段階 | |
| 競売手続 | ⬇ | |
| | 競売の申立て | 申立書の作成・添付書類の収集 手数料の納付・裁判所へ提出 |
| | ⬇ | |
| | 競売開始決定・差押えの効力発生 | 不服申立て・申立人の地位の承継・二重開始決定 |
| | ⬇ | |
| | 現況調査 | 現況調査命令に基づき執行官が調査 |
| | ⬇ | |
| | 売却基準価額の決定・物件明細書作成 | 執行裁判所が決定 裁判所書記官が作成 |
| | ⬇ | |
| | 売却実施処分 | 期間入札・特別売却など |

| | | |
|---|---|---|
| 売却手続 | 公告　物件明細書等の閲覧 | 売却実施の日（入札期間の開始日）の1週間前までに開始 |
| | ⬇ | |
| | 入札期間 | 1週間以上1か月以内 |
| | ⬇ | |
| | 開札期日 | |
| | ⬇ | |
| | 売却許可決定 | 売却の許可・不許可 |
| | ⬇ | |
| | 売却許可決定確定 | |
| | ⬇ | |
| | 代金納付・所有権移転登記等の嘱託 | 代金納付の時期・方法・書類 所有権の取得時期 |
| | ⬇ | |
| | 配当手続等 | |

（差押え・抵当権等の登記の抹消及び所有権移転登記のためのもの）を納付すれば、執行裁判所が差押え、抵当権等の登記の抹消及び所有権移転登記の嘱託をする。

　これで、売却手続は終了する。以降、執行手続は、売却代金を債権者等へ配当するという執行手続の最終段階に進むことになる。

　他方、当該不動産の所有権を取得した買受人にとっての関心事は、目的不動産を確実に利用できるための、不法占拠者対策や残置物対策が問題となる。

---

**Q&A**　　　　　　　　　　　　　　　　　　　一問一答

**問**　　以下は、売却手続の流れを示したものである。最も適切なものはどれか。

①　競売の申立て→現況調査→差押え→物件明細書の作成→売却許可決定

②　競売の申立て→差押え→売却基準価額の決定→現況調査

③　差押え→売却基準価額の決定→物件明細書の作成→売却許可決定

・・・・・・・・・・・・・・・・・・・・・・・・・・・・・・・・・・・・・・・・

**答**　③　競売の売却手続は、合理的な制度である。それぞれの意味をきっちりと理解できれば、各制度の前後関係がわかるようになっているので、暗記と並行して、制度の理解にも努めよう。

# 4 不動産競売に参加するにあたってどのような準備が必要か

**この章で学ぶこと**

・競売不動産を入手する際に必要な費用を押さえる。
・投資目的の不動産における利回りの考え方を理解する。
・競売不動産と住宅ローンの関係を理解する。

## (1) 必要な費用の確認と予算額の検討

　競売不動産を取得するにあたっては、買受代金のほか、次表にあるような様々な付帯費用がかかる。これを踏まえ、保有している預貯金のうち、競売不動産取得に使える予算額がどのくらいなのかを検討する必要がある。また、ローンを利用する場合には、金融機関の検討等も行う。

| 登録免許税 | 所有権移転登記及び担保権等の負担登記抹消分。不動産の代金納付時に納付しなければならない。 |
|---|---|
| 不動産取得税 | 不動産の取得に対して課される。不動産取得後に都道府県税事務所から通知がされる。 |
| 内装工事費用・鍵の交換 | 競売物件はあらかじめ内部の閲覧はできないのが通常であるため、予想は難しい。 |
| 立ち退き費用・残置物の処分費用 | 引渡命令が利用できる場合は、とりあえず、引渡命令に基づく執行手続費用を計上しておく。買受人より弱い賃借人が占有している場合は6か月の明渡猶予を待つか、引っ越し代相当を支払い、早期に立ち退き依頼を行う場合などもある。 |

| 滞納管理費<br>（分譲マンション<br>の場合） | 物件が分譲マンション等（区分所有建物）である場合、不動産の取得者は、管理組合に対する滞納管理費の支払債務を負担することとなる。<br>ただし、長期間の滞納管理費などに関しては5年間の時効が適用される場合もある。 |
|---|---|
| 業務委託費用 | 競売代行業者等に物件の調査、代行等を委託する場合には、報酬が必要となる。 |

# (2) その他の注意したいもの

　賃貸人は、**敷金**（いかなる名目によるかを問わず、賃料債務その他の賃貸借に基づいて生ずる賃借人の賃貸人に対する金銭の給付を目的とする債務を担保する目的で、賃借人が賃貸人に交付する金銭をいう）を受け取っている場合において、賃貸借が終了し、かつ、賃貸物の返還を受けたとき等一定の場合に、賃借人に対し、その受け取った敷金の額から賃貸借に基づいて生じた賃借人の賃貸人に対する金銭の給付を目的とする債務の額を控除した**残額を返還**しなければならない。

　買受時に適法な賃借人（主に、買受人に優先する対抗要件を備えた賃借人）がいる場合、**買受人は、賃貸人の地位を引き継ぐ**ことになり、賃借人と旧所有者との間の**敷金関係も買受人に引き継がれる**。

　そうすると、買受後に賃貸借が終了し、かつ、賃貸物の返還を受けたときは、買受人（新賃貸人）は賃借人に対して**敷金の返還義務**を負うことになるため、その費用についても留意する必要がある。

## 投資目的の不動産競売と利回り

　いわゆる不動産投資とは、マンションやアパートの家賃収入を利益とするために不動産を購入することですが、アパートやマンションの家賃収入を目的として競売不動産を購入する場合は、投資物件を選別する場合の基本的な考え方である「利回り」を理解しておく必要があります。

　利回りとは、「投資した額に対して１年間でどのくらいの収入を得ることができるか」を示したものであり、これを計算式で表すと、以下のようになります。

> **利回り（表面利回り）＝年間総収入÷投資金額×100**

　例えば、年間収入が100万円見込める物件を1,000万円で購入した場合、「100万円÷1,000万円×100」で利回りは10％となります。１年間の利益が10％ということは、投資額を回収するのに10年かかることになります。このような計算式で求められる利回りを「表面利回り」といいます。投資物件の広告等に記載されている利回りは、この表面利回りであることが一般的です。

　しかし、表面利回りには投資時の経費や運営コストは計上されていないので投資判断をするためには大雑把過ぎます。そこで、少なくとも、年間収入から物件の運用コスト（管理費・修繕積立金、固定資産税、火災保険料など）を控除し、それを不動産取得税等の費用を加えた投資金額で割って出した利回りを用いるのが一般的です。これを「実質利回り」といいます。一般に、表面利回り×75％程度が実質利回りの場合が多いです（降雪地域などを除く）。

> **実質利回り＝年間純収入（年間家賃総額－（管理費＋修繕積立金＋固定資産税＋火災保険料等））÷投資金額（購入金額＋登録免許税＋不動産取得税等）×100**

　例えば、年間家賃収入500万円、不動産価格5,000万円、購入時

の諸経費300万円、不動産保有時の運用費が年間100万円の不動産に投資する場合、表面利回りと実質利回りは、以下のようになります。

> **表面利回り（%）＝500万円÷5,000万円×100＝10.0%**
> **実質利回り（%）＝（500万円－100万円）÷（5,000万円＋**
>               **300万円）×100＝7.5%**

　実質利回りは、表面利回りよりも条件が厳密になる分、表面利回りよりも低くなるのが一般的です。不動産投資をするにあたっては、実質利回りの考えがベースとなります。そして、長期的に見る場合には、空き室率や修繕費用などを加味するなど厳しい条件を設定することによって、より実態にあった利回りを計算することが可能となります。

**まとめ**

| 表面利回り（%） | 年間総収入÷投資金額×100 |
|---|---|
| 実質利回り（%） | 年間純収入（年間家賃総額－（管理費＋修繕積立金＋固定資産税＋火災保険料等））÷投資金額（購入金額＋登録免許税＋不動産取得税等）×100 |

## (3) 不動産競売とローン

　通常の流通物件の場合、金融機関は、住宅ローンや投資目的物件購入のための融資を行うが、従来から、競売ではローンが使えない、あるいは使いにくいといわれてきた。その大きな理由は、競売物件に、担保権を所有権移転時に同時設定することが難しかったからである。金融機関が住宅ローンを組むときは、通常、当該物件に抵当権等の担保権を設定することを条件に融資が行われる。具体的には、売主、仲介業者、買主、司法書士、金融機関の担当者が一堂に会して、所有権移転登記、抵当権

設定登記、融資が同時に行われる。融資と同時に担保権を設定することができるのである。これに対して競売においては、買受人が裁判所に代金を支払ったときに所有権を取得することから、理論上、融資に際して、競売の目的物に対して担保権を設定することができないということになっていたのである。

　しかし、平成10年に民事執行法が改正され、**競売物件**についても、買受人が事前に申し出れば、一定の条件のもとではあるが、**所有権の移転と金融機関の抵当権設定を同時に行う**ことができるようになった。都市銀行、地方銀行、信用金庫等の中でも競売不動産を正しく理解している店舗では住宅ローンの利用が可能で、年々対応可能な金融機関が増加している。

　しかしながら、個人が金融機関に行くと門前払いのケースもあるので、競売代行業者などを通じて申込みを行うケースのほうがスムーズにいくと思われる。

 補　足

**買い受けた不動産に抵当権を設定して代金を納付する手続（法82条 2 項）**
　買受人及び買受人から競売物件に抵当権の設定を受けようとする者（例えば、買受人に購入代金を融資した金融機関）が、共同して、司法書士又は弁護士を指定して申出をすれば、裁判所書記官は、その指定された者に登記嘱託書を交付して登記所に提出させる方法で所有権移転登記等の嘱託を行う。

# 5 不動産競売にはどのような法令がかかわるのか

この章で学ぶこと
・不動産競売にかかわる主な法令の概要を押さえる。
・不動産競売の3点セットの種類を確認する。

　本書では、不動産競売にかかわる主な法令を便宜上、以下のように分類している。

| 不動産競売手続に関する法令 | 民事執行法・民事執行規則、民事訴訟法・民事訴訟規則、民事保全法・民事保全規則、滞納処分と強制執行等との手続の調整に関する法律　等 |
|---|---|
| 不動産競売を理解する前提となる法令1（民事法） | 民法、借地借家法、不動産登記法、建物の区分所有等に関する法律　等 |
| 不動産競売を理解する前提となる法令2（その他の法令） | 建築関連法規（建築基準法・都市計画法）、農地法、宅地建物取引業法、消費者契約法　等 |

　競売に参加するために必要不可欠な技術として、裁判所資料のいわゆる3点セットを読み解くことが基本である。3点セットとは、**物件明細書、現況調査報告書と評価書**である。この3つの資料をもとに競売に参加するわけであるから、競売に参加する者、中でも競売不動産取扱主任者や代行業者などの専門家は、これらの資料で用いられている語句の意味を正確に理解する必要がある。3点セットで使用されている語句や制度のほとんどがここに掲げている法令に根拠を持っている。

**問**
① 不動産競売では、ローンを利用する制度はない。
② 不動産投資をするにあたっては、実質利回りの考えがベースとなる。
③ 実質利回りは、一般的に、年間総収入÷投資金額（購入金額＋登録免許税＋不動産取得税等）×100の計算式で表される。

**答**
① ×　不動産競売でもローンを利用することを認める制度が存在する。
② ○
③ ×　実質利回りは、「年間純収入（年間家賃総額－（管理費＋修繕積立金＋固定資産税＋火災保険料等））÷投資金額（購入金額＋登録免許税＋不動産取得税等）×100」である。

# 6　競売物件はどうやって調べるのか

**この章で学ぶこと**
- 不動産競売の3点セットの概要を押さえる。
- 物件明細書の概要とポイントを押さえる。
- 現況調査報告書の概要とポイントを押さえる。
- 評価書の概要とポイントを押さえる。

　競売物件の調査の出発点は、執行裁判所が出している「3点セット」といわれる資料を調べることである。「3点セット」とは、物件明細書、現況調査報告書、評価書の3つのことをいう。

　3点セットの詳細については、後述するが、概要は次のとおりである。

## (1) 3点セットの概要 重要

① **「物件明細書」** ※執行裁判所の書記官が記載する。執行裁判所の正式見解で3点セットの中では一番重要である。

　競売の対象物件について、**不動産の表示（所在や土地の面積、建物の構造その他）や買受人が引き受けることとなる権利関係等の一定の情報を記載したもの**である。裁判所書記官が記録上表れている事実等とそれに基づく認識を記載したものにすぎず、**当事者の権利関係を確定するものではない**（それゆえ、その後に権利関係に関する裁判が行われたとしても当事者を拘束するものではない）。

② **「現況調査報告書」** ※報告書の作成年月日に注意したい。

　**執行官**が、競売不動産の形状、占有関係、その他の**現況について調査した報告書**である。

③ **「不動産評価書（評価書）」** ※売却基準価額の根拠が記載されているので必ず目を通したい。

　執行裁判所が任命した評価人（通常は不動産鑑定士）が、競売対象不動産の**評価額及び評価の過程を記載した書面**である。対象不動産についての都市計画法、建築基準法等の不動産に関する公法上の規制についても記載される。

| | 物件明細書 | 現況調査報告書 | 評価書 |
|---|---|---|---|
| 目的 | • 買受希望者に対する情報提供 | • 物件明細書作成<br>• 売却基準価額決定<br>• 引渡命令発令<br>• 買受希望者に対する情報提供 | • 執行裁判所が売却基準価額の決定を行う際の基礎資料<br>• 買受希望者に対する情報提供 |
| 作成者 | 裁判所書記官 | 執行官 | 評価人<br>（不動産鑑定士等） |
| 特徴 | （機能）<br>• 買受人のための判断資料<br>• 引渡命令発令の判断資料<br>• 売却後の登記嘱託についての判断資料<br>• 執行妨害の抑制<br>• トラブル回避の警告 | 占有権原に関しては、占有の有無及び内容それ自体ではなく、関係人の陳述及び提示された文書の趣旨並びに執行官の意見が記載される。 | • 評価額及び評価の条件・過程が記載される。<br>• 公法上の規制が記載される。 |

## (2) 競売物件の資料はどこで見ることができるのか

　執行裁判所には「３点セット」のほか、**売却手続の公告書の写し**が、一般の買受希望者の閲覧資料に綴られているのが一般的である。この「３点セット」及び公告書の写しは、裁判所の資料閲覧室で誰でも閲覧することができる。

　また、裁判所のインターネットサービスもあり、例えば、期間入札であれば、入札期間、開札期日、売却決定期日、売却基準価額、買受可能価額、買受申出保証金の額等、売却手続上重要な情報が閲覧可能である。

### ①　執行裁判所での閲覧

　執行裁判所で閲覧できるのは、土日祝日及び年末年始（12月29日〜1月3日）を除いた月曜日から金曜日で、朝9時頃から夕方5時頃までであるが、裁判所によって、多少、時間は異なっており、昼休み等は閲覧できない場合もある。したがって、実際に訪問する場合は、事前に確認しておくことが望ましい。閲覧は無料であるが、資料をコピーする場合は、コピー料金を負担しなければならない。

### ②　インターネットによる閲覧

　平成16年4月1日から、物件明細書の写し等を執行裁判所に備え置く方法に代わるものとして、不特定多数の者が当該物件明細書等の内容の提供を受けることができるインターネット等で一般に公開する方法が認められている（法62条2項、188条、規則31条、173条1項）。これを受けて、最高裁事務総局が運営している全国の裁判所が管轄している不動産競売物件情報提供サービスが、BIT（Broadcast Information of Tri-set system）である。会員登録などの手続はなく、利用料等の費用も一切かからない。また、民間サイトでは「981.jp」などがあり、こちらは物件の検索に加え、競売サポート（代行）業者へ直接競売物件に関する質問や相談などができる。

　これらのサイトでは、公告日から入札期間終了日まで売却物件情報の検索ができ、また、閲覧開始日から入札期間終了日まで「物件明細書」「現況調査報告書」「評価書」の3点セットの閲覧やダウンロードが可能である。

　また、執行裁判所では、3点セットと一緒に物件明細書の記載等について説明した「競売ファイル・競売手続説明書」が綴られており、BITのWebページでもダウンロードが可能となっている。

　なお、競売によって売却される不動産は、原則として、申立てがされたときの現状で売却に付されるものであり、所有者の意思にかかわらず強制的に売却されるものである。しかも、高額な買い物であるから、買受けの申出をしようとするときは、3点セット等の資料を見るだけでは

なく、現地に行って自分の目で直接物件を確認すること、法務局で登記を確認することなど、必ず自ら調査、確認することが重要である。そして、複雑な権利関係がある場合などは、弁護士等の専門家に相談することも必要である。

## (3) 競売物件の資料はどう見ればいいのか

競売物件の資料については、3点セットのほかに「**期間入札の公告書**」というものがある。まずは、「期間入札の公告書」の概要を確認し、その後に、3点セットの見方について少し詳しく見ていく。

### ①　期間入札の公告書

競売は、一定の期間を定めて入札の募集をする「期間入札」が**一般的**である。期間入札で売却される不動産については、入札期間が始まる日の2週間前までに裁判所の掲示場か庁舎の中の掲示板に**公告が掲示**され、売却すべき不動産の表示、売却基準価額、売却の日時及び場所、売却決定期日を開く日時及び場所、買受可能価額、買受けの申出の保証の額及び提供の方法など、売却についての重要な事項が記載されている。

こうした内容が記載された書面を「**期間入札の公告書**」といい、競売物件の資料では、3点セットの冒頭に期間入札の公告の写しが添付される。

### ②　物件明細書の見方のポイント

#### a）　物件明細書の概要

物件明細書には、現況調査報告書、評価書に基づいて、賃借権等の競売対象不動産の負担となる権利、地上権、土地賃借権等の競売対象建物に付随する土地利用権、対象不動産の占有者等に関する執行裁判所の認識が記載されている。物件明細書に記載される法定の項目は、①**不動産の表示**、②**不動産に係る権利の取得及び仮処分の執行で売却によりその効力を失わないもの**、③**売却により設定されたものとみなされる地上権の概要**である（法62条1項、188条）。

## コラム column

### 981.jpをご存知でしょうか?

　不動産サイトではありますが、普通の不動産サイトとは違います。その違いは…「全国の競売物件」を扱うサイトであることです。

　かつて

「競売入札→落札→購入→購入後の処理」

に関して正しく、かつ、詳しく解説したものがどこにもありませんでした。

　裁判所の情報が全てであり、その裁判所の開示する内容でさえも不十分、当時は業者が競売物件を仕入れて転売するのが主流であり、ディープな世界でもありました。

　裁判所のBITさえもない時代、不動産競売の普及啓発セミナーを開催すると100名以上が参加するものの、実際に競売手続に参加するのは10名程度。ほかの90名はその入口にも辿り着くことなく終わっていました。「なぜ、こんなにお得な方法があるのに参加しないのだろう…」、このような状況のもと不動産競売の普及と一般消費者が安心安全に競売市場に参加できるしくみが必要だと考えました。市場より安く購入でき、金銭的なリスクが少なくて済む競売物件、しかしながら一般消費者が参加するにはまだまだ敷居の高い状況でした。そこで一般消費者をサポートする業者がいたらどうだろうか?　と考えました。一般消費者が競売物件を買う、競売物件を流通させるには競売サポート業者の存在が欠かせない、そのような背景のもとで生まれたのが981.jpです。

　981.jpは「不動産を少しでも安く買いたい」という一般消費者に対し、競売のノウハウを習得した専門家のサポートのもと、一般市場の流通物件と同じように安全に不動産を取得できる競売物件に特化したサイトです。皆がWINWINになれる窓口が981.jpなのです。

物件明細書の目的は、買受希望者に対して目的不動産
の権利関係に影響を及ぼすような重大な情報を提供することにより、
買受人に不測の損害を与えないようにし、不動産売却手続の適正化
を図ることにあります。したがって、物件明細書は、一般の買受希
望者が閲覧できる資料の中で最も重要な資料です。そこで、法定の
記載事項に加えて、「管理費等の滞納あり」といったように「その
他買受けの参考となる事項」も記載されています。

　物件明細書は、**裁判所書記官が作成し**（法62条1項）、内容に不服が
ある場合には、執行裁判所に異議を申し立てることができる（法62条
3項、188条）。

### b）　物件明細書の閲覧（規則31条、173条1項）

　執行裁判所は、一般の閲覧に供するために、現況調査報告書及び評価
書の写しを物件明細書の写しとともに売却の実施の日の1週間前までに
備え置かなければならない。

　物件明細書の写し等が備え置かれたときは、裁判所書記官は、その旨
及び備え置かれた年月日を記録上明らかにしなければならない。

### c）　記載事項（法62条1項、188条）

　物件明細書の記載事項には、法律上、必ず記載すべき事項（**必要的記
載事項**）と買受希望者に有益な情報として記載すべき事項（**任意的記載
事項**）がある。必要的記載事項は、法第62条第1項に列挙されている。

【必要的記載事項】

　次の(ア)～(ウ)については、必ず記載しなければならない事項（必要的記
載事項）である。

　　(ア)　**不動産の表示**

　　　　目的不動産を特定するための表示であるが、通常は、別紙で物件
　　　　目録が作成される。

㈠　**不動産に係る権利の取得及び仮処分の執行で売却によりその効力を失わないもの**

　　物件明細書では、「買受人が負担することとなる他人の権利」という表題で表示される。

　　民事執行法は、「不動産の上に存する先取特権、使用及び収益をしない旨の定めのある質権並びに抵当権は、**売却により消滅する。**」（法59条1項）、また、「前項の規定により消滅する権利を有する者、差押債権者又は仮差押債権者に対抗することができない不動産に係る権利の取得は、**売却によりその効力を失う。**」（法59条2項）、さらに「不動産に係る差押え、仮差押えの執行及び第1項の規定により消滅する権利を有する者、差押債権者又は仮差押債権者に対抗することができない仮処分の執行は、**売却によりその効力を失う。**」（法59条3項）として、原則として、「消除主義」を採用している。

　　他方、「**不動産**の上に存する**留置権**並びに**使用及び収益をしない旨の定めのない質権で第2項の規定の適用がないもの**については、**買受人**は、これらによって担保される債権を**弁済する責めに任ずる。**」（法59条4項）として、例外的に、一定の権利を買受人が引き受けることとする「引受主義」を採用している（法59条）。

　　これを受け、物件明細書には、買受人への影響を考慮し、**引き受けの対象となる権利がある場合にそれが記載**されることになる。具体的に、買受人の**引き受けの対象となる権利**には、以下のものがある。

---

- **留置権**（差押えの効力が生じた**後**に生じたものも**含む**）
- **最先順位の使用・収益をしない旨の定めのない質権**（＝使用収益を伴う質権）
- 担保権者・差押債権者に**対抗できる用益権**
  - ➡**対抗要件**を具備している**賃借権**・地上権等
- 最先順位の抵当権に**後れる賃借権**だが、**その登記及び全ての抵当権者の同意の登記**があるもの
- 消滅する権利を有する者及び差押債権者・仮差押債権者に対抗できる仮処分の執行

重要

---

「消除主義」とは、競売の目的物である不動産に設定
されている担保権や用益権の負担を、売却（競売）によって**消滅さ
せ**、**買受人が負担のない所有権を取得するものです。**

　他方、「引受主義」とは、競売の目的物である不動産に設定され
ている担保権や用益権の負担を、そのまま**買受人に引き受けさせる**
ものです。

　民事執行では、買受人になろうとする者が登場しなければ制度の
意味がないため、**原則**として「消除主義」が採用され、**例外的**に、
一定の権利について「引受主義」が採用されています。


　㈦　**売却により設定されたものとみなされる地上権の概要**

　　　物件明細書では、「売却により成立する法定地上権の概要」とい
　　う表題で表示される。

　　　一定の法律上の要件を満たした場合に発生する地上権を法定地上
　　権という。この地上権があると、土地を買い受けても、その土地を
　　利用することができない。そこで、法定地上権は物件明細書に記載
　　されることになる。

　　　ここに記載される法定地上権には、次のものがある。

　　　民法上の法定地上権（民法388条）、民事執行法上の法定地上権
　　（法81条）、特別法上の法定地上権（立木ニ関スル法律6条）。


【任意的記載事項】

　次の㈢及び㈤は、必ずしも記載しなければならないものではないが、
記載することが認められているもの（任意的記載事項）である。

　㈢　**占有者及び占有権原に関するもの**

　　　「物件の占有状況等に関する特記事項」という表題で表示される。

　　　占有者は誰か、権原があるか否か等、占有状況が記載される。特
　　に、権原のない占有者に対しては買受後に引渡命令によって排除す
　　ることが可能な場合があることから、本項目の記載は、引渡命令の

発令の可能性についての判断資料となる。

㈹　**その他**

「その他買受けの参考となる事項」という表題で表示される。

主なものとして、建物の敷地利用権等に関するものがある。競売物件が借地上に建っている建物である場合、その借地権の種類、地代の滞納の有無等は、買受人にとって重大な関心事である。特に、民事執行法には、借地権付建物の所有者が地代を支払わない場合に、所有者に代わって差押債権者が地代を払って執行手続内で回収することのできる制度（地代等代払許可制度）があり、この許可がされている場合は、「地代代払の許可あり」と記載される。

また、分譲マンション（区分所有建物）で管理費等に滞納があった場合、法律（区分所有法）上、その管理費等の滞納に関する支払義務は買受人が承継することになっていることから、「**管理費等の滞納あり**」等の記載がなされる。

---

**ポイント**　物件明細書の注意事項

物件明細書は、作成時までに執行裁判所に提出された現況調査報告書、評価書等に基づいて作成されたものであり、その記録に表れている事実とそれに基づく法律判断に関して、裁判所書記官の一応の認識を記載したものです。この物件明細書の記載は訴訟等において重要な証拠となりますが、利害関係人の間の権利関係を最終的に確定する効力は有しません。そして、買受人が代金を納付して所有権が移転するまでは、競売物件はその所有者のものですので、自ら使用したり、他の者に貸すなどして、通常の用法に従って不動産を使用又は収益することができます（法46条2項、188条）。したがって、代金納付時までに物件の占有状況等が変化することもありうることから、物件の状況は必ず現場で確認したいところです。

令和○○年（○）第○○○○号

# 期 間 入 札 の 公 告

令和○○年○○月○○日
東京地方裁判所民事第２１部
　　裁判所書記官　○　○　○　○

別紙物件目録記載の不動産を下記のとおり期間入札に付します。

記

| 入札期間 | | 令和○○年○○月○○日　午前○○時○○分から<br>令和○○年○○月○○日　午後○○時○○分まで |
|---|---|---|
| 開札期日 | 日　時 | 令和○○年○○月○○日　午前○○時○○分 |
| | 場　所 | 東京地方裁判所民事執行センター売却場 |
| 売却決定<br>期日 | 日　時 | 令和○○年○○月○○日　午前○○時○○分 |
| | 場　所 | 東京地方裁判所民事第２１部 |
| 特別売却<br>実施期間 | | 令和○○年○○月○○日　午前○○時○○分から<br>令和○○年○○月○○日　午後○○時○○分まで |
| 買受申出の保証の<br>提供方法 | | 下記のいずれかによる。<br>　（１）当裁判所の預金口座に金銭を振り込んだ旨の金融機関の証明書<br>　（２）銀行または損害保険会社の支払保証委託契約締結証明書 |
| 買受申出の資格の<br>制限（民事執行規<br>則３３条） | | ☆印を付した物件は農地であるので，権限を有する行政庁の交付した買受適格証明書を有する者及び買受けについて農地法上の許可又は届出を必要としない者に限り，買受申出をすることができます。 |

一般の閲覧に供するため，物件明細書・現況調査報告書・評価書の各写しを令和○○年○○月○○日から当庁物件明細書等閲覧室に備え置きます。

## 物件明細書及び物件目録サンプル

令和○○年（○）第○○○○号

## 物 件 明 細 書

令和○○年○○月○○日
東京地方裁判所民事第２１部
裁判所書記官　○　○　○　○

1　不動産の表示
　　【物件番号１～３】
　　別紙物件目録記載のとおり

2　売却により成立する法定地上権の概要
　　なし

3　買受人が負担することとなる他人の権利
　　【物件番号１～３】
　　なし

4　物件の占有状況等に関する特記事項
　　【物件番号３】
　　本件所有者が占有している。

5　その他買受けの参考となる事項
　　なし

### 《　注　意　書　》

1　本書面は，現況調査報告書，評価書等記録上表れている事実とそれに基づく法律判断に関して，執行裁判所の裁判所書記官の一応の認識を記載したものであり，関係者の間の権利関係を最終的に決める効力はありません（訴訟等により異なる判断がなされる可能性もあります）。

2　記録上表れた事実等がすべて本書面に記載されているわけではありませんし，記載されている事実や判断も要点のみを簡潔に記載されていますので，必ず，現況調査報告書及び評価書並びに「物件明細書の詳細説明」も御覧ください。

3　買受人が，占有者から不動産の引渡しを受ける方法として，引渡命令の制度があります。引渡命令に関する詳細は，「引渡命令の詳細説明」を御覧ください。

4　対象不動産に対する公法上の規制については評価書に記載されています。その意味内容は「公法上の規制の詳細説明」をご覧ください。

5　各種「詳細説明」は，閲覧室では通常別ファイルとして備え付けられています。このほか，ＢＩＴシステムのお知らせメニューにも登録されています。

物 件 目 録

1　所　　在　　○○区○○一丁目
　　地　　番　　211番4
　　地　　目　　宅地
　　地　　積　　30.00平方メートル

2　所　　在　　○○区○○一丁目
　　地　　番　　211番5
　　地　　目　　宅地
　　地　　積　　21.00平方メートル

3　所　　在　　○○区○○一丁目211番地4
　　家 屋 番 号　　211番4の1
　　種　　類　　居宅
　　構　　造　　木造瓦葺2階建
　　床 面 積　　1階　　34.78平方メートル
　　　　　　　　2階　　27.32平方メートル

③　現況調査報告書の見方のポイント

a）　現況調査報告書の概要

　現況調査報告書とは、**執行官**が、競売不動産の形状、占有関係、その他の現況について、**差押えに近接した時点で現地調査した結果を記載した報告書**である。執行官は、不動産の現況調査をしたときは、所定の事項を記載した現況調査報告書を所定の日までに執行裁判所に提出しなければならない（規則29条1項、173条1項）。

　現況調査報告書作成の目的は、ア物件明細書作成、イ売却基準価額決定、ウ引渡命令発令、エ買受希望者に対する**各種の有益情報の提供等**である。

b）　記載事項

　現況調査報告書の記載事項は、規則第29条に列挙されている。

【調査の目的物が建物・土地に共通】

　イ　事件の表示、不動産の表示、調査の日時・場所及び方法

　ロ　当該不動産について、債務者の占有を解いて執行官に保管させる仮処分が執行されているときは、その旨及び執行官が保管を開始した年月日

　ハ　その他執行裁判所が定めた事項

【調査の目的物が土地であるとき】

　イ　土地の形状及び現況地目

　ロ　占有者の表示及び占有の状況

　ハ　占有者が債務者以外の者であるときは、その者の占有の開始時期、権原の有無及び権原の内容の細目についての関係人の陳述又は関係人の提示に係る文書の要旨及び執行官の意見

　ニ　土地に建物が存するときは、その建物の種類、構造、床面積の概略及び所有者の表示

**【調査の目的物が建物であるとき】**

イ　建物の種類、構造及び床面積の概略

ロ　占有者の表示及び占有の状況、占有者が債務者以外の者であるときは、その者の占有の開始時期、権原の有無及び権原の内容の細目についての関係人の陳述又は関係人の提示に係る文書の要旨及び執行官の意見

ハ　敷地の所有者の表示

ニ　敷地の所有者が債務者以外の者であるときは、債務者の敷地に対する占有の権原の有無及び権原の内容の細目についての関係人の陳述又は関係人の提示に係る文書の要旨及び執行官の意見

**【添付資料】**

　現況調査報告書には、調査の目的物である土地又は建物の見取図及び写真を添付しなければならない。

---

**ポイント** 👉 現況調査報告書の注意点

　現況調査報告書には、占有権原に関する調査事項が多いが、現況調査報告書に記載すべきは、占有権原の有無及び内容それ自体ではなく、これらについての関係人の陳述及び提示された文書の趣旨並びに執行官の意見であることに注意が必要です。すなわち、裁判所書記官が、調査事項について、あらためて直接その事実認定ができるような客観的な資料とそれに基づく執行官の判断の2つの事項の記載が要求されています。また、調査過程、判断過程等、不明な事項がある場合には、調査方法等も記載されます。

　なお、現況調査報告書における占有状況は、現況調査を行ったときの現実の状況がそのまま記載されるのであり、その状況についての裁判所書記官の認識は、物件明細書に記載されています。したがって、両者を対照させながら、占有状況及びそれに対する判断を把握するようにすることが重要です。

## 現況調査報告書サンプル

令和○○年（○）第○○○○号
令和○○年○○月○○日受理
令和○○年○○月○○日提出
（評価人　○○○○）

現況調査報告書

東京地方裁判所
執行官　　○　○　○　○

（注）　チェック項目中の調査結果は，「■」の箇所の記載のとおり

（土地・建物用）

| 不 動 産 の 表 示 | 「物件目録」のとおり |
|---|---|
| 住 居 表 示 | 東京都〇〇区〇〇一丁目211番地の4、5（住居表示未実施） |

| 土 地 | 物件　1、2 | |
|---|---|---|
| 現 況 地 目 | ■宅地（物件1、2　）□公衆用道路（物件　　）□　　　　（物件　　） | |
| 形 状 | □公図のとおり　　　　　　　　　□地積測量図のとおり<br>□建物図面（各階平面図）のとおり　■土地建物位置関係図のとおり<br>□ | |
| 占 有 者 及 び<br>占 有 状 況 | ■土地所有者　　□その他の者<br>　上記の者が本土地上に下記建物を所有し，占有している<br>□「占有者及び占有権原」のとおり | |
| 下記以外の建物<br>（目的外建物） | ■ない<br>□ある（詳細は「目的外建物の概況」のとおり） | |
| そ の 他 の 事 項 | | |

| 建 物 | 物件3 | |
|---|---|---|
| 種 類，構 造 及 び<br>床 面 積 の 概 略 | ■公簿上の記載とほぼ同一である。<br>□公簿上の記載と次の点が異なる（□主たる建物　□附属建物）<br>　　　□種　類：<br>　　　□構　造：<br>　　　□床面積： | |
| 物件目録にない<br>附 属 建 物 | ■ない　┌種　類：<br>□ある─┤構　造：<br>　　　└床面積： | |
| 占 有 者 及 び<br>占 有 状 況 | ■建物所有者　■その他の者<br>　上記の者が本建物を　居宅　として使用している<br>■「占有者及び占有権原」のとおり | |
| 上記以外の敷地<br>（目的外土地） | ■ない<br>□ある（詳細は「目的外土地の概況」のとおり） | |
| そ の 他 の 事 項 | | |

| 執 行 官 保 管 の<br>仮 処 分 | ■ない<br>□ある┌　　地方裁判所　　支部　平成　年（　）第　　号<br>　　　└保管開始日　平成　年　月　日 | |
|---|---|---|
| 土地建物の位置関係 | □建物図面（各階平面図）のとおり　■土地建物位置関係図のとおり | |

（注）　チェック項目中の調査結果は，「■」の箇所の記載のとおり

36

## ④　評価書の見方のポイント

### a)　評価書の概要

　評価書とは、執行裁判所が任命した評価人（実務上、不動産鑑定士であることが一般的）が、競売対象不動産の**評価額**及び**評価の過程**を記載した書面（法58条、188条、規則30条、173条1項）のことをいう。

　評価書には、評価人による対象物件の**評価額**（売却基準価額の根拠となる）、その**算出の過程**等が記載される。また、その物件の**公法上の規制**の内容、物件の所在する場所の環境、物件の詳細内容、ライフライン供給処理施設の整備状況などが記載される。

　評価書は、執行裁判所が売却基準価額の決定を行う際の基礎とされるほか、裁判所書記官が作成する物件明細書、執行官が作成する現況調査報告書とともに一般の閲覧に供して、買受希望者に対して有益な情報を提供することを目的として、評価人によって作成される。評価人は、不動産の評価をしたときは、所定の事項を記載した評価書を所定の日までに執行裁判所に提出しなければならない。

### b)　記載事項（規則30条1項、173条1項）

　評価書の記載事項は、規則第30条に列挙されている。

### 【評価の目的物が土地・建物共通の事項】

　イ　事件の表示

　ロ　不動産の表示

　ハ　不動産の評価額及び評価の年月日

　ニ　不動産の所在する場所の環境の概要

　ホ　評価額の算出の過程

　ヘ　その他執行裁判所が定めた事項

### 【評価の目的物が土地であるとき】

　イ　地積

　ロ　都市計画法（昭和43年法律第100号）、建築基準法（昭和25年法

律第201号）、その他の法令に基づく制限の有無及び内容

ハ　規準とした公示価格その他の評価の参考とした事項

**【評価の目的物が建物であるとき】**

イ　建物の種類、構造及び床面積並びに残存耐用年数その他の評価の
参考とした事項

**【添付資料】**

評価書には、不動産の形状を示す図面及び不動産の所在する場所の周
辺の概況を示す図面を添付しなければならない。

上記の事項は、評価書中で、一般的に「評価の条件」「目的物件」「目
的物件の位置・環境等」の各欄の該当箇所に記載される。

## 目的物件の位置・環境等対象土地の概況及び利用状況等のサンプル

第4　目的物件の位置・環境等

1-1　土地の概況及び利用状況等（物件2）

| 位　置　・　交　通 | | ○○○線「○○○」駅「███████」駅の南西方約500m（道路距離、徒歩約7分）の地点、○○区○○████████████に位置する。（附属資料「位置図」参照） |
|---|---|---|
| 付　近　の　状　況 | | 一般住宅の中に、事業所、駐車場等が混在する住宅地域。 |
| 主 な 公 法 上 の 規　制　等（道 路 の 幅 員 等 の 個 別 的 な 規 制 を 考 慮 し な い 一 般 的 な 規 制） | 都市計画区分 | 市街化区域 |
| | 用 途 地 域 | 第一種中高層住居専用地域 |
| | 建 ぺ い 率 | 50%　（指定） |
| | 容　積　率 | 150%　（指定） |
| | 防 火 規 制 | 準防火地域 |
| | その他の規制 | 第二種高度地区、日影規制（3h/2h、4m）・土地区画整理事業施行すべき区域（都市計画法53条の区域） |
| 画　地　条　件 | 地　　　積 | 51㎡ |
| | 形　　　状 | 長方形 |
| | 間 口 ・ 奥 行 | 間口約6.4m、奥行約8.1m |
| | 地　　　勢 | ほぼ平坦 |
| 接面道路の状況等 | | 北側で幅員約5mの私道（建築基準法第42条1項2号該当）にほぼ等高に接面する中間画地である。 |
| 土地の利用状況等 | | 物件3建物の敷地として利用されている。建物の配置は附属資料建物図面・各階平面図写のとおり。 |
| 供 給 処 理 施 設 | 上　水　道 | あり |
| | ガ　　　ス | あり（但し現況はプロパン使用） |
| | 下　水　道 | 不明（私道のため下水道台帳で確認不能）※前面道路の本管の有無を基準として、本管が有る場合を「あり」、無い場合を「なし」とした。 |
| 特　記　事　項 | | 上記のとおり土地区画整理事業施行すべき区域であり、また地区計画区域のため再建築に際しては留意を要する。 |

1-2　対象土地の概況及び利用状況等（物件1）

| 画　地　条　件 | 地積：　13㎡幅約2.5～4.5m × 延長約4.5m不整形、ほぼ平坦地 |
|---|---|
| 土 地 の 利 用 状況等 | 前記私道の一部として利用されている。 |
| 特　記　事　項 | 物件1は、幅員5mの開発道路（建築基準法第42条1項2号）の一部を構成しており、当該私道は東側で区道（幅員約8.6m）に接面している。 |

2 建物の概況及び利用状況(物件3)

| 区　　　　分 | 主 で あ る 建 物 | |
|---|---|---|
| 建築時期及び<br>経済的残存<br>耐用年数 | 建築年月日（登記記載）<br>経　過　年　数<br>経済的残存耐用年数 | 昭和52年6月15日新築<br>　　約37年<br>経済的耐用年数を満了しており、建替時<br>期が到来していると判定される。 |
| 仕　　　　　様 | 構　　　　　造<br>外　　　　　壁<br>内　　　　　壁<br>天　　　　　井<br>　　床<br>設　　　　　備<br>そ　　の　　他 | 木造瓦葺2階建<br>吹付け<br>塗り壁等<br>板張り等<br>畳、板張り、カーペット等<br>キッチン、浴室、トイレ等<br>なし |
| 床 面 積 （ 現 況 ） | 1階<br>2階<br>延 | 34.78㎡<br>27.32㎡<br>62.10㎡ |
| 現 況 用 途 等 | 現 況 用 途<br>間 取 り | 居宅<br>3DK |
| 品　　　　　等 | 劣る | |
| 保 守 管 理 の 状 態 | 外壁は過去に補修が行われた形跡が認められたが、室内は修繕がなさ<br>れたようには認められず老朽化が非常に進んでおり、1階廊下の床が<br>抜けていたり、壁やふすまにネズミのかじった跡が認められたり、ま<br>た2階天井に雨漏り跡が認められる等、保守管理の状態も悪く、建替<br>時期が到来していると判定される。また居住中は1階で犬を飼育して<br>いたとのことである。 | |
| 建物の利用状況 | 室内には一部動産類があるが、概ね1年位前から空家にしているとの<br>ことであり、所有者による自用である。 | |
| 特 　記 　事 　項 | 物件3は、建築確認申請は現況と異なる条件で申請しており、また完<br>了検査も受けておらず、建ぺい率もオーバーする等、違法建築物であ<br>る。 | |

### c）　売却基準価額の変更（再評価・補充評価）

　執行裁判所は、必要があると認めるときには、売却基準価額を変更することができるが（法60条2項、188条）、売却基準価額の決定は、評価人の評価に基づいて行わなければならない（法60条1項、188条）ため、売却基準価額を変更する際には、執行裁判所は原則として、再評価命令又は補充評価命令を発令して、評価の見直しを行う必要がある。

**補　足**

　再評価とは、目的物の所在地等において再度現地調査を行ったうえ、評価を全部やり直すことをいう。
　補充評価とは、評価の基礎となった公示価格の変動や市場性等に関する見解を机上の作業で見直すことをいう。

### d）　公法上の規制について

　不動産には、一般に、防災や周辺環境保持などの行政目的のために、国の法律、政令、都道府県や政令指定都市の条例等により、その利用に一定の制約が定められている。これらを「公法上の規制」という。「公法上の規制」の有無は、土地の利用方法に直接影響することから、「公法上の規制」に関する事項は**「評価書」のみに記載**されている。規制の内容によっては、金融機関の融資が制約される場合もある。主な公法上の規制としては、**建築基準法、都市計画法、農地法上の各種規制等**があるが、特に建築基準法には様々な規制があり、要注意である。

### 【建築基準法上の主な規制】

　道路規制、接道義務、建蔽率、容積率、用途地域、防火地域・準防火地域。
　これらの詳細は、本書第4編の「不動産競売を理解するための周辺法令知識2（その他の法令）」で説明する。

**評価書と競売市場修正率**

　プロが評価書を見るポイントは、評価書後半部分の「評価額の判定」（※評価人によっては違う表記もあり得る）です。ここには基礎となる物件評価額に、市場性修正、競売市場修正、管理費の滞納などを係数にしたものを掛けて、売却基準価額が算出されていますが、特に市場性修正率が1.0以外のときは競売とは関係なく、物件そのものに瑕疵がある場合が多く、建蔽率・容積率オーバー、無道路地、事故物件などは係数が小さくなっています。

　競売市場修正率は、競売という制度で取引されるだけで、0.5〜0.8の係数が入ることが多いです。

　したがって、東京、神奈川、千葉、埼玉の一都三県や主要地方都市の物件で、売却基準価額以下で落札されてすぐに利用できる不動産はほとんどないのが現状です。不動産競売流通協会のデータによると、2023年度に落札された全物件の落札価格は売却基準価額から1.77倍となっています。しかしながら、物件による倍率差が激しいので、この係数を当てはめての予想価格の検討も常に適切とはいえません。

## コラム column

## 競売市場修正率

　評価人（不動産鑑定士）が競売不動産の評価を行う場合は、「強制競売の手続において不動産の売却を実施するための評価であることを考慮しなければならない。」とされています。要するに、**競売不動産特有のマイナス要因を考慮して減価すべき**ということで、これを「競売市場修正」といいます。

　具体的に競売不動産特有のマイナス要因となりうるのは、次のような事情です。

- 強制的な売却のため、売主の協力が得られないことが常態であること
- 内覧制度による以外に、買受希望者が物件内部を直接確認できないこと
- 引渡しを受けるために法定の手続をとらなければならない場合があること
- 物については契約不適合責任がないこと

　なお、売却基準価額は、その物件の一般市場価格に競売市場修正率やその他の修正を加味して算出します。競売市場修正率は、常に一定ではなく、地域の需給バランス、管轄裁判所等によっても異なり、適宜見直しも行われているので今後も変動する可能性があります。地域によって決まっている修正率なので、物件そのものの評価とは異なります。

**ポイント** 👆 ３点セットは、試験でも頻出科目です。出題ポイントは大きく分けて、制度的アプローチと、書面という性質からのアプローチの２つです。制度的アプローチとしては、各資料の作成目的、作成者、閲覧方法等が出題されます。書面からのアプローチは記載項目です。必要的記載事項か任意的記載事項か、特定の書面にしか記載されないものにどのようなものがあるかをしっかり押さえる必要があります。この点については、作成目的といった制度面の理解と書面の記載事項の暗記との両面から学習するのが効率的な方法となります。

**Q&A** 一問一答 ✏

**問**
① 物件明細書は、執行裁判所の裁判官が作成する。
② 法定地上権に関する事項は、現況調査報告書に記載される。
③ 公法上の規制に関する事項は、評価書に記載される。
④ 物件明細書の写しの備置きは、売却の実施の日の２週間前までにしなければならない。

. . . . . . . . . . . . . . . . . . . . . . . . . . . . . . . . . . . . . . . . . .

**答**
① × 裁判所書記官が作成する。
② × 物件明細書に記載される。
③ ○
④ × １週間前までである。

## 7　競売物件はどうやって手に入れることができるのか（競売申込手続）

- 入札手続の全体像を把握する。
- 期間入札・開札手続・売却許可決定・代金納付等の各概要を押さえる。

　競売物件を手に入れるためには、競売に参加しなければならない。

　現在、実務上は、一般の買受希望者が参加しやすい**期間入札を基本と**し、それに**特別売却を併用**する方法により実施されるのが通常である。

　ここでは、期間入札と、買受申出人がいない場合の特別売却への参加方法について説明する。

### コラム column　　　競り売りと期間入札

　現在の不動産競売手続の根拠法令である民事執行法は、昭和55年10月1日に施行されましたが、それ以前の不動産競売による売却手続は、「競り売り」という方法によっていました。

　これは、「競り売り」の期日に買受希望者が集まって、買受申出額を競り上げる方法により最高価をつけた者を決め、売却決定期日に買受人を決定する売却手続です。

　しかし、この手続に参加しているのは、多くが不動産ブローカー等で、一般人を排除してブローカー等で売却価額を調整するというようなことが行われ、結果として対象不動産が不適正な価額で売却されるという事態が頻発するようになっていました。

　そこで、こうした問題を解消し、一般人でも安心して競売に参加して適正な価額で売却できるように民事執行法が改正され、「期間入札」の方法が一般化しています。

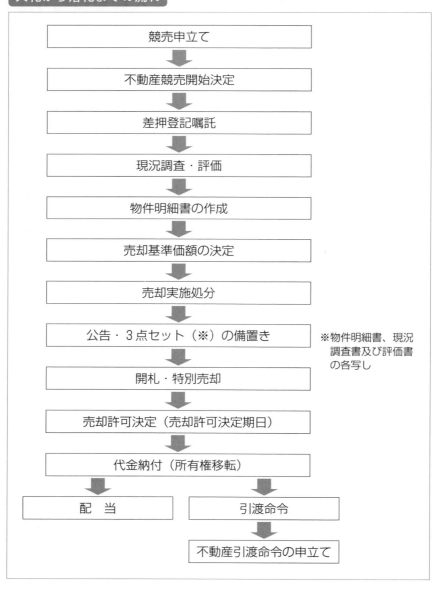

競売申立て

不動産競売開始決定

差押登記嘱託

現況調査・評価

物件明細書の作成

売却基準価額の決定

売却実施処分

公告・3点セット（※）の備置き

※物件明細書、現況調査書及び評価書の各写し

開札・特別売却

売却許可決定（売却許可決定期日）

代金納付（所有権移転）

配当

引渡命令

不動産引渡命令の申立て

# (1) 期間入札の参加方法

## ① 期間入札は、どのような売却方法か

　期間入札は、入札期間（1週間以上1か月以内の期間）を定め、その期間内に入札を受け付け、開札期日（入札期間の満了後1週間以内の日。規則46条1項、173条1項）に執行官が開札をして、最高価買受申出人、次順位買受申出人を定める売却方法である。

## ② 誰でも参加できるのか

　買受けの申出は、特に参加資格などはなく、**誰でも（個人・法人どちらでも）**できるのが原則である。資格証明書（住民票や外国人登録証明書等）が提出できるのであれば、外国人も参加できる。未成年者の入札も可能であるが、親権者の同意が入札時に求められる。

　また、共有での入札も可能であるが、事前に執行官の許可が必要となるので執行裁判所に確認しなければならない。このように、入札者の門戸は広いが、以下の者は制限される。

### a) 債務者

　競売事件は、債務者が債務を支払わないことが原因で手続が開始されるものであるため、債務者はまずは債務を支払うべきであり、その競売対象不動産の売却手続で買受けの申出をすることはできない（法68条、188条）。

### b) 過去に当該競売物件の入札に参加し、買受人になったのに、最終的に売却代金を支払わなかった者

　ペナルティとして当該事件に係る次回以降の競売への参加ができない。

### c) 物件が農地の場合

　農地のように買受適格証明書の提出が必要な場合は、この証明書がとれる人（農業に従事している人）でないと参加が禁止される。

　民事執行法の改正（令和元年 5 月10日成立、同月17日公布、令和 2 年 4 月 1 日施行）により、不動産競売においても暴力団を排除する取り組みが法制度化されている。

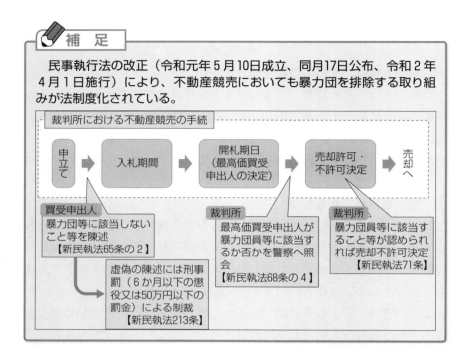

裁判所における不動産競売の手続

申立て → 入札期間 → 開札期日（最高価買受申出人の決定） → 売却許可・不許可決定 → 売却へ

買受申出人
暴力団等に該当しないこと等を陳述
【新民執法65条の 2 】

虚偽の陳述には刑事罰（ 6 か月以下の懲役又は50万円以下の罰金）による制裁
【新民執法213条】

裁判所
最高価買受申出人が暴力団員等に該当するか否かを警察へ照会
【新民執法68条の 4 】

裁判所
暴力団員等に該当すること等が認められれば売却不許可決定
【新民執法71条】

## (2) 入札期間等の公告

　競売物件の売却条件が決まると、**裁判所書記官**は、入札期間、開札期日、売却決定期日を指定し、利害関係人（競売の当事者である債権者、債務者、所有者、配当要求をした債権者、その他の者）に対して入札期間等の通知を普通郵便等で行う（規則49条、173条 1 項）。

　期間入札の公告等（規則36条）を裁判所の掲示場等に掲示し、その公告の写しを 3 点セットとともに裁判所に備え置いて閲覧に供している。これを閲覧することにより、買受希望者は、各競売物件の売却実施の情報を取得することができるようになる。

　なお、民事執行の手続における公告は、公告事項を記載した書面を、裁判所の掲示場その他裁判所内の公衆の見やすい場所に掲示して行うのが原則である（規則 4 条 1 項、173条 1 項）。ただし、裁判所書記官又は執行官は、相当と認めるときは、公告事項の要旨、民事執行法又は民

事執行規則の規定により、執行裁判所に備え置かれた文書に記録されている情報の全部又は一部、その他公示することが民事執行の手続の円滑な進行に資することとなる事項を、日刊新聞紙に掲載し、又はインターネットを利用する等の方法により公示することができる（規則4条3項、173条1項）。裁判所書記官は、**入札開始日の2週間前まで**に、必要事項を記載した公告書を公告掲示場に掲示する。

　実務では、日刊新聞、住宅情報誌、インターネット（BIT）等に不動産競売物件情報を公開している。

公告事項は下記のとおりである。

| | |
|---|---|
| ㋐ | 事件の表示 |
| ㋑ | 売却すべき不動産の表示 |
| ㋒ | 売却基準価額及び買受可能価額 |
| ㋓ | 入札期間、開札期日を開く日時及び場所 |
| ㋔ | 売却決定期日を開く日時及び場所 |
| ㋕ | 買受申出の保証の額及びその提供方法 |
| ㋖ | 一括売却の場合はその旨 |
| ㋗ | 買受申出資格制限の内容 |
| ㋘ | 不動産に課される公租公課 |
| ㋙ | 物件明細書等の写しの備置きと閲覧開始日 |

## (3) 期間入札の方法

　入札しようとする者は入札期間内に、①入札書の提出と、②買受申出の保証の提供を行わなければならない。入札書の提出に際して、保証金の振込証明書も提出しなければならないので、理論上、手続としては買受申出の保証の提供が先行することになる。

### ① 買受申出の保証の提供

#### ａ） 保証額

入札をする者は、買受申出の保証（以下、単に「保証」という）を提供しなければならない。その額は、民事執行規則で売却基準価額の10分の2（2割）とされているが（規則39条1項、173条1項）、執行裁判所は、相当と認めるときは、これを**超える保証の額を定めることができる**（規則39条2項、173条1項）。

実務上は、通常、売却基準価額の2割であるが、念のために公告書に記載されている買受申出保証額を確認しておくことが望ましい。

#### ｂ） 保証の提供の方法

現在、保証の提供方法は、次のいずれかによることとされている。

第1の方法は、入札する前に、執行裁判所の預金口座に最寄りの金融機関から保証の額に相当する金銭を振り込み、その金融機関の領収印のある保管金受入手続添付書を、執行裁判所が交付する入札保証金振込証明書の用紙に貼付して、入札書とともに提出する方法である。この場合、振り込まれた金銭が入札期間中に執行裁判所の預金口座に着金しなければ入札は無効となる。したがって、なるべく「電信扱い」として早めに振り込むのが望ましい。

第2の方法は、銀行、損害保険会社、農林中央金庫、商工組合中央金庫、信用金庫連合会、信用金庫又は労働金庫等と支払保証委託契約を締結して、その証明書を執行裁判所に提出する方法である。もっとも、この方法は、銀行等との支払保証委託契約の締結が前提となり、手続が煩雑であることから、あまり利用されていない。

## (4) 入札手続

保証の提供が終わると入札手続に入ることになる。入札に必要な書類は、各裁判所の執行官室で受け取ることになる。入札に必要な書類は、①入札書、②入札用封筒、③入札保証金振込証明書、④保管金受入手続添付書である。

## ①　入札金額

「入札金額」は、民事執行法に定めがあり、執行裁判所が定めた当該物件についての売却基準価額の8割に相当する価額（これを買受可能価額という）以上でなければならない（法60条3項、188条）。1円単位の端数での入札も可能である。

## ②　入札の方法

入札の方法には、a）入札書を執行官に直接差し出す方法と、b）入札書を執行官宛に郵送する方法がある。

### a）　入札書を執行官に直接差し出す方法

入札をするには、入札書に日付、事件番号、物件番号、入札人の住所・氏名、入札価額、保証の提供方法、保証の額等の必要事項を記入して、入札人の脇に印を押して、それを入札用封筒に入れ、その封筒の表に開札期日、事件番号、物件番号を記載し、封をして執行官室に持参する。**入札書をいったん提出すると、その内容の変更はできない。**入札書に記入漏れや記載間違いがある場合、入札が無効となる可能性があるので、公告書等を参照しながら間違いないように記入する。なお、入札価額を訂正した入札書は無効とされる場合があるので、誤記した場合は新たな入札書を作成するのが望ましい。

### b）　入札書を執行官宛に郵送する方法

入札手続は郵送等によっても可能である。民事執行規則では、郵便若しくは民間事業者による信書の送達に関する法律第2条第6項に規定する一般信書便事業者若しくは同条第9項に規定する特定信書便事業者による同条第2項に規定する信書便によって行うものとされているが（規則47条、173条1項）、実務上、郵送は書留郵便が使用される。

なお、入札期間は最終日の執務時間までとしている庁も多く、少なくとも最終日の執務時間中に執行官室に郵便等が届かなければ入札が無効となることが多いので注意が必要である。

### c）添付書類

- 入札保証提供の証明文書（入札保証金振込証明書又は支払保証委託契約締結証明書）

　ア　法人が入札する場合

　　→代表者事項証明書または商業登記事項証明書（入札日から３か月以内に発行されたもの）

　イ　個人が入札する場合

　　→住民票（入札日から３か月以内に発行されたもの）

　ウ　代理人によって入札する場合

　　→代理委任状

　エ　２名以上の者が共同で入札する場合

　　→共同入札許可書（あらかじめ執行官に申し出て許可を得る必要がある）

　　→続柄の明記されている住民票（３か月以内）

　オ　物件が農地で買受申出の制限がある場合

　　→買受適格証明書

## (5) 開札手続

### ①　執行官の権限

　開札期日は、売却の実施の一環として、**執行官が主宰**する。そこで、執行官には、開札期日を円滑に実施できるように、秩序維持に関する権限が付与されている。すなわち、執行官は、入札期日を開く場所における秩序を維持するため必要があると認めるときは、その場所に参集した者に対し身分に関する証明を求め、及び執行裁判所に対し援助を求めることができる（規則49条、43条、173条１項）。また、入札を妨害する者に対しては、売却の場所に入ることを制限し、若しくはその場所から退場させ、又は買受けの申出をさせないことができる（法65条、188条）。

### ②　開札期日

　入札期間が終わると、**あらかじめ公告されていた開札期日に開札が行**

われる。開札は、執行裁判所内の売却場で、執行官が入札書の入った封筒を開封して入札書を読み上げて行われ、入札した人のうち最も高い価額を付けた人が「最高価買受申出人」と定められて、その氏名又は名称及び入札価額が告げられる。また、次順位買受申出資格のある入札人がいる場合には、その氏名又は名称及び入札価額を告げて次順位買受けの申出を催告した後、執行官は、期日の終了を宣言する（規則49条、41条3項、173条1項）。

　入札人は、開札期日に出頭する必要はなく、**最高価額を付けた者は、出頭をしていなくとも最高価買受申出人となることができる。**ただし、**次順位の買受申出をするには、開札期日にその旨の申出をしなければならないため、開札期日に出頭しなければ、次順位の買受申出をすることができない。**代理人によって入札をしたときは、代理人が出頭すればよい。

　なお、執行官は、開札に際して入札した者を立ち会わせなければならないが、入札した者が立ち会わないときには、適当と認められる者（裁判所書記官等）を立ち会わせなければならない（規則49条、41条2項、173条1項）。

### ③　最高価買受申出人と次順位買受申出人の決定
#### ａ）　最高価買受申出人
　執行官は、開札後、入札した者の中から最も高い価額で入札した者を最高価買受申出人と定める。

　㋐　最高価の入札をした者が2人以上の場合→これらの者で期日入札の方法により追加入札をする（この場合、先にした入札額に満たない価額による入札はできない）。
　㋑　追加入札の結果、最高価の申出をした者が2人以上又は全員が追加入札に応じないとき→くじで最高価買受申出人を決定する（規則49条、42条1項・2項、173条1項）。

補 足

　くじの方法については規定がなく、実務では原則として入札人に引か
せるが、入札人が応じない場合は執行官が引くことも許される。

b）　次順位買受申出人

　次順位買受申出人の制度は、買受人が代金納付期限までに代金を納付
しないため、売却許可決定が効力を失ったときに、手続の遅延を防止す
るために再度の売却を回避しつつ、最高価買受申出額以上での売却を実
現する制度である。そこで、次順位買受申出人の資格要件は以下のとお
りとされる。

　次順位買受申出人は、最高価買受申出人に次いで高額の申出をした者
で、その申出額が、買受可能価額以上の額で、かつ、最高価買受申出人
の申出額から買受申出保証額を控除した額以上であることが必要とされ
る（法67条）。

 補 足

　例えば、売却基準価額2,000万円、買受可能価額1,600万円、保証金
400万円の物件において、最高価買受申出人が3,000万円で入札した場合
は、2,600万円以上の額で入札した者でないと、次順位買受申出人として
の資格は得られないということである。

　次順位買受申出人になりたい者は、開札期日の終了までに執行官に買
受申出をしなければならない（法67条、188条）。

　また、次順位買受けの申出をした入札人が提供した買受申出の保証は、
買受人が代金を納付するまでは返還を求めることができない。

　次順位買受申出をした者が2人以上の場合→追加入札を経ることなく
直ちにくじで次順位買受申出人を決定する（規則49条、42条3項、173
条1項）。

## (6) 売却決定期日

　執行裁判所は、最高価買受申出人と定めた者に対して売却許可をするかどうかの審理をし、特に問題がなければ、やむを得ない場合を除いて**開札期日から3週間以内の日で指定される売却決定期日**に、最高価買受申出人となった者を買受人とする決定を利害関係人に対して言い渡すことになる。そして、売却許可決定が言い渡されたときは、裁判所書記官は、その内容を公告する（規則46条2項、55条、173条1項）。

> 補　足
>
> 　例えば、売却決定期日から2週間、物件明細書等の閲覧室内にファイルを備え置くといった方法などがとられている。なお、売却不許可の決定の場合は、公告は不要である。

　この決定に対して不服がある者は、決定のときから1週間以内に**執行抗告による不服申立て**が認められる（法10条1項・2項）。執行抗告があった場合は、それについての判断が出るまでに数か月を要することもある。

　他方、その期間に抗告の申立てがなく経過するか、抗告の申立てが却下又は棄却され、それが告知されてその決定が確定すると買受人として確定し、代金を納付することができるようになる。

　なお、売却実施終了後から売却決定期日の終了までの間に、執行停止文書が提出された場合、他の事由により売却不許可とする場合を除き、売却決定期日を開くことができない（法72条1項前段、188条）。この場合は、最終的には訴訟で決着をつけることになり、それまで売却決定は留保されることになる。

## (7) 代金の納付

　**売却許可決定が確定**したときは、買受人は裁判所書記官の定める期限（売却許可決定が確定した日から1か月以内の日）までに**代金を納付**し

なければならない（法78条1項、188条）。そして、代金を納付した時に競売対象物件の所有権を取得することになる（法79条、188条）。

　代金の納付以降の問題は、「8　競売物件購入後の手続」の項（79頁）で説明する。

## (8) 特別売却

### ①　特別売却とは

　入札及び競り売りの方法による売却を実施しても**適法な買受けの申出がなかったときに実施**されるのが、「特別売却」である。民事執行規則では、「裁判所書記官は、入札又は競り売りの方法により売却を実施させても適法な買受けの申出がなかったとき（買受人が代金を納付しなかったときを含む。）は、執行官に対し、やむを得ない事由がある場合を除き、三月以内の期間を定め、他の方法により不動産の売却を実施すべき旨を命ずることができる。この場合においては、売却の実施の方法その他の条件を付することができる。」と規定されている（規則51条、173条1項）。この規定にいう「他の方法」が特別売却である。

### ②　特別売却の種類

　特別売却の方法は、法令上は、執行裁判所の執行裁判所書記官の自由な裁量で決めることができるが、実務では、 a）条件付特別売却実施処分（条件付特売）と、 b）特別売却実施処分に基づく特別売却（上申特売）の2種類が運用されている。

#### a）　条件付特別売却実施処分（条件付特売）

　期間入札の売却命令と同時に、期間入札において適法な買受けの申出がないときに特別売却を実施するという売却方法である。

#### b）　特別売却実施処分に基づく特別売却（上申特売）

　差押債権者からの買受希望者がいることを理由とする上申書の提出があったときに行う売却方法である。

### ③　特別売却の実施方法

#### a）　実施条件

　実施条件としては、少なくとも1回は期間入札等による売却を実施したが、適法な買受申出がなかったときであることが必要である。また、民事執行規則は、裁判所書記官が特別売却の実施を命じるときは、事前に差押債権者の意見を聴くことを要求している（規則51条2項、173条1項）。その理由は、入札等の方法によらない特別売却の方法を選択することが差押債権者の不利になるおそれがあるからである。

#### b）　実施手続

　特別売却は、入札及び競り売りと同様に裁判所書記官が行う売却実施処分に基づいて執行官が実施する。実務上は、買受希望者は、売却期間中に執行官室において買受申出保証とともに「特別売却買受申込書」を提出することによって申し出る。

#### c）　売却基準価額・買受可能価額

　特別売却における売却基準価額及び買受可能価額は、その直前の入札等における売却基準価額及び買受可能価額と同額とされている。

#### d）　買受申出の保証

　本来、特別売却における買受申出保証の額については、買受けの意思、代金納付の確実性、目的不動産の価額等を勘案し、執行裁判所が裁量によって自由に定めるべきものであるが、実務上は、画一的処理の要請から、期間入札等における保証の額と同様に売却基準価額の10分の2とするのが通例である。

#### e）　買受申出の方法

　買受けの申出は、買受申出保証金を納めてそれを証する書面を添付して、①期間入札と同様に、専用の振込依頼書で裁判所の口座に振り込んで、保管金受入手続添付書を提出する、②現金による、③裁判所が相当

と認める有価証券（銀行の自己宛小切手など）を提出することによる（規則51条4項、173条1項）。そして、必要事項を記載した特別売却物件買受申込書を執行官室に持参する。その際に、期間入札の場合と同様の書類を添付する。

なお、特別売却の場合は期間入札と異なり、最初の売却実施処分及び公告の中で売却決定期日を定めていないので、買受けの申出があった場合は、執行裁判所が売却決定期日を定め、その期日に売却の決定をすることになる（規則51条7項、173条1項）。

### f）　買受申出人の指定

実務では、通常、先着順で最初に売却基準価額の8割に相当する買受可能価額以上の買受けの申出をした者を買受人としている。

申出が同時になされた場合は、より高額の買受申出をした者を買受人としている。

また、同時に同額の申出があった場合は、それらの申出人で再入札を行い、より高額の買受申出をした者が買受申出人とされる。

## （9）内覧制度　重要！

かつては、競売物件の買受希望者が競売物件の内部に立ち入って建物等の内部を自由に見学することはできなかった。しかし、平成16年4月1日施行の法改正により、不動産の買受希望者が、売却の実施までに競売不動産に立ち入って見学することができる内覧制度ができた（法64条の2、188条）。

ただし、内覧はトラブルの発生等により売却価額を低下させる危険性もあり、内覧実施には一定の費用もかかることから、その実施を差押債権者の意思に委ねるべく、**差押債権者の申立てが要件**とされている。また、不動産の占有者が、差押債権者、仮差押債権者及び売却により消滅する抵当権者等に対抗することができる権原を有する場合は、当該占有者の同意がないと内覧実施命令は発令することができない（法64条の2第1項ただし書、188条）ものとされている。このように、要件が厳

しいことから、ほとんど利用されていないのが実務の現状である。

　内覧を実効化させるため、①執行官は、内覧の実施に際し、自ら不動産に立ち入り、かつ、内覧参加者を不動産に立ち入らせることができる。また、②執行官は、内覧参加者であって内覧の円滑な実施を妨げる行為をするものに対し、不動産に立ち入ることを制限し、又は不動産から退去させることができる（法64条の2第5項・6項、188条）。

　なお、執行裁判所は、内覧の円滑な実施が困難であることが明らかであるときは、内覧実施の命令を取り消すことができる。

## ⑽ 保証金の返還

　開札の結果、最高価買受申出人及び次順位買受申出人に指定された者**以外**の者の保証金については、**開札後、返還**される（規則49条、45条1項、173条1項）。

　保証金は、入札の際に提出した入札保証金振込証明書に、保証金提供者があらかじめ記載した振込先指定口座に振り込む形で返還される。

　なお、次順位買受申出人の保証金は、最高価買受申出人が代金の納付をした後に返還される。

## ［期間入札用入札書］

### ［入札書を入れる封筒］

```
入 札 書 （ 期 間 入 札 ）
                              令和　　年　月　日
東京地方裁判所執行官　殿

事件番号  令和  年（  ）第  号  物件番号
```

| 入札価額 | 百億 | 十億 | 億 | 千万 | 百万 | 十万 | 万 | 千 | 百 | 十 | 一 |
|---|---|---|---|---|---|---|---|---|---|---|---|

（円）

本入札人
- 住所（法人の所在地）　〒　－
- （フリガナ）
- 氏名（法人の名称等）
  ※法人の場合，代表者の資格及び氏名も記載すること。　　　印
- 日中連絡先電話番号　（　　）

代理人
- 住所（法人の所在地）
- （フリガナ）
- 氏名（法人の名称等）
  ※法人の場合，代表者の資格及び氏名も記載すること。　　　印
- 日中連絡先電話番号　（　　）

### 注　意

1　入札書は，一括売却される物件を除き，物件ごとに別の用紙を用いてください（鉛筆書き不可）。
2　事件番号及び物件番号欄には，公告に記載された番号をそれぞれ記載してください。事件番号及び物件番号の記載が不十分な場合，入札が無効となる場合があります。
3　入札価額は算用数字ではっきりと記載してください。入札価額を書き損じたときは，新たな用紙に書き直してください。
4　（個人の場合）　氏名及び住所は，住民票のとおり正確に記載してください。
　　（法人の場合）　名称，所在地，代表者の資格及び氏名は，資格証明書（代表者事項証明，全部事項証明等）のとおり正確に記載してください。
5　代理人によって入札するときは，本人の住所（所在地），氏名（名称等）のほか，代理人の住所（所在地），氏名（名称等）を記載し，代理人の印を押してください。
6　入札書を入れた封筒は，必ず糊付けして密封してください。
7　一度提出した入札書の変更又は取消しはできません。
8　資格証明書，住民票，委任状，振込証明書等は，必ず入札書とともに提出してください。
9　振込証明書によって保証を提供する場合の金融機関への振込依頼は，必ず「電信扱い」又は「至急扱い」等の事由により，入札期間後に入金がされない場合，入札が無効となります。

**入 札 書 在 中**

東京地方裁判所

| 開札期日 | 令和　　年　　日　午前9時30分 |
|---|---|
| 事件番号 | 令和　年（　）第　　号 |
| 物件番号 | |

（注意）
1　この封筒には入札書のみを入れて必ず封をすること
2　入札書以外の添付書類は，持参の場合はこの封筒と共に執行官に提出し，郵送の場合はこの封筒と共に外封筒に入れて同封すること
3　開札期日，事件番号，物件番号の各欄は，正確に記載すること
　　記載がないもの，記載が誤っているものは，開札に加えられないことがある。

## ［入札保証金納付のための保管金振込書］

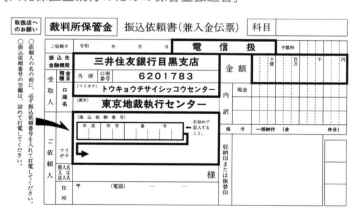

取扱店へのお願い
○振込依頼番号の空欄は，詰めて打電してください。

| 裁判所保管金 | 振込依頼書（兼入金伝票） | 科目 |
|---|---|---|

ご依頼日　令和　　年　　月　　日　　電　信　扱　手数料

振込先金融機関　**三井住友銀行目黒支店**

受取人
預金種目　当座　口座番号　**6201783**
（フリガナ）　トウキョウチサイシッコウセンター
口座名（漢字）　**東京地裁執行センター**

（振込依頼番号）
年度　符号　番　号　右詰めで記入すること。

金額　| 十億 | 億 | 千万 | 百万 | 十万 | 万 | 千 | 百 | 十 | 円 |

内訳　現金

備考　一括納付（金　　　　件分）

ご依頼人
フリガナ
振込人名又は法人名　　　　　様
住所　〒　（電話）

収納印または振替印

（左縦書き）依頼人の名の前に，必ず振込依頼番号を入れて打電してください。

## ［入札保証金振込証明書］

太枠内は，買受申出人が記入してください。
記入に際しては，裏面の注意事項をよくお読みください。

割印

**金融機関の証明書（保管金受入手続添付書）の貼り付け箇所**

入札保証金を執行裁判所の預金口座に振り込んだ旨の証明として，振込みを依頼した金融機関から交付を受けた「保管金受入手続添付書」（原本）を，このわく内に左上をそろえて貼り付けて差し出してください。貼り付けるときは，周囲をのり付けして，確実に貼り付けた上，割印を押してください。
なお，振込みについては，裏面の注意事項をよく読んで，間違いのないようにしてください。

割印

学習のポイントは、売却方法、売却手続の流れ、制度の概要等です。手続については、主体となる者、期限や期間などを意識的に押さえましょう。特に「数字」は、出題されることも多いうえに、正確に押さえているか否かで差が付きやすいので、注意が必要です。

代表的かつ重要な数字を下記に列挙します。

| 期間入札の法定入札期間 | 1週間以上1か月以内 |
|---|---|
| 開札期日 | 入札期間満了日から1週間以内 |
| 入札期間の公告 | 入札開始日の2週間前までに開始 |
| 物件明細書等の写しの備置き | 入札開始日の1週間前から入札期間の終了の日まで |
| 売却決定期日 | 開札期日から3週間以内 |
| 代金納付期限 | 裁判所書記官の定める期限（売却許可決定が確定した日から1か月以内の日）まで |
| 配当期日 | 代金の納付日から1か月以内の日 |

**Q&A** 一問一答 ✎

問 ① 買受人は、売却許可決定が確定した日から1週間以内に代金を納付しなければならない。

② 入札期間は、原則として、入札開始日の2週間前までに公告しなければならない。

答 ① × 売却許可決定が確定したときは、買受人は裁判所書記官の定める期限（売却許可決定が確定した日から1か月以内の日）までに、代金を執行裁判所に納付する。売却許可決定が確定した日から1週間以内とはされていない。

② ○

## (11) 開札前の競売手続の停止・取消し・取下げ

　開札期日前に競売手続が停止、取消し、取下げがされたときは、その対象物件についてのその後の開札等の売却手続は実施されない。

　開札前の停止等については、執行裁判所の書記官から執行官に対して直ちにその旨の通知がなされ、執行官は、その通知後に当該事件の物件について入札をしようとする者に対しては、手続の停止等により当該物件の売却が実施されない旨を告げ、保証金振込の手続をしている場合には、保管金返還手続をとるよう促すことになる。

### ①　競売手続の停止

　「執行停止文書」が提出されたときは、原則として直ちに手続を停止する措置がとられる（法39条1項、188条）。停止の場合は、既にした執行処分は取り消されない。

### ②　競売手続の取消し

　「執行取消文書」が提出されたときは、既にした執行処分は取り消される（法40条1項、167条の13、188条）。

### ③　競売手続の取下げ

　競売の申立ては取り下げることができる（法20条、民事訴訟法261条）。**取下げに際して債務者の同意は不要**であるが、**買受けの申出があった後に競売の申立てを取り下げる場合**には、ほかに差押債権者があり、取下げにより売却条件に変更が生じないときを除き、**最高価買受申出人又は次順位買受申出人の同意が必要**である（法76条1項）。取下げにより、競売手続は終了し、原則として差押えの効力は遡及的に消滅する。ただし、買受人が代金を納付した後の取下げは、対象不動産の所有権が既に買受人に移転しているので手続を遡及的に消滅させる効力はない。そこで厳密に言えば、取下げではなく申立債権者の配当受領権放棄と扱われる。

また、不動産の滅失その他売却による不動産所有権の移転を妨げる事情が明らかとなったときは、執行裁判所は、不動産競売を取り消さなければならない（法53条、188条）。強制競売の取消しの場合は、差押えの登記が抹消される。

## ⑫ 剰余主義　重要

### ①　無剰余による取消し

　申立てをした債権者に当該物件の売却代金の配当等が分配されないような事件については、手続は取り消されるものとされている（法63条、188条）。なぜなら、競売は、債務者（所有者）の意思に反して国家が強制的に目的不動産を売却し、差押債権者の金銭債権の満足を図る手続であるため、**差押債権者が全く配当等を受けることができない場合には、差押債権者の債権を回収するという目的を達することができず、手続が無駄になるため許されるべきではないからである**（無益執行の禁止）。また、民事執行法は、担保権については原則として売却によって消滅するものと定めているところ（消除主義）、差押債権者が配当等を受けることができない場合には、差押債権者の債権に優先する債権を有する担保権者（優先債権者）の全部又は一部がその債権の満足を受けることができないにもかかわらず、担保権を失うことになり、**優先債権者の利益を害することになるからである**。

　そこで、民事執行法は、競売手続を行うには買受可能価額を基準として、 a）**優先債権がない場合には、手続費用を弁済して剰余があること**、また、 b）**優先債権がある場合には、手続費用とすべての優先債権者の債権を満たすことができることを必要としている**（剰余主義。法63条、188条）。

　競売対象不動産には、一般債権者に優先する複数の抵当権等の担保権がついているのが通常であり、滞納税金の交付要求の対象となっている場合も多い。したがって、抵当権等のない一般債権者が申し立てる不動産強制競売事件である（ヌ）の符号の事件が売却に付されることは少ないのが実情である。

　なお、剰余の判断は、**現況調査報告書及び評価書が提出され、かつ、配当要求の終期が到来した後に判断**される。この時期までに、売却基準価額を定める判断資料が揃うとともに、優先債権の見込みが判明すると考えられるからである。

### ②　無剰余の回避

　執行裁判所は、**剰余が生じないと判断される場合には、その旨を差押債権者に通知**しなければならない（法63条1項、188条）。

　そして、この通知を受けた差押債権者が、通知を受けた日から1週間以内に**無剰余回避の措置**をとらなければ、手続は取り消されることになる。無剰余を回避するための措置の詳細については、第2編第1章（112頁）で説明する。

## ⒀ 売却の見込みがない場合の競売手続の停止及び取消しの制度

　民事執行法では、買受けの申出がなく、目的不動産に付帯する客観的な事情から売却の見込みがないものについては、費用と時間の無駄を省き、執行裁判所の人的資源を他の事件に有効活用するために、競売手続の停止及び取消しの制度が設けられている（法68条の3、188条）。平成16年の法改正によって設けられた制度である。

### ①　競売手続の停止

　執行裁判所は、裁判所書記官が入札又は競り売りの方法による売却を3回実施させても買受けの申出がなかった場合において、ａ）不動産の形状、用途、法令による利用の規制その他の事情を考慮して、ｂ）更に売却を実施させても売却の見込みがないと認めるときは、**強制競売の手続を停止することができる**としている。この場合、差押債権者にその旨を通知する（法68条の3第1項、188条）。

### ② 競売手続の取消し

差押債権者が、①の通知を受けた日から３か月以内に、執行裁判所に対し、**買受けの申出をしようとする者があることを理由として、売却を実施させるべき旨を申し出た**ときは、裁判所書記官は**売却を実施**させなければならない（法68条の３第２項、188条）。

他方、差押債権者がその期間内にその**売却実施の申出をしないとき**、又は、裁判所書記官が売却を実施させた場合において**買受けの申出がなかったとき**は、執行裁判所は**強制競売の手続を取り消すことができる**（法68条の３第３項、188条）。

なお、差押債権者は取消決定に対して**執行抗告により不服を申し立てる**ことができる。

## ⒁ 代金納付の効果

### ① 代金納付の時期

売却許可決定が確定したときは、**買受人は、裁判所書記官の定める期限（売却許可決定が確定した日から１か月以内の日）までに代金を執行裁判所に納付**しなければならない（法78条１項、188条）。そして、代金を納付した時に当該競売物件の所有権を取得することになる（法79条、188条）。反対に、この期限までに納付しなければ代金不納付となり、保証金は返還されなくなる。納付期限の延期は基本的に認められない。

なお、民事執行法は、「裁判所書記官は、特に必要があると認めるときは、代金納付期限を変更することができる」と規定しているが（法78条５項、188条）、買受人には、延期を申し立てる権限は認められていない。また、裁判所書記官の職権による期限の延期も、実務上は、代金納付期限直前の天災その他買受人の責めに帰することができない突発的事情があるような場合など、ごく限られたときにしか認められていない。

### ②　代金納付の方法

#### a）　代金納付期限通知書

　売却許可が決定し、執行抗告もなく買受人が決定すると、買受人に対して代金納付期限通知書が送られてくる。民事執行規則では、この代金納付期限は、**売却許可決定が確定してから1か月以内の日**としなければならないと規定されているが（規則56条1項、173条1項）、これは訓示規定と解されており、実務上は、売却許可決定確定から2週間から1か月ないし2か月程度の間に代金納付期限通知書が送られてくる場合も多い。代金納付期限通知書には、代金の納付期限、納める代金額、用意すべき書類が記載されている。また、納付すべき金額があらかじめ記載された振込用紙が同封されていることもある。なお、期限前に代金を納付することは認められていることが多いが、念のために事前に担当裁判所書記官に確認しておくのが望ましい。

> **用意すべき書類**
>
> ①代金納付期限通知書　②代金振込の受領書　③登録免許税の領収証書又は収入印紙　④固定資産評価証明書　⑤資格証明書（法人の場合）又は住民票（個人の場合）　⑥最新の登記事項証明書　⑦買受申出の時に使用した印鑑　⑧登記手続に要する郵便切手

#### b）　代金納付の額

　買受人が、買受けの申出に際して納付した**買受申出保証金**は、代金に充当される（法78条2項、188条）。したがって、買受申出金額から保証金額を差し引いた額を残代金として納めることになる。

#### c）　通常の代金納付方法

　売却許可決定後、買受人は、買受申出保証金額を除いた残額を原則として一括で納めなければならない。分割等で支払う方法は認められていない。

　残代金を支払う方法としては、(ア)現金を持参する方法と、(イ)執行裁判

所の口座に振り込む方法等がある。

　㋐　現金を持参する方法

　　　代金納付期限通知書に記載された指定の日時に執行裁判所の所轄部署に代金を持参し、納付手続を行う。

　㋑　執行裁判所の口座に振り込む方法

　　　最寄りの金融機関から日銀代理店の執行裁判所の口座に振り込んだ後、買受人は、そのときの保管金受入手続添付書をもって執行裁判所に出頭しなければならない。執行裁判所で担当書記官から交付される保管金提出書に必要な事項を記入し、それに保管金受入手続添付書を添えたうえで歳入歳出外現金出納官吏に提出して、保管金受領証書の交付を受けることによって残代金の納付が完了する。注意すべきは、保管金振込書の用紙により日銀代理店の執行裁判所の口座に振り込む手続をしても、執行裁判所でこの手続をしなければ、代金を納付したことにならない点である。

**d）　買受申出保証金を金銭以外の方法で納めた場合の代金納付方法**

　期間入札において、保証金の支払を支払委託契約締結証明書を提出する方法で行った場合や、特別売却において裁判所が相当と認める有価証券を提出する方法で行った場合でも、代金全額に相当する金額を納付しなければならない。

令和　　年（　）第　　　　号

# 代 金 納 付 期 限 通 知 書

御中

令和　　年　　月　　日
東京地方裁判所民事第21部
裁判所書記官＿＿＿＿＿＿＿＿＿＿

　　別紙物件目録の不動産について，あなたを買受人とする売却許可決定が確定し，代金納付期限を令和　　年　　月　　日と定めたので通知します。

　　当裁判所の事務の都合上あなたの代金納付については，令和　　年　　月　　日午前　　時　　分を予定していますので，同日時に当部不動産配当係（東京地方裁判所民事執行センター３階（目黒区目黒本町二丁目26番14号））にお越しください。

　　上記予定日時は御協力をお願いしている日時であり，代金納付期限（２行目記載の日）内であれば，上記予定日時よりも早めることも遅くすることもできますので，その際は御連絡ください。

　　なお，あなたが納付すべき代金の金額は，次のとおりです。

金　　　　　　　　　円

### ③ 住宅ローンの利用（82条申請）

　不動産競売では、**一定の条件のもとで住宅ローンの利用が可能**である。具体的には、買受人と抵当権を設定しようとする金融機関が、司法書士又は弁護士を指定して、所有権移転等の登記嘱託書の交付の申出書を提出し、その司法書士等に登記嘱託書を交付することにより、所有権移転登記と同時に抵当権設定登記を行うことができる（法82条2項、188条）。

---

**民事執行法８２条２項の規定による申出書**

東京地方裁判所民事第２１部裁判所書記官　　殿

令和○年○月○日

　　　　　　　　　　　東京都新宿区○○×丁目×番×号

　　　　　　　　　　　　申出人（買受人）　　　○○　○○印

　　　　　　　　　　　東京都千代田区○○×丁目×番×号

　　　　　　　　　　　　申　　出　　人　　　株式会社△△銀行

　　　　　　　　　　　　代表者代表取締役　　　○○　○○印


　御庁令和○○年（ケ）第○○○○号担保不動産競売事件について，申出人（買受人）○○○○と申出人株式会社△△銀行との間で，別紙物件目録記載の不動産に関する抵当権設定契約を締結しました。

　つきましては，民事執行法８２条１項の規定による登記の嘱託を，同条２項の規定に基づき，申出人の指定する下記の者に嘱託書を交付して登記所に提出させる方法によってされたく申し出ます。

記

申出人の指定する者の表示及び職業

　　　　東京都港区○○×丁目×番×号　△△司法書士事務所

　　　　司法書士　　　　○○　○○

　　　　（電話０３−××××−××××）


添付書類

　　　１　資格証明書　　　　　　１通

　　　２　抵当権設定契約書写し　１通

以　　上

## ④　差引納付

　差引納付は、**買受人が、売却代金から配当等を受ける債権者**（対象物件の抵当権者や判決等の債務名義を持つ差押債権者、配当要求債権者等）**である場合に認められる制度**で、これらの者は、配当期日又は弁済金交付の日に、配当又は弁済を受けるべき額を差し引いた金額を納付することができる（法78条4項前段、188条）。

---

差　引　納　付　申　出　書

東京地方裁判所民事第21部　御中

　　　令和　　年　　月　　日

　　　　　買受申出人　住　所
　　　　　　　　　　　氏　名　　　　　　　　　　　　印

　　　債権者

　　　債務者

　　　所有者

　上記当事者間の御庁令和　　年（　　）第　　　　号担保不動産（強制）競

売事件について，下記のとおり買受代金と配当を受けるべき金額との差引納付

の申出をする。

記

　　　　不動産の表示　　別紙物件目録記載のとおり

　　　　買受申出の額　　金　　　　　　　円

　　　　代金納付の方法　買受人が売却代金から弁済を受けるべき額と差し
　　　　　　　　　　　　引く方法により代金納付に代える。

（注）売却許可決定確定までに提出すること（民事執行法78条4項）。
　※　物件目録を別紙として添付してください。

---

この制度によるためには、買受人は、売却許可決定が確定するまで（平成16年改正により「売却決定期日の終了まで」から変更）に執行裁判所に申し出なければならない（差引納付申出書を提出しなければならない）。

なお、この際に買受人の受けるべき配当の額について異議申出があった場合は、買受人は、当該配当期日から1週間以内に、異議に係る部分に相当する金銭を納付しなければならない（法78条4項後段、188条）。

## ⒂ 登記の嘱託　重要

買受人は、代金を納付すれば、当該競売物件の所有権を取得することになるが、不動産の権利の取得や消滅等を第三者に対抗するためには登記をする必要がある（民法177条）。そこで、**買受人が代金を納付した**ときは、裁判所書記官は、**当該不動産の所有権移転登記等を嘱託**しなければならない。つまり、買受人は、登記に必要な書類を裁判所に提出して、当該不動産の所有権移転登記等の手続につき、裁判所書記官に登記の嘱託をすることになる（法82条1項、188条）。

### ① 嘱託する登記

嘱託する登記は、当該物件の所有権移転登記のほか、物件明細書の「買受人が負担することになる他人の権利」の欄に記載されている権利に関するものの登記を除いた、当該物件に設定されている権利の抹消登記である（法82条1項、188条）。

### 抹消登記の対象となる登記

- 差押え及び仮差押えの登記
- 債権の担保を目的とした抵当権等の登記
- 買受人に対抗できない賃借権、地上権、地役権等の登記
- 抵当権等よりも前に設定された非担保目的の所有権移転の仮登記で、最先順位でないもの

### ②　登録免許税

　買受人に対する所有権等の権利の移転登記の**登録免許税**は、**目的不動産の固定資産評価額を基準として買受人が計算**することになる。そこで、登録免許税の額を算出するために、固定資産評価証明書の提出が必要となる。固定資産評価証明書は、その物件を管轄する税務事務所で交付を受けることになるが、本来、固定資産評価証明書は所有者にしか交付されないところ、買受人は、代金を支払うまでは所有者ではない。そこで、買受人は、代金納付期限通知書原本を市町村役場に持参して、固定資産評価証明書の交付を受けなければならない。

　登録免許税の計算の元となる課税台帳の登録価額は、登記嘱託の時期によって以下のように異なるので注意が必要である。

**基準となる課税台帳登録価額**

| 登記嘱託が1月1日から3月31日 | 登記嘱託が4月1日から12月31日 |
| --- | --- |
| 前年の12月31日現在の課税台帳登録価額 | その年の1月1日現在の課税台帳登録価額 |

（登録免許税法附則7条、登録免許税法施行令附則3項）

　登録免許税は、日銀代理店、郵便局又は登録免許税の収納を行う税務署に登録免許税を納付することによって発行される領収証書、又は登録免許税に相当する収入印紙によって納付する。

## ⑯ 代金不納付の効果

　買受人が代金納付期限通知書記載の期限までに代金を支払わない場合は、代金不納付となる。また、差引納付の申出を適法に行っている場合には、配当期日等の日が代金納付期限に相当する。代金を期限までに納付しない場合は、以下のような効果がある。

### ①　売却許可決定の失効

　代金不納付によって、**売却許可決定は確定的に効力を失う**（法80条1項前段、188条）。そして、売却許可決定が失効すると、執行裁判所

は再売却の手続をとるか、次順位買受申出人がいれば売却決定期日を指定し、その売却の許否の判断をすることになる（法80条2項、188条）。

## ②　買受人に対するペナルティ
買受人に対しては、以下のようなペナルティが発生する。

### a）　買受申出保証の返還請求権の喪失
買受人は、**買受申出保証の返還を請求できなくなる**（法80条1項後段、188条）。これは、不誠実な買受人に対する**制裁**であり、買受人の確実な代金納付を担保する制度である。そこで、この保証は売却代金に組み込まれ（法86条1項3号、188条）、再売却等の後に配当等が実施されるときにその財源の一部となる。ただし、代金不納付後に取消し又は取下げによって競売手続が終了したときは、買受人は返還を請求することができる。この場合、配当財源となる配当財団が形成されない。民事執行法は、買受申出保証だけを配当する手続は認めていないからである。

### b）　再売却手続への参加の禁止
代金納付をしなかった買受人又は自己の計算においてその者に買受けの申出をさせた者は、**当該物件が再売却されるときに、その手続に参加することが禁止**される。また、これらの者が、最高価買受申出人、その代理人又は自己の計算において最高価買受申出人に買受申出をさせた者である場合には、売却の不許可事由となる（法71条4号ロ、188条）。

## ③　次順位買受申出人に対する売却許否判断
既に説明したが、最高価買受申出人に次いで高額の買受けの申出をした者は、その買受けの申出の額が、**買受可能価額以上で**、かつ、**最高価買受申出人の申出の額から買受けの申出の保証の額を控除した額以上である**場合には、開札期日において**次順位買受申出**をすることができる（法67条、188条）。そこで、買受人が代金を納付しなかった場合におい

て次順位買受申出人がいるときは、執行裁判所は、その次順位買受申出人に対して売却の許可又は不許可の決定をしなければならない（法80条2項、188条）。

　売却決定期日において次順位買受申出人に対して売却許可決定がされ、確定したときは、代金納付期限が指定されて手続は進行する（法78条1項、188条、規則56条、173条1項）。次順位買受申出人に対する売却不許可決定が確定したとき及び次順位買受申出人が代金納付を行わなかったときは、再売却の手続がとられる。

### ④　その他の効果

#### a）　配当要求終期の変更

　配当要求終期から3か月以内に売却許可決定がされないとき、又は3か月以内にされた売却許可決定が取り消され、若しくは効力を失ったときは、配当要求終期は、当初の終期の3か月後に変更される（法52条本文、188条）。ただし、配当要求終期から3か月以内にされた売却許可決定が失効した場合でも、次順位買受申出人に対して売却許可決定がされたときには、その売却許可決定が取り消され、又は失効しない限り配当要求終期は変更されない（法52条ただし書、188条）。

#### b）　取下げの条件の緩和

　代金不納付により、買受人及び次順位買受申出人がいない状態になった場合には、申立債権者は競売の申立てを単独で取り下げることができるようになる。

## 代金納付・不納付の効果のまとめ

**代金納付の効果**

(ア)　買受人は、原則として代金を納付することで、**目的不動産の権利（所有権等）を取得**する。

(イ)　買受人が目的不動産の権利を取得することに伴い、**買受人は目的不動産の滅失等による危険を負担**する。

(ウ)　目的不動産に権利の契約不適合があるとき（目的不動産の権利の全部又は一部が他人に属する場合や、代金納付時に不動産の一部が滅失していた場合など）は、**買受人は担保責任を追及することができる**（追奪担保責任）。

(エ)　**裁判所書記官**は、買受人のために、その取得した権利の**移転の登記等を嘱託**する。

(オ)　買受人は、目的不動産の占有を取得するため、原則として**代金納付後 6 か月以内**に限り、**引渡命令の申立て**をすることができる。

### 代金不納付の効果

#### ㈦　売却許可決定の失効

売却許可決定が失効することにより、執行裁判所は再売却の手続をとるか、次順位買受申出人がいれば売却許可決定期日を指定して、売却許否の判断をすることになる。

#### ㈭　買受申出の保証の返還請求権の喪失

不誠実な買受人に対する制裁として、**買受申出の保証の返還請求権の喪失**という効果が生ずる。

#### ㈻　再売却手続への参加の禁止

代金納付を怠った買受人又は自己の計算においてその者に買受けの申出をさせた者は、当該物件の**再売却手続への参加が禁止**される。

#### ㈮　次順位買受申出人がいる場合における、次順位買受申出人に対する売却許可・不許可決定

次順位買受申出人がいる場合には、次順位買受申出人に対する売却が許されるか否かを判断し、売却許可・不許可決定を行う。

#### ㈯　配当要求終期の変更

配当要求の終期から、3か月以内に売却許可決定がされないとき、又は3か月以内にされた売却許可決定が取り消され、若しくは効力を失ったときは、配当要求の終期は、その終期から3か月を経過した日に変更されたものとみなされる。

ただし、配当要求の終期から3か月以内にされた売却許可決定が効力を失った場合でも、次順位買受けの申出について売却許可決定がされたとき（その決定が取り消され、又は効力を失ったときを除く）は、配当要求終期は変更されない。

#### ㈰　代金不納付により買受人及び次順位買受申出人がいない状態になった場合における、競売申立ての取下（配当受領権の放棄）条件の緩和

代金不納付によって、買受人及び次順位買受申出人がいない状態になった場合には、競売申立てを取り下げる際の条件が緩和される。

**Q&A**　　　　　　　　　　　　　　　　　　　　**一問一答**

**問**　① 申立てをした債権者に当該物件の売却代金の配当等が分配されないような事件については、競売手続は取り消される。

② 買受人が代金納付日までに納める代金の金額は、買受申出金額から、保証金額を差し引いた額である。

③ 期限までに代金を納付しない場合、買受人は、買受申出保証の返還を請求できなくなる。

④ 最高価買受申出人に次いで高額の買受けの申出をした者は、その買受けの申出の額が、買受可能価額以上、又は、最高価買受申出人の申出の額から買受けの申出の保証の額を控除した額以上である場合には、開札期日において次順位買受申出をすることができる。

⋯⋯⋯⋯⋯⋯⋯⋯⋯⋯⋯⋯⋯⋯⋯⋯⋯⋯⋯⋯⋯⋯⋯

**答**　① ○

② ○

③ ○

④ ×　その買受けの申出の額が、買受可能価額以上で、かつ、最高価買受申出人の申出の額から買受けの申出の保証の額を控除した額以上である場合である。要件は正確に覚える必要がある。「又は」ではなく「かつ」である。

# 8 競売物件購入後の手続

この章で学ぶこと
- 競売物件購入後に生じうる問題にどのようなものがあるかを押さえる。
- 競売物件購入後に生じうる問題についての対策を押さえる。

## 8-1 物件が滅失・損傷した場合の対処方法

### (1) 物件が滅失した場合

　買受人の責めに帰さない事由で物件が滅失した場合の対処方法は、代金を納付する前と後で大きく異なる。

#### ① 代金を納付した後に物件が滅失した場合

　代金納付により物件の所有権は買受人に移転し、買受人が当該物件に対しての支配権を有することになる。したがって、その後の物件の損傷や滅失のリスク（危険）は、買受人が負担することになる。そのため、買受人は、現実には物件を手にすることはできないが、代金支払義務は残る。したがって、代金の支払は有効となるので、配当手続は続行する。

#### ② 代金を納付する前に物件が滅失した場合

　売却実施の前後を問わず、買受人の代金納付前であれば、その事情が明らかになった時点で、執行裁判所により職権で競売手続は取り消される（法53条、188条）。競売開始決定前に既に目的物件が滅失していたことが判明した場合も同様である。また、代金納付前に既に滅失していたが、それが代金納付後に判明した場合も、配当等実施前であれば同じく競売手続は取り消され、納付した代金は買受人に返還される。

## (2) 物件が損傷した場合

### ① 代金を納付した後に物件が損傷した場合

滅失の場合と同じである。買受人に危険が移転しているので、**競売手続は**続行する。

### ② 代金を納付する前に物件が損傷した場合

ａ）物件の損傷が軽微でない場合につき民事執行法第75条に規定がある。最高価買受申出人又は買受人は、

売却許可決定前：**売却の不許可の申出**をすることができる（法75条1項、188条）。手続中に判明した場合は、執行裁判所が職権により**売却不許可決定**をする（法71条5号、188条）。

売却許可決定後：代金を納付する時までに**売却許可決定の取消しの申立て**をすることができる（法75条1項、188条）。この場合、売却許可決定確定前であれば、売却許可決定に対する執行抗告の申立ても可能である（法74条、188条）。ただし、手続中に判明しても、執行裁判所は職権により売却許可決定を取り消すことができないと考えられている。

なお、法第75条の文言からは、直接には物理的損傷の場合に適用される規定であるが、物件の交換価値が著しく損なわれるような場合であれば、価値的損傷にも類推適用される。

ｂ）物件の損傷が軽微な場合は、民法の担保責任の規定によることになる。この点、競売においては、競売の目的物の**種類・品質に関する契約不適合**（＝物のキズ・欠陥）について**担保責任の規定は**適用されず、**種類・品質「以外」の契約不適合**（＝数量の欠陥、権利の欠陥等）について**担保責任の規定が**適用される。したがって、民事執行法等の規定に基づく競売における買受人は、債務者に対し、**種類・品質「以外」**の契約

**不適合**について、**契約の解除・代金減額請求・損害賠償請求等**をすることができる。

### ③　代金納付後に、代金納付前の物件の損傷が判明した場合

a）　物件の損傷が軽微な場合

　代金納付前に目的不動産が既に損傷していたことが、代金納付後に判明した場合は、買受人は、執行手続外で民法上の担保責任を追及することになる。

b）　不動産の損傷が軽微でない場合

　法第75条の文言からは、直接には買受けの申出をした後で代金を納付するまでに発生した損傷を予定していることが明らかであるが、損傷が既に存在しており、買受けの申出をした後に明らかになった場合でも、これが売却基準価額の決定や物件明細書の記載に反映されていないときは、法第75条が類推適用される。

　例えば、借地権付建物として売却されたが、当該借地権が地代の不払による債務不履行で解除されていたことが代金納付前に判明した場合、買受人等は、法第75条の類推適用により、執行裁判所に対して、売却許可決定前であれば売却不許可の申出をし、売却許可決定後であればその決定の取消しの申立てをすることができる。

**買受人に責任がない場合の目的物損傷の処理**

| | 代金納付前 | | 代金納付後（買受人は危険を負担する） |
|---|---|---|---|
| 滅失 | 手続取消し | | 配当手続続行 |
| 損傷（軽微な場合を除く） | 売却許可決定前 売却不許可 | 売却許可決定後 ・売却許可決定取消申立て ・執行抗告の申立て | 配当手続続行 |

## 8-2 競売物件を誰かが不法に占有している場合はどうすればよいのか

　競売物件は、売却されて代金が納付されると、買受人に所有権が移転するが、それまでは、差押後も物件の所有者が通常の用法に従って使用することができる（法46条2項、188条）。そして、現状のままで売却されるので、買受人が代金を納付して所有者になっても、占有者等の占拠者がいて、そのままでは使用できない状態になっている場合も多い。この点で、占有者（占拠者）に権原がある場合はその者との法律関係（契約関係）が、また、権原がない場合には立ち退きが問題となる。

### (1) 占有者に権原がない場合

　権原のない占有者は、一般的には不法占有者あるいは不法占拠者などと言われる。権原がないのであるから、所有権者である買受人から請求があれば、立ち退かなければならない立場にある。権原なくして不動産に居座る行為は不法行為（民法709条）にあたり、損害賠償請求の対象となる。

　しかし、競売手続は、所有者の意思に反して思い入れのある所有物件を換価する手続であることから、元の所有者が占有（占拠）をして引渡しを拒む例もある。そこで、買受人が現実に物件を利用するためには、不法占有（占拠）者を立ち退かせる必要がある。実務では、交渉により立ち退き料を支払って退去してもらう方法も用いられるが、民事執行法には強制的に立ち退かせる方法もある。

### (2) 不動産の引渡命令制度（法83条、188条）

#### ① 不動産の引渡命令とは

　買受人が物件の不法占有者を排除するためには、本来は、不動産明渡請求という訴訟によることになるが、訴訟となると、時間、労力、費用がかかることが予想されるため、売却価額は低減し、適正価格による換価が期待できなくなる。

　そこで、民事執行法上、買受人が簡易迅速に目的物件の引渡しを受けることができる制度が設けられている。これが、「不動産の引渡命令制度（以下、単に「引渡命令」という）」である。**引渡命令は確定によって効力が生じ、債務名義となる**（法83条5項、22条3号）。引渡命令が確定すると、買受人は、民事執行法第168条に基づく不動産の引渡し等の強制執行を申し立てて、執行官に相手の占有を解いてもらい、申立人にその占有を取得させる方法により、不法占拠者を立ち退かせることができる。なお、**事件の記録上買受人に対抗することができる権原により占有していると認められる者に対しては、引渡命令はできない。**

### ②　引渡命令の要件

#### a）　申立期間

　引渡命令の申立期間につき、民事執行法第83条第2項は、「買受人は、代金を納付した日から**6か月**（**買受けの時に民法395条1項に規定する抵当建物使用者が占有していた建物の買受人**にあっては、**9か月**）を経過したときは、引渡命令の申立てをすることができない」としている。

　実務上は、期間計算における初日不算入の原則（民法140条）から、申立ての起算点は、代金を納付した日の翌日と解されている点に注意が必要である。

　期間経過後は、別途、不動産の明渡請求訴訟によるほかない。なお、差引納付を申し出た場合は、配当期日又は弁済金交付手続の終了後から起算される。

#### b）　申立人

　引渡命令の申立人は、**代金を納付した買受人**である（法83条1項、188条）。買受人は、買受不動産を売却するなどして他に譲渡しても、引渡命令を申し立てる資格を失わない。

　次に、**買受人の一般承継人（相続人等）も申立人になりうる。**買受人として引渡命令を申し立てる地位も承継するからである。

　これに対して**特定承継人（買主等）は、申立人にはなれない。**買受人

として引渡命令を申し立てる地位を承継するものではないからである。ただし、引渡命令の告知後に特定承継が生じたときは、特定承継人は、承継執行文の付与（法27条2項）を受け、引渡命令の執行を申し立てることができる。共同して買受けの申出をした場合であっても、各共有者は単独で申し立てることができる。

　なお、買受人が目的物件の占有を取得したり、占有者に対して占有権原を付与したりした場合、それ以降は、引渡命令の申立資格を失うものと解されている。


### c）　相手方

　引渡命令の相手は、債務者（強制競売の場合）、所有者（担保不動産競売の場合）及び買受人に対抗できる権原を有する占有者以外の占有者である。

　まず、債務者・所有者は、もともと実体法上の売主として引渡義務を負うから、占有の有無にかかわらず引渡命令の発令対象となる。

　また、債務者・所有者に一般承継が生じた場合は、その一般承継人（相続人等）が引渡命令の相手方となる。なお、引渡命令の告知後に承継が生じたときは、承継執行文付与（法27条2項）を申し立てて、相手にすることができる。

　次に、占有には直接占有と間接占有があるが、本制度の趣旨から、相手方となる占有者は、「直接占有者」に限られると解されている。

| 直接占有者 | 賃借人・受寄者・質権設定者等 |
|---|---|
| 間接占有者<br>（本人が他人（占有代理人・占有機関など）の直接占有を通じて取得する占有） | 賃貸人・寄託者・質権者等 |

　なお、現況調査や審尋手続を経ても占有権原が不明である占有者も、引渡命令の相手方となる。

### ③　申立手続

**a）　買受代金の納付が必要である。**

**b）　引渡命令の申立方法**

→民事執行規則では、書面でしなければならないとされている。

→申立手数料等を納付する。

なお、物件明細書に記載されていない者を相手方とする場合は、引渡命令申立書のほか、その者の占有開始時期や占有の事実等を証する書面又は前の引渡執行の執行不能調書（執行官が相手方を特定し、相手方の占有の事実及び相手方の主張する占有権原について聴取した公文書）を提出する必要がある。

### ④　審理

執行裁判所は、債務者以外の占有者に対し引渡命令をする場合には、その者を審尋しなければならない。ただし、事件の記録上その者が買受人に対抗することができる権原により占有しているものでないことが明らかであるとき、又は既にその者を審尋しているときは、審尋しなくてもよい（法83条3項、188条）。

### ⑤　発令

申立てが適法で理由があると認められると、執行裁判所は、債務者又は不動産の占有者に対し、**不動産を買受人（申立人）に引き渡すべき旨を命ずる決定**をする。ただし、事件の記録上買受人に対抗することができる権原により占有していると認められる者に対しては、命令できない。

発令の判断時期については、特段の規定はないが、代金納付後であっても、短期賃借権に基づき占有する相手方の賃借権が期間満了等により買受人に対抗できないものとなれば発令の対象となるとした判例があることから、実務上は、発令時点が判断時期とされている。

### ⑥　告知

申立人と相手方に引渡命令が決定された旨が告知される。引渡命令の

申立てを却下する決定は、申立人に対してのみ告知される。

### ⑦　不服申立て

　引渡命令に対する不服申立ては、執行抗告による（法83条4項）。この執行抗告の申立ては、決定告知の日の翌日から起算して1週間以内に原裁判所（執行裁判所）に対して執行抗告状を提出する方法により行う（法10条2項）。

## (3) 引渡命令の執行手続

### ①　執行文付与

　引渡命令が効力を生じるには、確定が必要であり、**確定した引渡命令**は、**債務名義**となる（法83条5項）。そこで、占有者を排除しようとする者は、引渡命令確定後、強制執行の準備として、裁判所書記官から引渡命令の正本に執行文の付与を受けることが必要となる。なお、確定した引渡命令は債務名義ではあるが、請求権を終局的に確定する裁判ではないので、既判力は生じない。

　なお、既判力とは、**紛争の蒸し返しを防ぐために確定判決に認められた効力**のことで、**一旦言い渡された判決は、言い渡した裁判所のみならず、他の裁判所もその判決に拘束され、その判決と相反する判断をすることができなくなる効力**のことをいう。

### ②　不服申立手続

　相手方には、以下のような不服申立方法が認められる。
- 実体上の事由による請求異議の訴え（法35条1項）
- 第三者異議の訴え（法38条1項）
- 執行文付与に対する異議の訴え（法34条1項）又は異議申立て（法32条1項）。
- 執行官の執行処分に対する異議申立て（法11条1項）

　なお、これらの訴えの提起又は異議申立てによっても、当然には**執行停止の効力は生じない**。したがって、強制執行を停止させるためには、

訴え提起の場合は申立てにより（法36条1項、38条4項）、異議申立ての場合は職権により（法32条2項、11条2項、10条6項前段）、執行停止決定を得たうえでその決定正本を執行機関に提出する必要がある（法39条1項）。

### ③　強制執行

　引渡命令は、不動産の引渡しを内容とする給付の債務名義であるから、その執行は、**民事執行法第168条に基づく不動産の引渡し等の強制執行の方法**による。

## 8-3　競売物件に賃借人がいる場合はどうなるか

　競売物件に賃借人がいる場合、賃借権が買受人に対抗できるかどうかで法律関係が変わってくる。

　例えば、抵当権付きの不動産において、当該抵当権の実行として担保不動産競売がなされた場合、買受人は、法律上は抵当権者と同じ立場にあるので、賃借人が賃借権を買受人に対抗できるか否かは、**賃借権の対抗要件が備わった時期が抵当権設定登記の前後いずれであるかによる**。具体的には、**抵当権設定登記「前」に賃借権の対抗要件が備えられたのであれば、賃借人は賃借権を買受人に対抗できる**が、**抵当権設定登記「後」に賃借権の対抗要件**が備えられたのであれば、賃借人は**賃借権を買受人に対抗できない**。

　以下、それぞれの場合における法律関係について説明する。

## (1) 抵当権設定前に賃借権が発生している場合

　抵当権の設定前に生じた賃借権で、抵当権者に対抗できる賃借権は、買受人にも対抗できる。賃借権は債権であるから、原則として、賃借権発生後に設定された抵当権には対抗できない。しかし、不動産賃借権が対抗力を有する場合に限っては、地上権等の物権に類似する効力が認め

られており、対抗力のある賃借権と抵当権は、対抗要件を早く備えたほうが優先する。したがって、対抗要件を備えた賃借権は、その後に設定された抵当権に優先する。不動産賃借権が対抗力を有するのは、以下の場合である。

### ① 賃借権の登記がされた場合（民法605条）

賃借権は登記をすることができる。もっとも、民法上、賃借権は債権であることから、賃貸人に登記義務はない（＝賃借人に登記請求権はない）。

### ② 借地借家法上の対抗要件を備えた場合

上記①のとおり、**民法上、賃借権は、その登記をすれば対抗要件を取得**するが、賃貸人に賃借権の登記に協力をする義務はない。そのため、**賃貸人の任意の協力**が得られなければ、賃借人が賃借権の対抗要件を取得することはできない。

そこで、**借地借家法**では、次の場合に、賃借人が**賃借権の対抗要件を取得**することのできる特別のルールを置いている。

> ・建物：賃借人が「建物の引渡し」を受けた場合
> ・土地：賃借人が「借地上の建物の登記（借地人名義のものに限る）」をした場合

## (2) 抵当権の設定後に賃借権が発生した場合

本来、抵当権の設定後に発生した賃借権は、抵当権者（買受人）に対抗できないはずであるが、抵当権設定後の賃借権が、一切抵当権に対抗できないとすると、賃借人に極めて酷である。そこで、民法は抵当権に後れる賃借権につき、ａ）建物の明渡猶予制度（民法395条）と、ｂ）賃借権の先順位抵当権に優先する同意の登記制度（民法387条1項）の2つの場合に、抵当権者（買受人）に対抗できるとしている。

## ① 建物の明渡猶予制度（民法395条）

　これは、抵当権者及び買受人に対抗することができない建物の賃借権に基づいて建物を占有する者に対して、一律に原則として6か月の引渡しの猶予を認めるものである。平成15年の法改正により、短期賃貸借制度の廃止に伴って、新設された制度である。

　この制度の適用要件は以下のとおりである。

a）　占有者が、**抵当権者に対抗することができない賃貸借**に基づいて**抵当建物の使用又は収益をする者**であること

- 土地の賃借人については、引渡しの猶予制度はない
- 代金納付時に現実に建物を使用又は収益をしていることが必要

b）　競売手続の開始**前**からの占有者又は強制管理若しくは担保不動産収益執行の管理人が競売手続の開始後にした賃貸借に基づく占有者であること

- 「競売手続開始前」は、「差押前」を指す。差押前からの占有者は、賃貸借期間の定めの有無、長短や競売手続開始後に契約期間が満了したか否かにかかわらず、一律に本制度が適用される。
- 転貸借の場合、本制度の適用の可否は、原賃借人を基準として判断し、原賃借人が本制度に適用される者である場合には、転借人は、買受人に対して、原賃借人と同様の主張をすることができると考えられる。
- 競売手続による差押えには先行するが、滞納処分による差押えに後れて占有を開始した場合の占有者にも本制度の適用があると考えられる。なお、滞納処分とは、税金を納付しない場合に滞納者の不動産を差し押さえて強制的に換価し、その売却代金から税金の徴収をする手続である。

補　足

　　強制管理とは、果実等の不動産の収益を個々に差し押さえて換価し、これを各債権者に個別に配当等実施する代わりに、その収益を全体として執行の目的とし、管理人による不動産の管理並びに収益の収取、換価及び配当等の実施により、金銭債権の満足に充てる執行方法である。強制管理は、強制競売ができない不動産に対する強制執行として適している。

　なお、本制度は、占有者に対して賃借権その他の占有権原を付与するものではない。したがって、引渡猶予を受ける占有者は、**買受人に対して建物の修繕を求めたり、債務不履行責任を追及したりすることはできない**。また、引渡猶予期間中の占有者は、**買受人に対して、建物を使用したことの対価を支払う義務を負う**。これは、賃料ではなく不当利得の返還である。なお、その金額については、「建物引渡猶予の催告にかかる建物の適正な使用の対価の額は、占有者の従前からの使用収益の継続を前提とした継続賃料の額をも考慮して算定するのが相当である」とする高裁判例がある（東京高裁決定平成22年9月3日）。

　そして、使用の対価について、買受人が占有者に対し、相当の期間を定めて、その1か月分以上の支払を催告したにもかかわらず、その期間内に支払わないときは、期間経過後は、引渡猶予を受けられない（民法395条2項）。

② **短期賃貸借の保護制度**

　平成15年の法改正前には、民法上、短期賃貸借の保護の制度があった。これは、担保権と用益権の調整の観点から、当該抵当物件の抵当権の登記後に対抗要件を備えた不動産の賃貸借は、法所定の短期間（民法602条に定める期間）を超えないものは、抵当権者（買受人）に対抗できるとする制度であった。しかし、占有屋等による執行妨害に濫用されることが多くなったため、平成15年の改正により、この制度は廃止され、**建物明渡猶予制度**が新設された。

　もっとも、経過措置があり、平成16年4月1日現在の短期賃貸借で、

抵当権の登記後に対抗要件を備えたものであれば、民法第602条に定める期間を超えないものについては、従来どおりの保護が図られている。

---

**【参考：抵当建物使用者の引渡しの猶予】**

民法第395条　抵当権者に対抗することができない賃貸借により抵当権の目的である建物の使用又は収益をする者であって次に掲げるもの（次項において「抵当建物使用者」という。）は、その建物の競売における買受人の買受けの時から六箇月を経過するまでは、その建物を買受人に引き渡すことを要しない。

一　競売手続の開始前から使用又は収益をする者

二　強制管理又は担保不動産収益執行の管理人が競売手続の開始後にした賃貸借により使用又は収益をする者

2　前項の規定は、買受人の買受けの時より後に同項の建物の使用をしたことの対価について、買受人が抵当建物使用者に対し相当の期間を定めてその一箇月分以上の支払の催告をし、その相当の期間内に履行がない場合には、適用しない。

---

### ③　賃借権の先順位抵当権に優先する同意の登記制度（民法387条1項）

登記をした賃貸借は、その登記前に登記をした抵当権を有するすべての者が同意をし、かつ、その同意の登記があるときは、**その同意をした抵当権者（買受人）に対抗することができる**（民法387条1項）。

この規定も、抵当建物の明渡猶予制度と同じく、短期賃貸借保護の制度の廃止に伴い認められた制度である。本規定が適用される賃貸借は、「賃貸借の登記」がある場合であり、借地借家法等の対抗力の場合は適用されないことに注意が必要である。また、登記は、賃貸借の登記とすべての抵当権者の同意の登記の2種類の登記が必要である。

なお、当該抵当権に更に抵当権がついているような場合（転抵当）等には、その者も不利益を受けることになるので、抵当権者は、その者の「承諾」を得なければならない。

## (3) 賃貸借（賃借権）が抵当権者（買受人）に対抗できる場合

　賃貸借（賃借権）が抵当権者（買受人）に対抗できる場合に、賃貸借関係は、買受人と賃借人間に引き継がれることになる。買受人が賃貸人の地位を賃借人に対抗するためには、目的物件の所有権の登記が必要とされるが（判例）、競売物件の場合は、裁判所の嘱託登記がされているのが通常である。ただし、次の点に注意が必要である。

- 前の賃貸人との間で発生した**延滞賃料債権は、原則として引き継がれない。**
- **敷金関係は原則として引き継がれる。**

## (4) 建物競売等の場合における土地の賃借権の譲渡の許可（借地借家法20条）

　土地賃借権付きの借地上の建物が競売の対象物件の場合、借地権（土地の賃貸借）の部分は、賃借権の譲渡となるから、建物を買い受けた場合、**土地の所有者（賃貸人・借地権設定者）の承諾が必要**となる。そして、土地の賃貸人（借地権設定者）の承諾を得ることができない場合、土地の賃貸借契約が解除され、土地の所有者である賃貸人（借地権設定者）から立ち退きを要求されると、建物の買受人は建物を取り壊さなければならなくなる。そうなると、事実上、借地権上の建物の競売は行われなくなる。

　そこで、借地借家法上、買受人が賃借地上の建物の所有権を取得した場合において、その**買受人が賃借権を取得しても土地の所有者である借地権設定者に不利となるおそれがないにもかかわらず、借地権設定者がその賃借権の譲渡を承諾しないときは、裁判所は、その買受人の申立てにより、借地権設定者の承諾に代わる許可を与えることができるもの**とされた（借地権設定者の承諾に代わる許可）。この場合において、裁判所は、当事者間の利益の衡平を図るため必要があるときは、借地条件を変更したり、承諾料等の財産上の給付を命じたりすることができる。なお、この申立ては、建物の代金を支払った後2か月以内にしなければならない（借地借家法20条3項）。

## 占有者とのトラブル

　競売物件には占有者がいる場合といない場合があります。

　アパートなどの場合は入居者が存在せず、残置動産物もない空き家の状態も珍しくありません。こうした場合は任意解除といい、解錠技術者に登記事項証明書（登記簿謄本）と身分証明書を提示して、立会人に内部に有価物がないことを確認の上で、占有を終了させることも可能です。

　しかし、すべての物件がそういうわけではなく、占有者がいる物件もあります。そうなると、中には脅迫まがいのイチャモンを吹っ掛けてくる人もごく稀にいます。

　こうした場合のNGアクションは、彼らをなだめ、金銭で解決しようとすることです。この場合、話し合いなどは不要で法律の定めるとおりに、引渡命令から強制執行まで粛々と実行することが必要です。

　実務にあたっては裁判所から委託を受けた執行官が手助けをしてくれます。法律の理念で買受人の権利が強化されているので、執行官も買受人の味方になってくれるのです。

　なお、買受人に直接コンタクトを取ろうとする入居者（イチャモンをつける占有者）の場合にはもう一歩の対策が必要となります。具体的には、対象物件のある場所を管轄する警察署の生活保護課、若しくは生活防犯課に相談したりします。

　競売物件であること、事件番号に加え、買受人になった事実を証明する書類（残金納付通知書など）を提示して相談すると、強制執行妨害罪を根拠に警察が占有者に接触します。強制執行妨害罪は3年以下の懲役若しくは250万円以下の罰金であるため、占有者の態度は改まります。

## 8-4　買い受けた物件に残置物があった場合の対処方法

　残置物とは、不動産物件（マンション・アパート・一戸建て・オフィス等）に居住（占有・賃借）していた者等が退去の際に残していった私物（家具・生活用品・エアコン・什器・付帯設備等の動産）のことである。残留物ともいう。

### (1) 勝手に処分するとどうなるのか

　残置物の所有権は、占有者・債務者にある。不動産競売における競売対象はあくまで不動産であるから、**買受人は残置物に対する所有権は取得しない**。したがって、勝手に処分することは許されない。勝手に処分することは、民事的には不法行為（民法709条）にあたり、損害賠償を請求される可能性がある。また、刑事的には器物損壊罪（刑法261条）あるいは窃盗罪（刑法235条）に問われる可能性がある。

　そこで、残置物を処分するためには、**占有者との交渉**によるか、**法的手段により強制的に処分する方法**によることになる。

　なお、残置物の処分には、残置物撤去のための費用、運送業者の手配、執行当日の人手の費用、保管のための一時倉庫の費用等がかかる。

### (2) 交渉による方法

　占有者、債務者に連絡が取れる場合は、処分の承諾に関する書面を交わす。

　書面には、引取期限、期限までに引き取らない場合は買受人側で処分する旨を記載する。なお、処分の費用は、法的には占有者、債務者に請求できるが、実務的には処分を円滑に進めるために、処分費用を免除したり、所有権放棄の承諾料を支払ったりする場合もある。そういった合意があった場合は、後日のトラブルを回避するために必ず書面に合意内容を記載しておく必要がある。なお、相手が処分を承諾しない場合は、法的手段により強制的に処分するしかない。

## (3) 法的手段による方法

　法的強制手段は、一言で言えば、引渡命令とそれに基づく強制執行という流れで実現する。すなわち、引渡命令の申立て→発令→「不動産の引渡し又は明渡しの強制執行」の申立て→強制執行→保管（約1か月）→動産の公売・処分という流れになる。これらの手続に要する費用は、すべて買受人の負担となる。

### ① 「不動産等の引渡し又は明渡し」の執行方法

　不動産等の引渡し又は明渡しの強制執行は、**執行官が債務者の不動産等に対する占有を解いて債権者にその占有を取得させる方法**により行う（法168条1項）。

　「引渡し」とは、単に占有を移転することをいい、「明渡し」とは、居住する人を立ち退かせる又は置かれている物品を取り払って占有を移転することをいう。

　執行官は、不動産等の引渡し又は明渡しの強制執行の申立てがあった場合において、債務者が当該不動産等を占有しているときは、引渡期限（原則として催告のあった日から1か月を経過する日）を定めて、明渡しの催告をすることができる（法168条の2第1項）。

　そして、執行官は、当該強制執行においては、その目的物でない動産を取り除いて、債務者、その代理人又は同居の親族若しくは使用人その他の従業者で相当のわきまえのあるものに引き渡さなければならないとされている（法168条5項）。

　この執行は、債務者の占有を解くことによって行われるから、債務者以外の者が占有しているときは、原則として執行することができない。もっとも、債務者の家族その他の居住者で債務者に付随して居住している者に対しては、債務者に対する債務名義に基づいて執行できる。

## ②　目的外動産の処理

　不動産等の引渡し・明渡しの強制執行の対象は不動産であるから、その中にある残置物等の動産は執行の目的物ではない（「目的外動産」という）。執行官は、目的外動産については、これを取り除いて、債務者、その代理人又は同居の親族若しくは使用人等に引き渡さなければならない。この場合において、その動産を引き渡すことができないときは、執行官は、民事執行規則で定めるところにより、目的外動産を売却することができる（法168条5項）。

　これを受けて民事執行規則では、「執行官は、不動産等の引渡し又は明渡しの強制執行を行った日（「断行日」という）において、強制執行の目的物でない動産であって法第168条第5項の規定による引渡しをすることができなかったものが生じ、かつ、相当の期間内に当該動産を同項前段に規定する者に引き渡すことができる見込みがないときは、即日当該動産を売却し、又は断行日から1週間未満の日を当該動産の売却の実施の日として指定することができる」とされている（規則154条の2第3項）。

　さらに、目的外動産のうち、引渡し又は売却をしなかったものがあるときは、これを保管し、後に売却することができる（法168条6項）。

## ③　強制執行（断行）の実務

　断行は、裁判所の執行官が、国の代理人として執行する。入居者（占有者）に対し、いつまでに退去しなさいという旨が記載された公示書を室内に貼る。

　当日、入居者（占有者）が不在だとしても執行官は解錠技術者に鍵を開けさせて、室内に立ち入ることができる。

　催告から約1か月後に断行となり、執行官立会いのもと、解錠技術者が鍵を解錠・交換する（物件の所有権は既に買受人に移転しているから、鍵を解錠すること、取り替えることは、占有者の承諾なくして可能である）。断行日には、運送業者や解錠技術者等を同行する。

　断行当日は、すべての収納類の引き出しや納戸などを執行官と一緒に

開けて、売却対象となる財産となるべきものがないかを確認する。時計や宝石類、預金通帳や印鑑等は、すべて執行官が別途保管する。執行官の指示に従い、動産目録の作成、保管物・廃棄物の仕分け・梱包・搬出を行う。

そして、搬出作業後、目的外動産を倉庫又は現地にて保管することになる。その後、保管場所にて、目的外動産を競売手続により売却することになる。

> **ポイント** 👉 通常の民事執行法のテキストでは、売却処分の後は、売却代金の分配手続（配当等）の説明が詳しくされています。それは、債権者の側からすると、民事執行は債権回収の手段としての意味合いが強いからです。
>
> しかし、本書は、競売により物件を取得すること、すなわち、入札・落札をする買受人の視点で民事執行を説明しているため、配当等の手続よりも、物件を買受人が利用できるかという点に重きをおいて記述しています。
>
> したがって、目的物が毀損・滅失した場合の手続への影響や、物件に占有者がいた場合の対策等、落札後に生じるような問題も意識して学習してください。

**Q&A　一問一答**

問

① 民法の建物明渡猶予制度は、抵当権者及び買受人に対抗することができない建物の賃借権に基づいて建物を占有する者に対して、一律に原則として6か月の賃借権を付与するものであるから、当該占有者には、明渡猶予期間中の賃料支払義務がある。

② 競売物件が、代金を納付する前に滅失した場合、買受人の代金納付前であれば、その事情が明らかになった時点で、職権で競売手続は取り消される。

③ 買受人が建物内の残置物を勝手に処分すると、損害賠償責任を問われることはあるが、刑事罰が科されることはない。

答

① × 一律に原則として6か月の建物引渡しの猶予を認めるものであるが、これは賃借権等の占有権原を付与するものではないため、賃料支払義務は発生しない。なお、賃料ではないものの、物件所有者は、不当利得として、建物の使用の対価を支払う必要がある。

② ○

③ × 建物内の残置物の所有権は、占有者・債務者にある。したがって、勝手に処分することは、民事において不法行為に基づく損害賠償責任が問われる可能性があることに加え、刑事において器物損壊罪などに該当し、刑事罰が科される可能性もある。

## 9 買受人等を保護するための保全制度

**この章で学ぶこと**

・保全制度の位置づけを押さえる。

・「売却のための保全処分」や「担保不動産競売の開始決定前の保全処分」をはじめとする各種の保全制度について、その趣旨・概要、要件等を押さえる。

## (1) 売却のための保全処分（法55条）

### ① 趣旨

不動産に**差押え**がされても、債務者は**通常の用法に従って不動産を使用し、又は収益する**ことができる（法46条2項、188条）。

しかし、債務者や不動産の占有者が**価格減少行為**（不動産の価格を減少させ、又は減少させるおそれがある行為）をするときは、これを防止して、**差押債権者の利益を保護する必要**がある。そこで、債務者等に対して、一定の行為を禁止し、又は一定の行為を命じ、あるいは、債務者等の目的不動産の占有自体を取り上げる必要がある。そのため、競売手続内において、**目的不動産の価値を保全する手段を発令**できるとしたものが、「売却のための保全処分」制度である。

### ② 当事者

a) 申立人

差押債権者に限られるが、配当要求の終期後に強制競売又は競売の申立てをした差押債権者は除かれる。

b) 相手方

作為・不作為の命令については、**債務者（所有者）又は占有者**が相手方となる。

他方、執行官保管命令及び占有移転禁止の保全処分については、債務

者（所有者）又は目的不動産の占有者でその占有権原が差押・仮差押債権者、売却に伴い権利が消滅する担保権者に対抗できない者が相手方となる。

### ③　申立てができる期間

申立てができる期間は、差押債権者の競売申立時から目的不動産についての代金納付時までである。

なお、競売手続が停止しているときでも、保全処分の申立てをすることができる。

### ④　要件

**価格減少行為**が行われていること（不動産の価格の減少又はそのおそれの程度が軽微なものを除く）が必要である。これには、物理的な減少行為や買受希望者の入札意欲を削ぐ、激減させて競争意欲を阻害し、適正な売却価額の成立を妨害する行為（競争売買阻害価格減少行為）などが含まれる。

### ⑤　内容

a）　一定の行為を行わせること又は行わせないこと（**作為・不作為命令**）

b）　目的不動産の占有者からこれを取り上げて（占有を解く）、それを執行官に引き渡し、執行官にその保管をさせること（**執行官保管命令**）

c）　目的不動産の占有者の移転を禁止し、目的不動産の占有を解いて執行官に引き渡し、執行官にその保管をさせること（**占有移転禁止の保全処分**）

なお、これらの命令等を補助するものとして、執行裁判所が必要あると認めるときは、公示保全処分（執行官に、当該保全処分の内容を、不動産の所在する場所に公示書その他の標識を掲示する方法により公示させることを内容とする保全処分）を命じることができる。

⑥ **担保の提供**

　作為・不作為命令及び占有移転禁止の保全処分において、担保を提供させる（立担保）かどうかは、執行裁判所の任意である。他方、執行官保管命令は、立担保が必要となる。

⑦ **保全処分命令の執行**

　執行官保管命令・占有移転禁止の保全処分は、差押債権者に対する決定告知後、２週間経過すると執行できなくなる。

⑧ **相手方を特定しないで発する売却のための保全処分（法55条の２）**

　売却のための保全命令は、発令段階において、本来、その相手方の氏名等を特定する必要がある。しかし、保全処分を申し立てようとする者が調査を行っても、その氏名等を特定することができなかったり、次々に占有者を入れ替えるなどして妨害が行われたりすると、保全処分をすることができなくなる。

　そこで、保全処分の相手方を特定することを困難とする**特別の事情が**あるときは、**相手方を特定しないで、執行官保管命令又は占有移転禁止の保全処分を発することができる。**なお、不動産の占有を解く際にその占有者を特定することができない場合には、保全処分の執行をすることができない。

## (2) 担保不動産競売の開始決定前の保全処分（法187条）

　売却のための保全処分と同様の目的で、担保権実行にも保全処分が認められている。

　なお、担保不動産競売の開始決定前の保全処分の申立期間は、**被担保債権の弁済期が到来して担保権実行の実質的要件が満たされた後から担保不動産競売開始決定が発令される間まで**である。

## (3) 占有移転禁止の保全処分（法83条の2）

### ① 趣旨

　競売不動産の買受人は、売却代金を納付することによって、当該不動産の所有権を取得する。しかし、当然に当該不動産の占有を確保することができるというわけではない。当該目的物件に占有者がおり、その占有者が当該不動産の引渡しを拒んだときには、別個に引渡命令手続が必要となる。

　しかし、この引渡命令を発令する段階において、その相手方である占有者が入れ替わってしまうと、あらためて引渡命令の申立てをしなければならなくなる。これでは、迅速に買受人に対して買い受けた不動産の引渡しがされなくなる。

　そこで、これに対処するために、**あらかじめ引渡命令の相手方を固定する必要**が生ずる。この手続を規定しているものが、占有移転禁止の保全処分である。

### ② 占有移転禁止の保全処分が認められる場合

a） 売却のための保全処分

b） 最高価買受申出人又は買受人のための保全処分

c） 担保不動産競売開始決定前の保全処分

### ③ 内容

　占有移転禁止の保全処分は、a）占有者に対して、不動産に対する占有を解いて執行官に引き渡すことを命じ、b）執行官に不動産の保管をさせ、c）占有者に対して、不動産の占有の移転を禁止することを命じ、当該不動産の使用を許し、d）公示保全処分をする。

　なお、執行官保管命令では、目的不動産の占有者の使用が許されないのに対して、占有移転禁止の保全処分の場合には、占有者の使用が許される。

④　**占有移転禁止の保全処分後の手続**

　占有移転禁止の保全処分の執行がされ、かつ、買受人の申立てにより占有移転禁止の保全処分の相手方に対して引渡命令が発令されたときは、執行官は、当該引渡命令に基づいて、以下の者に対して不動産の引渡しの強制執行をすることができる。

a）　占有移転禁止の保全処分の執行がされたことを知って当該不動産を占有した者

b）　占有移転禁止の保全処分の執行後に当該執行がされたことを知らないで当該保全処分の相手方の占有を承継した者

　なお、占有移転禁止の保全処分の執行後に目的不動産を占有した者は、その執行がされたことを知って占有したものと推定される。


⑤　**引渡命令との関係**

　占有移転禁止の保全処分の執行後は、**目的不動産の占有者は固定**されることになる。

　そして、**引渡命令を発令する段階では、この者が相手方**となる。もっとも、この段階で、目的不動産を占有する者を特定することを困難とする**特別な事情**が生じている場合には、買受人が、そのことを証する文書を提出すれば、**相手方を特定しないで、承継執行文を付与**してもらうことができる。

# (4) 買受けの申出をした差押債権者のための保全処分（法68条の２）

　執行裁判所は、裁判所書記官が入札又は競り売りの方法により売却を実施させても買受けの申出がなかった場合に、債務者又は不動産の占有者が不動産の売却を困難にする行為をし、又はその行為をするおそれがあるときは、差押債権者（配当要求の終期後に強制競売又は競売の申立てをした差押債権者を除く）の申立てにより、買受人が代金を納付するまでの間、担保を立てさせて、次の事項を内容とする保全処分等を命ずることができる。

①　債務者又は不動産の占有者に対し、不動産に対する占有を解いて執行官又は申立人に引き渡すことを命ずること（執行官保管）。

②　執行官又は申立人に不動産の保管をさせること（差押債権者保管）。

　なお、差押債権者がこの申立てをするには、買受可能価額以上の額（申出額）を定めて、次の入札又は競り売りの方法による売却の実施において申出額に達する買受けの申出がないときは、自ら申出額で不動産を買い受ける旨の申出をし、かつ、申出額に相当する保証の提供をしなければならない。

## (5) 最高価買受申出人又は買受人のための保全処分（法77条）

　売却のための保全処分と同様の目的で、執行裁判所は、債務者又は不動産の占有者が、価格減少行為等をし、又は価格減少行為等をするおそれがあるときは、最高価買受申出人又は買受人の申立てにより、引渡命令の執行までの間、その買受けの申出の額（買受申出の保証が金銭で納付されているときは、これを控除した残額）に相当する金銭を納付させ、又は代金を納付させて、次に掲げる保全処分又は公示保全処分を命ずることができる。

①　作為・不作為命令

②　執行官保管命令

③　占有移転禁止の保全処分（公示保全処分が必要）

　なお、執行官保管命令及び占有移転禁止の保全処分は、保全処分の執行前に相手方を特定することを困難とする特別の事情があるときは、相手方を特定しないで発することができる。

民事執行法上の保全手続は、売却前の目的物の処分を制限して、売却の実施が行われるように担保する制度です。学習のポイントは、各制度の相違点です。

### 各保全処分の申立権者と申立ての時期

| | 申立権者 | 申立ての時期 |
|---|---|---|
| 売却のための保全処分 | 差押債権者 | 競売申立時～代金納付時 |
| 担保不動産競売の開始決定前の保全処分 | 担保権実行者 | 被担保債権の弁済期～競売開始決定前 |
| 買受けの申出をした差押債権者のための保全処分 | 買受可能価額以上の額（申出額）を定めて、次の入札又は競り売りの方法による売却の実施において申出額に達する買受けの申出がないときに自らの申出額で不動産を買い受ける旨の申出をし、かつ、申出額に相当する保証の提供をした差押債権者 | 入札又は競り売りによる売却を1回以上実施したにもかかわらず適法な買受けの申出がなかった時～買受人が代金を納付した時 |
| 最高価買受申出人又は買受人のための保全処分 | 最高価買受申出人又は買受人 | 最高価買受申出人が定められる売却実施の終了時～引渡命令の実施時 |

## Q&A　一問一答 ✎

**問**

① 担保不動産競売の開始決定前の保全処分の申立てができるのは、売却許可決定前までである。

② 売却のための保全処分の申立てが認められるのは、最高価買受申出人又は買受人に限られる。

・・・・・・・・・・・・・・・・・・・・・・・・・・・・・・・・・・・・・・・・・・・・・・・

**答**

① ×　申立てができるのは、「被担保債権の弁済期が到来して担保権実行の実質的要件が満たされた後から担保不動産競売開始決定が発令される間」まで。

② ×　申立てができるのは、「差押債権者」のみ（ただし、配当要求の終期後に強制競売又は競売の申立てをした差押債権者は除かれる）。

# 10 担保不動産競売手続のまとめ

## この章で学ぶこと

- 民事執行法の全体像を押さえる。
- 強制執行の流れと関係当事者を押さえる。

　競売は手続であるので、この基本的な流れを捉えることが基本中の基本である。個々の制度が、この流れの中でどこに位置づけられるかを常に意識しながら学習する必要がある。

　抵当権者が、債権者として**担保不動産競売の申立て**をすると（法181条1項）、執行裁判所は、**担保不動産競売の開始決定**をし、差押えの登記を経て、開始決定が債務者及び物件所有者に送達される。その後、**現況調査及び評価**によって目的不動産の現況、権利関係、評価額等を把握して、裁判所書記官は**物件明細書**を作成し、執行裁判所は売却基準価額等を決定する。

　他方、裁判所書記官は、**配当要求の終期を定めて債権届出の催告**をし、執行裁判所が登記事項証明書、債権届出書、交付要求書等の記載に基づき、剰余の有無、超過の有無を判断したうえで、売却を実施することができるかどうかを判断し、**売却実施処分**をする。

　売却の方法は、原則として**期間入札**である。一般の買受希望者に対しては、売却物件の現況が記載された**現況調査報告書**、評価人による評価の結果が記載された**評価書**及び権利関係や状況が記載された**物件明細書**の内容を把握する機会が保障される。その他、情報を新聞やインターネット等に掲載する方法もとられる。また、売却物件を内覧する制度もある。

　売却の結果、開札期日において、買受可能価額以上の最も高額で買受けの申出をした者が、**最高価買受申出人**と定められ、最高価買受申出人は、執行裁判所が売却決定期日において**売却許可決定**をすると、**買受人**となる。売却許可決定は、言渡しによって告知の効力が生じ、執行抗告の期間の経過によって確定する。

　売却許可決定が確定すると、買受人に**代金を納付**させる。納付された代金は、買受けの申出の保証とともに**配当財源**となり、各債権者に売却代金等を分配する**配当等の手続**が実施される。配当等によって、債権者は、その目的を達することになる。

　他方、所有者は、差押えがされても、通常の用法によって差押不動産を使用収益することができるが、**買受人が代金を納付することによって所有権を失い、買受人に対して当該不動産を引き渡す義務を負う**ことになる。買受人が代金を納付したにもかかわらず任意に不動産を引き渡さない場合は、買受人は、**引渡命令**を申し立て、それに基づいて引渡しの強制執行を申し立てることができる。

　また、買受人が代金を納付する前でも、物件所有者やそのほかの占有者が差押不動産の価格を減少させる行為等をする場合には、それを禁止することや、占有を取り上げて執行官の保管に移す等の**保全処分の申立て**をすることができる。

# 第2編

# 民事執行手続に関する法律

**本編の学習の指針**

　本編では、民事執行法を中心として、民事訴訟法、民事保全法に関する知識を学びます。

　第1編で説明したように、不動産競売は、民事執行法に基づいてなされる不動産に対する執行手続の一場面です。そして、この手続のうち、不動産の売却手続の基本的な部分は、第1編で説明しています。個人で競売に参加するのであれば、第1編の知識でほぼ十分です。しかし、競売不動産取扱主任者を目指す方や不動産競売の代行業務等に従事する方など専門家を目指す方は、第1編の知識では十分とはいえません。

　第1章は、民事執行法です。ここでは、民事執行法の規定に則って、第1編では触れられていない不動産競売に関する知識や論点、さらには、一歩突っ込んだ知識まで含めて解説しています。第2章は、滞納調整法です。競売手続と税金の滞納処分との調整の方法を学びます。第3章では、民事訴訟法の概要について解説しています。強制競売に不可欠な債務名義を取得する、代表的かつ、一般的な方法が確定判決の取得です。民事訴訟法は、その重要な確定判決の取得の方法についての手続を定めている法律です。また、民事執行法や民事保全法などの他の民事手続法のベースにもなっています。第4章は、訴訟手続と執行手続に密接に関連する民事保全手続に関して規定している民事保全法についての概要を解説しています。

　なお、本編の第1章では、第1編で説明されている制度や論点でも、説明上必要なものについては簡潔に、また、より深い知識の習得が必要なものについては、より詳しく解説しています。

　第1編の該当箇所と相互に参照しながら、学習を進めることにより、理解を深めることができます。

# 第1章　民事執行法

## この章で学ぶこと

- 民事執行法の全体像と、強制執行の流れ及び関係当事者のポイントを押さえる。
- 不動産競売の申立ての準備から差押えまでのポイント（申立権者、申立て前の準備、事件番号、差押えの効力、二重開始決定、当事者の承継等）を押さえる。
- 不動産競売の売却準備から売却処分までのポイント（滞納処分との競合、最先順位の登記の影響、倒産手続の影響、配当要求と債権届出の催告、債権届出と時効の完成猶予、地代等代払許可制度等）を押さえる。
- 不動産競売の売却手続のポイント（売却の方法、売却許可・不許可制度、競売手続の停止・取消し制度、配当手続と弁済金交付手続等）を押さえる。
- 不動産競売の配当等以外での終了事由（申立ての取下げ、手続の取消し）と不服申立て制度（執行異議・執行抗告）を押さえる。

## 1　民事執行法の概要　

### (1) 民事執行法と不動産競売

　民事執行法では、①強制執行、②担保権の実行としての競売、③民法、商法その他の法律の規定による換価のための競売（形式的競売）、④債務者の財産の開示の4つの執行手続規定を定めている。

　そして、民事執行法は、これらの執行手続を迅速化し、権利実現の確

保を図り、買受人の地位を安定させるとともに債権者の生活の保持を図ることが目的であるとされる。

　①の**強制執行**は、債務名義に示された私法上の請求権の実現を図る手続である。

　強制執行とは、一言で言えば、**債権等の権利内容を国家の力**によって、**債務者の意思に反して実現する**ことである。その根拠は、民法に規定があり、「債務者が任意に債務の履行をしないときは、債権者は、民事執行法その他強制執行の手続に関する法令の規定に従い、直接強制、代替執行、間接強制その他の方法による履行の強制を裁判所に請求することができる」と規定されている（民法414条1項本文）。民法では、「履行の強制」という語句が用いられているが、その内容は、強制執行と同じである。実体法上の「履行の強制」を裁判所の手続の面からみたものが、強制執行ということができる。

　②の**担保権の実行としての競売**は、民法上の典型担保である抵当権・質権・先取特権の実行手続としてなされる競売手続である。仮登記担保、譲渡担保は、私的実行といわれ、担保権の実行としての競売には含まれない。

　③の民法、商法等の規定による**換価のための競売**は、法律の規定での財産を金銭化する必要がある場合の手続である。強制執行や担保権の実行手続とは異なり、請求権の内容を満足させることを目的としているわけではないが、財産の換価の手続は同じであることから、民事執行法に規定され、「**形式的競売**」と呼ばれる。

　④の**債務者の財産の開示**とは、執行力のある債務名義の正本を有する金銭債権の債権者の申立てがある場合で、配当手続において債権者が金銭債権の完全な弁済を得られないことについての疎明があったときに、債務者が財産開示期日に出頭して財産について陳述しなければならない制度のことである。

　このうち、①の強制執行の対象が不動産である場合の売却手続が、**不動産強制競売**といわれ、②の不動産に対する担保権の実行としての競売

が、**担保不動産競売**と呼ばれているものである。

　強制執行手続と担保権の実行手続は、所有者の意思とは関係なく強制的に国家の手により財産を換価してその代金で請求権を満足させるという点で、**本質的に共通している**ことから、民事執行法上は同様の手続で実施されるものとされている。

　一般の不動産競売に関するのは、この 2 つの手続であるから、以下ではこの 2 つの手続について説明する。

## (2) 強制執行の流れ

### ① 執行手続の仕組み

　民事執行手続は、執行文の付与された「債務名義」に基づいて、差押え→換価→満足（配当）の 3 段階を経るのが基本形である。そして、対象となる債権者の請求権の内容や、対象となる債務者・所有者の財産の種類によって、また、債務名義の種類や要否等によっていくつかの手続に分かれている。そのうち、金銭の支払を目的とする債権で、対象財産が不動産の場合が、不動産強制競売である。

　ところで、強制執行には「債務名義」が必要である。「債務名義」とは、**強制執行により実現されるべき私法上の請求権の存在と範囲が示された文書**のことで、法律により債務名義としてその効力を認められたものとして、**確定判決が典型例**である。

　私法上の請求権の存否等に争いがあったときに、その存否等を確定するのが訴訟手続であり、その結論が判決である。下された判決に対する不服申立期間を経過して確定したものが確定判決で、確定判決は、債務名義としての効力を付与されている（法22条 1 号）。つまり、債務者が弁済期に債務を支払うことができないことを理由に、強制執行をしかけるためには、債権者はまず、原則として訴訟により確定判決を得ておくことが必要となる点に注意しなければならない。

　これに対して、**担保不動産競売**は担保権の実行であるから、「**債務名義」は不要**である。その代わりに法律に定めのある「担保権の存在を証する文書等」若しくは、それに準ずる文書が必要とされる（法181条 1

項、189条、193条 1 項）。法定文書には担保権の存在を証する確定判決等の謄本もあるが、不動産担保権の場合、実務上は、法定文書のうち、担保権の登記事項証明書を提出することが多い。

　このように、民事執行法では執行手続の迅速性を確保するために、請求権の内容や存否について実質的調査をする機関（**判決機関**）とこれを実現する機関（**執行機関**）を分離させている。そして、「執行機関」は、手続に必要な文書や対象財産について形式的、外観的な調査のみをするものとされている。このような制度の仕組みを「判決機関と執行機関の分離原則」という。

**ポイント** 👉 債務名義には、次のものがあります（法22条）。

① 　**確定判決**
② 　仮執行の宣言を付した判決
③ 　抗告によらなければ不服を申し立てることができない裁判（確定しなければその効力を生じない裁判にあっては、確定したものに限る）
④ 　仮執行の宣言を付した損害賠償命令
⑤ 　仮執行の宣言を付した届出債権支払命令
⑥ 　仮執行の宣言を付した支払督促
⑦ 　訴訟費用、和解の費用若しくは非訟事件若しくは家事事件の手続の費用の負担の額を定める裁判所書記官の処分又は法42条 4 項に規定する執行費用及び返還すべき金銭の額を定める裁判所書記官の処分（後者の処分にあっては、確定したものに限る）
⑧ 　執行証書（金銭の一定の額の支払又はその他の代替物若しくは有価証券の一定の数量の給付を目的とする請求について公証人が作成した公正証書で、債務者が直ちに強制執行に服する旨の陳述が記載されているもの）
⑨ 　確定した執行判決のある外国裁判所の判決
⑩ 　確定した執行決定のある仲裁判断
⑪ 　確定判決と同一の効力を有するもの

## ② 執行機関

　私人が、実力を行使して、債務者等の財産を自ら強制的に換価することは自力救済にあたるが、法治国家であるわが国では**自力救済は原則的に禁止**されている。

　そこで、執行は、債権者の申立てにより国家機関が執行することになる。そして、この**民事執行を行う国家機関を執行機関**と呼ぶ。

　民事執行法上の執行機関には、**執行裁判所と執行官**があり（法2条）、職務権限が配分されている。一部の職務については、裁判所書記官も執行機関として権限が付与されている（法167条の2）が、民事執行手続における「裁判所書記官」は、執行裁判所が主宰する民事執行を補助する機関である（裁判所法60条2項～4項）。ただし、固有の権限も有している（法14条1項、48条1項、62条1項・2項、64条1項・3項・4項、78条1項・5項、85条5項等）。

### 各機関の職分管轄

| | |
|---|---|
| **執行裁判所** | 不動産執行、船舶執行、債権執行、代替執行、間接強制 |
| **執行官** | 動産執行、不動産及び動産の引渡し、明渡しの執行 |
| **裁判所書記官** | 少額訴訟債権執行 |

## ③ 当事者

　強制執行事件の当事者は、申立書の記載によって確定される。強制執行の申立ては、「債権者」が行うが、申立てをする者を**「申立人」**あるいは**「申立債権者」**という。申立人が申立書で相手とした者を「相手方」という。相手方は、強制執行の場合、通常「債務者」である。

　担保不動産競売の場合、債権者・債務者のほかに「担保権の目的である権利の権利者」の項目があり、「担保権の目的である権利」が不動産等の物の所有権のときは、その権利者を「所有者」と呼び、債務者と所有者が同一人のときは、その者を「債務者兼所有者」と呼ぶ。なお、債権者は、強制執行の申立てをすると「申立債権者」と呼ばれ、申立てが

認容されて差押えがされると**「差押債権者」**とも呼ばれる。

#### ④　不動産競売の対象

　登記をすることができない土地の定着物を**除き**、不動産であれば、対象となる（法43条）。

---

**ポイント** 👉　次の①〜④については、列挙してあるキーワードとその内容を押さえましょう。

① 　強制執行…「債務名義」「債務者の意思に反して」「履行の強制」
② 　担保権の実行…「典型担保」「抵当権・質権・先取特権の実行手続」
③ 　形式的競売…「強制執行や担保権の実行手続とは異なる」「財産の換価の手続は同じ」
④ 　財産の開示…「執行力のある債務名義の正本」「金銭債権」「完全な弁済を得られない」「疎明」「債務者」「出頭」「財産について陳述」

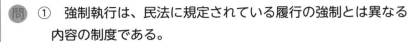

問 ① 強制執行は、民法に規定されている履行の強制とは異なる内容の制度である。

② 担保権の実行としての競売は、抵当権・質権・仮登記担保、譲渡担保等の実行手続としてされる競売手続である。

③ 民事執行法上の執行機関には、執行裁判所と執行官があり、一部の職務については、裁判所事務官も執行機関として権限が付与されている。

・・・・・・・・・・・・・・・・・・・・・・・・・・・・・・・・・・・・・・・・・・・・・・・・・・・・・・・・・・・・・・

答 ① × 民法の履行の強制を手続の観点からみたのが、強制執行である。

② × 仮登記担保、譲渡担保は、私的実行による。

③ × 事務官に執行機関としての権限はない。

## 2 不動産競売手続（申立準備から差押えまで）

　以下では、民事執行法に基づく不動産に対する民事執行についての基本的な論点について説明するが、手続の流れと主な論点の位置づけは次のとおりである。

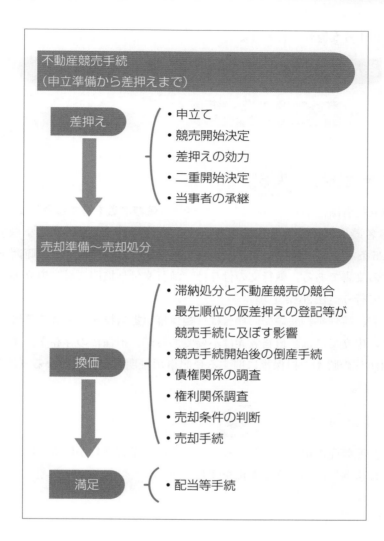

## (1) 申立方法

　強制執行は、申立てにより開始され（法 2 条）、申立ては書面によらなければならない（規則 1 条）。申立てに際しては、法定の書類を添付し、申立手数料（民事訴訟費用等に関する法律 3 条 1 項、別表第 1 ）、予納金、郵便切手等（同法11条～13条の 2 ）を納付する。申立手続は、

以下のような流れで行われる。

申立書の作成 → 添付書類の収集 → 手数料の納付

→ 申立書を裁判所へ提出

## (2) 申立権者

　申立権者は、不動産強制競売の場合は「**債務名義を有する者**」である。債務名義には、原則として「執行文」が付されていなければならない（法25条本文）。「執行文」は、債務名義の執行力の存在とその範囲を公証する文書である。執行文の付与は、執行文付与機関に対し申立書を提出して行う（法26条1項）。

　他方、担保不動産競売の場合は「**担保権（抵当権等）を有する者**」であり、申立てには、債務名義は不要であるが、担保権の存在を証する確定判決等の謄本や担保権に関する登記事項証明書が必要となる（法181条1項）。

## (3) 申立前の準備

　不動産競売の申立てをしようとする者は、手続進行が円滑に図られるように事前に次のような準備をする。

| ①申立書の作成 | ・申立書本文<br>・当事者目録<br>・担保権・被担保債権・請求債権目録<br>・物件目録 |
| --- | --- |
| ②添付書類の収集 | ・登記事項証明書<br>・公課証明書<br>・住民票・資格証明書(個人・法人)<br>・代理権限証明書(代理人が行う場合)<br>・特別売却に関する意見書<br>・手続の進行に関する書類<br>・【強制競売の場合】上記6つ+「執行力のある債務名義正本」・「送達証明書」<br>・【担保不動産競売の場合】上記6つ+「担保権の存在を証する文書」 |
| ③手数料の納付 | ・申立手数料:実行担保権1個につき4,000円<br>・執行費用の予納:請求債権額により異なる<br>・登録免許税の納付:確定請求債権の1,000分の4 |
| ④裁判所への提出 | ・作成した書面・添付書類を裁判所に提出 |

## ① 債権の確認

　申立権者は、債権について、「**残元本の額**」「**未払利息の額**」「**遅延損害金**」「**期限の利益喪失の有無**」等の確認をする必要がある。なお、申立権者が競売の申立てをした後に、残債権の一部のみを請求債権として後日これを拡張することは、原則として認められない。

## ② 登記事項証明書等の取り寄せ

　不動産競売の申立てにあたり、申立権者**以外**にも債務者に対する**債権者**が存在する可能性がある。そのため、他の債権者の存在等を確認するために、**登記事項証明書**を取り寄せて、確認する必要がある。

### ③ 当事者の住所（所在）等の確認

不動産競売を申し立てると、**執行裁判所から相手方（債務者・所有者）への書類の送達・通知等**がされる。そのため、**相手方の住所等が判明していなければならない**。そこで、住民票の取り寄せ、就業場所の調査、住所地に赴いての生活実態の有無の調査等の確認が必要になる。

### ④ 不動産の所在場所、占有状況の確認

執行官が現地調査をする際に、占有者の権利が買受人に対抗できるものかどうかを調査するため、**占有者の占有開始時期等を把握**することが必要となる。そのため、不動産の所在場所や現在の占有状況をできるだけ詳細に確認しておかなければならない。

## (4) 申立書の作成

### ① 記載事項

申立書本文の記載事項は以下のとおりである。
- 標題及び不動産競売を求める旨
- 裁判所の表示
- 申立年月日
- 申立債権者又は代理人の署名（記名）押印
- 特別な場合の記載事項（民法389条による一括競売の申立てである旨、二重開始決定である旨、競売開始決定前の保全処分命令事件の表示）

そして、実務上は、この申立書の本文に、当事者目録、請求債権目録、物件目録を綴り、一体として作成する。担保不動産競売の場合、担保権・被担保債権も記載する。

### a) 当事者目録

不動産競売事件の当事者を当事者目録に記載する。この当事者とは、担保不動産競売の場合は、申立債権者、債務者及び所有者（担保権の目

的である権利の権利者）の三者となる。なお、代理人がいるときには、代理人を当事者目録に記載する。

### b）（不動産強制競売の場合）請求債権目録
### 　　（担保不動産競売の場合）担保権・被担保債権・請求債権目録

担保権・被担保債権・請求債権を記載する。担保権については、設定日、権利の種類、債権額等を記載する。

被担保債権は、通常、請求債権と一致し、債権を特定するに足りる事項を記載する。

### c）　物件目録

競売の対象となる目的不動産を記載する。この記載は、登記事項証明書の表題部の記載に従って行う。

### ②　添付書類

申立書には、不動産登記事項証明書（発行後1か月以内の全部事項証明書又は現在事項証明書）、公課証明書、住民票（個人）、資格証明書（法人）、（代理人が行うときは）代理権限証書、特別売却に関する意見書。

不動産強制執行の場合、債務名義の正本及び送達証明書。担保不動産競売の場合、担保権の存在を証する文書等を添付する。

## (5) 競売申立ての取下げ（民事執行法20条、民事訴訟法261条）

申立人は、競売手続の開始が決定され、かつ、差押えの登記がされた後であっても、入札期日等において**買受けの申出がある前**であれば、い**つでも原則として自由に競売の申立てを取り下げることができる**。競売の申立ての取下げは、執行裁判所に書面を提出して行うものとされる。

## ① 取下げの効果

適法な取下げがされると、**競売手続は終了し、差押えは遡って消滅する**。その結果、債務者（所有者）が差押後にした処分行為は、有効なものとなる。また、取下げが適法と認められたときには、競売手続は直ちに止められることになる。これに対して、取下げが不適法と認められたときには、何等の効力も生じないため、競売手続はそのまま続行される。

## ② 取下げの制限

競売の取下げは、**原則自由**であるが、その時期によっては**以下の制限**がある。

| 取下げの時期 | 取下げの制限 |
|---|---|
| 買受けの申出まで | 自由に取下げができる |
| 買受け申出（開札）後、売却許可決定の確定前まで | 取下げに最高価買受申出人及び次順位買受申出人の同意が必要となる |
| 売却許可決定の確定後、代金納付まで | 取下げに買受人の同意が必要となる |
| 買受人の代金納付後 | 取下げができない（配当受領権の放棄として処理） |

補　足

ただし、「買受け申出（開札）後、売却許可決定の確定前まで」の取下げについては、他に差押債権者（配当要求の終期後に強制競売又は競売の申立てをした差押債権者を除く）がある場合（二重開始決定がされている場合）において、取下げにより、売却条件に変更が生じないときは、最高価買受申出人及び次順位買受申出人の利益を害することがないので、この同意は不要である（法76条1項ただし書、188条）。

**Q&A** 一問一答

**問**　① 　強制執行の申立ては、口頭又は書面によらなければならない。

② 　申立権者が、残債権の一部のみを請求債権として競売の申立てをした後に、後日これを拡張することが認められる。

③ 　申立書には、発行後 3 か月以内の不動産登記事項証明書を添付しなければならない。

④ 　申立人は、競売手続が開始され、かつ、差押えの登記がされた後であっても、入札期日等において買受けの申出がある前であれば、原則としていつでも自由に競売の申立てを取り下げることができる。

- - - - - - - - - - - - - - - - - - - - - - - - - - - - - - - - - - - - - -

 **答**　①　×　書面によらなければならない。

②　×　後日これを拡張することは認められない。

③　×　発行後 1 か月以内。

④　○

## **(6)** 競売開始決定

　不動産に対する強制競売は、債権者の申立てに基づいて、執行裁判所が手続開始決定をし、目的不動産を差し押さえることによって開始される。

　担保不動産競売は、債務名義を必要としない点で、不動産強制競売と手続上の本質的な違いがある。これは、担保権という実体権にはそもそも換価機能が内在しており、担保権を有していること自体に競売する強制力が存在すると解されているからである。

　もっとも、両者は、債務者や所有者の意思に反して当該不動産を強制的に売却するという点では共通であることから、民事執行法上は、不動

産強制競売に関する規定が担保不動産競売に大幅に準用されている。

### ① 不動産強制競売　※事件番号の符号が（ヌ）

　強制競売の場合は、その申立てを受けた執行裁判所が競売の要件（債務名義正本の送達、執行文の付与、執行開始要件、管轄等）を審査し、適切であれば強制競売の開始決定をし、その開始決定において、債権者のために不動産を差し押さえる旨を宣言する（法45条1項）。この開始決定は、債務者へ送達しなければならない（法45条2項）。そして、開始決定がされたときは、裁判所書記官は、直ちに差押えの登記を管轄登記所に嘱託しなければならない（法48条1項）。

### ② 担保不動産競売　※事件番号の符号が（ケ）

　担保不動産競売は、債務名義は不要であるが、その実行には、Ⓐ担保権の存在を証する確定判決等の謄本、Ⓑ担保権の存在を証する公証人が作成した公正証書の謄本、Ⓒ担保権の登記（仮登記を除く）に関する登記事項証明書、Ⓓ一般の先取特権にあってはその存在を証する文書のうち、いずれかの文書が提出されたときに限り、開始されることになる。実務上では、Ⓒの担保権の登記事項証明書が最も多く利用されている。

　そして、以降の開始決定、差押えの宣言、宣言の債務者及び所有者への送達、差押えの登記の嘱託等の流れは、不動産強制競売と同じである（法45条1項、188条）。

## (7) 差押えの効力　重要

　差押えがあると、債務者及び所有者は執行の対象とされる財産について処分制限の効力を受けることになる。不動産競売の場合、不動産の差押えに対する効力は差し押さえられた不動産のみならず、これに付加して一体とされた物、従物や借地権などの従たる権利にも及ぶものと解されている。

## ① 差押えの効力の発生時期

差押えの効力は、強制競売や担保不動産競売の開始決定が**債務者に送達された時に生じる**のが原則であるが、**差押えの登記がその開始決定の送達前**にされたときは、実務上は、**登記がされた時に生じるものとされる**（法46条1項、188条）。そして、競売開始決定がされたときは、裁判所書記官は直ちに**差押えの登記の嘱託**をしなければならない。

なお、差押えがされても、債務者（所有者）は通常の用法に従って不動産を使用し、又は収益することはできる（法46条2項、188条）。

## ② 差押えの効力の内容

目的不動産に差押えがされることによって、目的不動産に関する処分行為が制限される（処分制限効）。そして、この処分制限に反してされた処分行為の効力は、**特定の債権者との関係では無効**となる（**相対的無効説**）。

なお、処分行為自体が無効とする考え方（絶対的無効説）もあるが、現行法は、相対的無効説に立っている。

## ③ 手続相対効と個別相対効

処分制限に反してされた目的不動産の処分行為の効力については、相対的無効となるが、どの範囲で相対的無効となるかが問題となる。これについては、次の2つの考え方がある。

なお、現行法は、手続相対効が前提となっている。

| 手続相対効（現行の民事執行法の立場） | 債務者の処分行為の前後を問うことなく、競売手続に参加する債権者との関係で無効 |
|---|---|
| 個別相対効 | 債務者による処分行為は、処分行為前に競売手続に参加した債権者に対して無効であるだけで、他の債権者には有効 |

#### ④ 時効の完成猶予と更新

　次のア～エのいずれかの事由がある場合には、**その事由が終了するまでの間は、時効は完成しない**（時効の完成猶予）。そして、その事由が**終了した時に時効が更新**されて、**新たに時効期間が進行し始める**（時効の更新）。

---

> ア　**強制執行**
> イ　**担保権の実行**
> ウ　**形式的競売**（民事執行法195条に規定する換価のための競売については担保権の実行としての競売の例による。）
> エ　財産開示手続（民事執行法196条）

---

　なお、申立ての**取下げ又は**法律の規定に従わないことによる**取消し**によってその事由が**終了**した場合にあっては、その**終了の時から6か月**を経過するまで、引き続き**時効の完成が猶予**される。

## (8) 二重開始決定

#### ① 二重開始決定の意義

　不動産強制競売又は担保不動産競売の開始決定がされた不動産について、さらに競売の申立てがされたときは、執行裁判所は、重ねて開始決定をする（法47条1項、188条）。これを「二重開始決定」という。二重開始決定制度の趣旨は、先行する開始決定に係る競売の申立てが取下げ又は取消しによって効力を失う場合でも、後行の開始決定に係る手続を進めることで、**手続の円滑な進行と取引の安全**を図ることにある。

#### ② 内容

　二重開始決定では、既に開始決定がされた不動産に対して重ねて競売開始決定をし、これに基づいて差押えの登記がされるが、以後の手続の進行については、先行事件を優先させ、先行事件の取消し、取下げ又は執行停止がされた場合にのみ後行事件を進行させる。それまでは、後行

事件の手続は停止されることになる。それゆえ、**後行事件については、現況調査手続までは進められる**が、原則としてその後の手続は進められない。

なお、後行事件の差押債権者は、先行事件において配当を受ける地位にある。

### ③ 要件

二重開始決定をするために必要な要件は以下のとおりである。

a） **先行事件が存在**していること

b） **債務者（所有者）が同一**であること

c） **代金納付前の申立て**であること

### ④ 具体的検討

#### a） 先行事件が取消し又は取下げによって終了した場合

先行事件の手続が取消し・取下げによって終了した場合には、二重開始事件の手続は、**当然に続行**される。これは、先行事件の手続を後行事件の手続にそのまま引き継がせることにより、手続を円滑に進行させるためである。

#### b） 先行事件について執行停止文書が提出された場合

a）の場合と異なり、先行事件の手続について**執行停止文書**が提出された場合には、先行事件の差押えの処分制限効が消滅したわけではないため、**一定の条件の下に後行事件を先行事件の手続を引き継いで続行**させることができる。

##### ＜続行決定の要件＞

先行事件の執行停止による二重開始事件の続行決定をするには、次の要件が必要となる。

㋐ 二重開始事件の差押債権者の申立てがあること

㋑ 先行事件の配当要求の終期前に二重開始の申立てがされていること

㈦　先行事件が停止されたこと

㈢　先行事件が取消し又は取下げによって終了しても、売却条件に変更がないこと

### ｃ）　先行手続が続行した場合

　先行手続が、申立ての取下げや手続の取消しがされることなく続行した場合、二重開始決定を得た競売の申立債権者は、先行事件の配当要求の終期までに配当要求の申立てをすれば、**配当等を受けることができる**（法87条1項1号）。担保不動産競売の申立債権者は、申立てに係る担保権が最初の差押えの登記前に登記されたものであるときは、担保権者として配当を受けることができる（法87条1項4号）。

| 二重開始決定にかかる手続の続行 | |
| --- | --- |
| **先行事件が「取消し」又は「取下げ」によって終了した場合** | 競売手続を当然に続行させる |
| **先行事件が「停止」した場合** | 一定の要件の下に競売手続を続行させることができる |

## (9)　当事者の承継

　競売手続において、①**競売の申立**前又は②**申立**後に、当事者（債権者、債務者・不動産所有者）が替わった場合、新しい当事者が従前の手続を引き継ぐためにはどうすればいいのかが問題となる。これを**当事者の承継**の問題という。この承継には、「一般承継」（個人の場合の相続や、法人の場合の合併・会社更生・民事再生等）と、「特定承継」（売買（競売を含む）・贈与等）があり、場合によって、承継手続として承継執行文を受ける必要がある。

補　足

　執行文とは、確定判決等の債務名義の執行力が現に存することを公的に証明する文書である。簡易迅速な執行のためには、債務名義が有効か否か、債務名義に表示された者以外の者のために執行できるか否かといった実体的な判断を、執行機関ではなく、裁判所書記官や公証人に委ねるのが適切であることから、執行文制度が定められている。

　裁判所書記官や公証人は、上記の審査を行い、その債務名義に基づいて執行が認められると判断した場合には、当該債務名義の末尾に執行文を付記する。この**執行文を付記した債務名義のことを執行正本**という。

　執行文には 4 つの種類があるが、債務名義に示された請求権について、権利・義務の承継があったことを執行文付与機関が確認し、**債務名義に示された債権者・債務者**「以外」**の者に執行力が及ぶことを認める執行文を**「承継執行文」**という。**

## ⑽ 競売開始決定に対する不服申立て

　不動産に対する競売開始決定がされた場合でも、**執行抗告による不服申立てをすることはできない。**この場合、執行裁判所に対して執行異議を申し立てることになる（なお、執行抗告及び執行異議については、後述を参照）。

ポイント　競売開始決定から売却の準備前までにおいては、主に「差押えの効力」、「二重開始決定」、「当事者の決定」といった項目が重要です。各制度の要件と効果をしっかりと頭に入れておきましょう。

問 ① 差押えの目的物を処分すると、当該契約は無効となる。

② 二重開始決定の申立ては、売却許可決定後は認められない。

③ 強制競売において、競売申立後に目的物が売却された場合、競売手続は続行する。

・・・・・・・・・・・・・・・・・・・・・・・・・・・・・・・・・・・・・・・・・・・・・・・・・・・

答 ① × 特定の債権者との間で無効となる（相対的無効）。

② × 二重開始決定は、代金納付前まで申し立てることができる。

③ × 差押えによって処分が禁止された後の処分は無効であるから、競売手続上、その所有権の移転を受けた者は、すべての債権者との関係で無視されることになる（手続的相対効）。そのため、新たな所有者が競売手続の所有者となることはない。

## 3 不動産競売手続（売却準備から売却処分まで）

### (1) 滞納処分と不動産競売の競合

　民事執行法に定める不動産競売の手続は、債権者が金銭債権の満足を得るために債務者（所有者）の不動産を差し押さえて強制的に換価し、その代金から債権の回収を図る手続である。他方、国税徴収法では、納税者が納税しない場合に徴収機関が滞納者の不動産を差し押さえて強制的に換価し、その代金から税金の徴収をする「**滞納処分**」の手続が定められている。その結果、同一の不動産について、**競売手続と滞納処分手続が競合**することがありうるため、両者の手続の調整が必要となってくる。そこで、**滞納処分と強制執行等との手続の調整に関する法律**（以下

「滞調法」という）、同規則、同政令で、その調整が図られている。

本書では、その説明は、第2章として滞調法の項目で扱うことにする。

## (2) 最先順位の仮差押えの登記等が競売手続に及ぼす影響

最先順位に以下の登記がある場合に競売手続を進行させることができるかという問題である。

### ① 仮差押えの登記が競売手続に及ぼす影響

不動産に対する仮差押えは、将来の執行力のある債務名義の取得及びそれに基づく本執行（競売）への移行を保全するため、仮に債務者の不動産を差し押さえ、目的不動産が責任財産から散逸しないように差押えと同時に、目的不動産について債務者の処分行為を禁止する効力を有する。とはいえ、仮差押えは、将来、本案訴訟で勝訴して執行力のある債務名義を取得することを想定はしているものの、勝訴できるかどうかは不確定であるから、本執行に移行できるとは限らないので、仮差押えの処分禁止効は、暫定的なものにすぎない。そのため、不動産に仮差押えがされた段階で、抵当権を有する他の債権者からの競売手続の申立てがあった場合、この**仮差押えの効力が競売手続にどのような影響を及ぼすことになるのか**が問題となる。

### a) 最先順位に仮差押えの登記があり、その後に設定された抵当権に基づき競売手続が開始された場合

このケースにおいて、仮差押えの取消し等がされた場合には、本執行に移行しないことが確定するので、**仮差押えの登記後に設定登記された抵当権に基づく競売手続は進行（続行）**する。

これに対して、**仮差押えが本執行（差え）に移行した場合**には、**仮差押えの登記後に設定登記された抵当権は無視**される（手続相対効）ので、**移行した本執行事件で手続が続行**される。なお、これにより、抵当権に基づく競売手続は職権で取り消されることになる。ただし、実務上、

競売開始決定の発令時に最先順位の仮差押登記がある場合には、仮差押えの帰趨が確定するまでの間は、**現況調査まではするもの**の、以降の手続を事実上停止する、という対応がとられる場合もある。

### b） 仮差押えの登記の前に他の抵当権の登記がある場合

このケースでは、仮差押えの登記前に設定登記された抵当権を有する債権者は、当該仮差押えが本執行に移行したか否かに関係なく配当を受領できる。そこで、実務上は、**当該競売手続はそのまま進行（続行）さ**せ、換価手続まで行い、配当手続において仮差押え及びその後登記された担保権等については、いわゆる二重配当表（仮差押債権者が本案で勝訴した場合と敗訴した場合とに分けて作成する配当表）を作成するものとされる。

| | ケース | 競売手続 |
|---|---|---|
| a） | 仮差押え→抵当権設定→抵当権に基づく競売→仮差押えの取消し | 進行（続行） |
| | 仮差押え→抵当権設定→抵当権に基づく競売→仮差押えが本執行に移行 | 取消し |
| b） | 抵当権設定→仮差押え→抵当権に基づく競売→仮差押えの取消し・本執行に移行 | 進行（続行） |

### ② 処分禁止の仮処分の登記が競売手続に及ぼす影響

### a） 最先順位に所有権移転登記請求権を保全するための処分禁止の仮処分の登記があり、その後に競売の申立てがあった場合

処分禁止の仮処分とは、金銭債権以外の債権（登記移転請求権等）を有する債権者が、不動産の売却等の処分の禁止を求めるもので、仮差押えと同様に「暫定的」に権利を保護するためのものである。しかし、仮処分債権者が本案訴訟で勝訴するなどすれば、当該仮処分後に出現した

者は、当該仮処分に対抗することができない。そのため、このケースでは、実務上は、**当該仮処分債権者の本案訴訟の結果が確定するまでの間**は、競売の申立てがあったときでも、**現況調査までは行うが、以降の競売手続を事実上停止**している。

　仮処分債権者が本案訴訟で敗訴するなどして、**当該処分禁止の仮処分の登記が抹消**された場合、**競売手続を再び進行（続行）**させる。

### b） 担保権設定等登記請求権を保全するための処分禁止の仮処分の登記があり、その後に競売の申立てがあった場合

　このケースは、現行法では、**競売手続は、そのまま進行（続行）**する。仮処分債権者は、その後に本案訴訟で勝訴したとき等も、配当を受けることができるためである。

| ケース | | 競売手続 |
|---|---|---|
| a） | 処分禁止の仮処分（所有権移転登記請求権）→ 競売の申立て | 停止 |
| | 処分禁止の仮処分（所有権移転登記請求権）→ 競売の申立て→本案訴訟で敗訴等 | 進行（続行） |
| b） | 処分禁止の仮処分（担保権設定等登記請求権）→ 競売の申立て | 進行（続行） |

### ③ 最先順位の不動産の買戻特約の登記が競売手続に及ぼす影響

　不動産の売主は、売買契約と同時にした買戻しの特約により、買主が支払った代金（別段の合意をした場合にあっては、その合意により定めた金額）及び契約の費用を返還して、売買の解除をすることができる（民法579条）。これは、債務者が不動産を一旦売却して金銭を取得して、後に売却代金又は合意した金額と契約費用を買主に支払うことにより、不動産を買い戻すことを認めた制度で、担保的機能を有するものである。

この買戻しの特約の登記は、買主の権利取得の登記に附記して登記することとされており、契約と同時にこの登記をしておけば第三者にも対抗できる（民法581条）。

　**最先順位の買戻特約の登記**は、**競売による売却によっても効力を失わない**（法59条2項、188条）。買戻権を実行すると債務者に所有権が復帰するが、買戻後に設定された担保権は、消滅することになる。他方、**買戻期間中に買戻権を行使することがなければ、買戻権は消滅**する。ただし、期間中に行使があったかどうかは、登記記録上の記載からのみでは判断できない。そこで、実務上は、買戻権者に対して照会をすることにしている。そして、その結果、**買戻権の行使がなく、将来的にも行使しない旨の回答があった場合は、競売手続を進行**させる。**それ以外**の場合は、**現況調査までを行った段階で事実上、手続を停止**するという扱いをしている。

| ケース | 競売手続 |
|---|---|
| 買戻特約→競売の申立て | 停止 |
| 買戻特約→競売の申立て→買戻権不行使確定 | 進行（続行） |

#### ④　最先順位の所有権移転仮登記が競売手続に及ぼす影響

#### a）　最先順位に非担保目的の所有権移転仮登記があり、その後に競売の申立てがあった場合

　非担保目的の所有権移転仮登記がある場合、仮登記権利者の権利は、競売による売却によっても効力は失わない（法59条2項、188条）。したがって、その本登記がされると、当該本登記の順位は仮登記の順位によることとなるため、当該仮登記後の第三者は自己の権利を対抗できない。そのため、このケースでは競売手続を一定の段階で停止する。もっとも、当該仮登記が抹消されれば競売手続は進行（続行）する。

b) **最先順位に担保目的の所有権移転仮登記があり、その後に競売の申立てがあった場合**

仮登記担保とは、債務者が債務を弁済しないときには債務者が所有する不動産の所有権その他の権利を債権者に移転する旨をあらかじめ契約し、これに基づく債権者の権利について仮登記・仮登録をしておくという方法により債権担保の目的を達成しようとする担保の方法をいう（仮登記担保法1条参照）。通常、この契約には、代物弁済予約や停止条件付代物弁済契約が用いられる。そして、このときにされる登記を仮登記担保という。

**最先順位の仮登記担保**の場合、原則として、**仮登記担保権者の権利は、競売による売却によって消滅**し（仮登記担保法16条1項）、**所有権移転仮登記も抹消**されることになる（法82条1項2号、188条）。

そのため、このケースでは、**競売手続はそのまま進行（続行）**される。

なお、当該仮登記の権利者は、競売による売却代金から配当等を受けることができる。

| | ケース | 競売手続 |
|---|---|---|
| a） | 所有権移転仮登記（非担保目的）→競売の申立て | 停止 |
| | 所有権移転仮登記（非担保目的）→競売の申立て →当該仮登記の抹消 | 進行（続行） |
| b） | 所有権移転仮登記（担保目的）→競売の申立て | 進行（続行） |

## (3) 競売開始決定後の倒産手続

### ① 法的な倒産処理手続

競売開始決定後、売却実施前に対象不動産の所有者が破産等した場合、競売手続の進行に影響があるかどうかが問題となる。

債務者が経済的に破綻した場合にとられるのが、倒産手続である。債権者と債務者の協議によること（私的整理・任意整理）もあるが、合意

できない場合には、法的な倒産処理手続をとることになる。

　主な法的な倒産処理手続には、**破産手続（破産法）、民事再生手続（民事再生法）、会社更生手続（会社更生法）、特別清算（会社法）**がある。そして、これらは、倒産処理の方向性の違いから、大別して、清算型と再生型・再建型に分かれる。**清算型**は、基本的に債務者の財産を清算して、債権者に配分するものである。他方、**再生型・再建型**は、債務者の財産を残しながら生活や事業を継続し、得られた収益をもとに債務の弁済を行い、経済的再建を図るものである。

　各手続の概要は次のとおりである。

## a）　破産法

　破産は、債務者が経済的に破綻して、弁済期にある債務の総債権者に対して債務を一般的・継続的に弁済することができない状態にある場合に、裁判所が選任する破産管財人によって債務者の財産を包括的に管理・換価して、総債権者に公平に配分することを目的として行われる法的手続である。

## b）　民事再生法

　民事再生は、経済的に窮境にある債務者について、債権者の多数の同意を得て、かつ、裁判所の認可を受けた再生計画を定めること等によって、当該債務者と債権者間の民事上の権利関係を適切に調整し、債務者の事業や経済生活の再生を目的とする法的手続である（民事再生法1条）。

## c）　会社更生法

　窮境にある株式会社について、更生計画の策定及びその遂行に関する手続を定めること等により、債権者、株主その他の利害関係人の利害を適切に調整し、もって当該株式会社の事業の維持更生を図ることを目的とする（会社更生法1条）。再生債務者の再建を迅速に図ることを目的とした法的手続である。

**d）　特別清算（会社法888条〜891条）**

　特別清算は、解散して清算過程にある株式会社に債務超過の疑いがある場合などに、適正な清算を行うため、裁判所の監督下で厳重に行われる法的清算手続である。

**②　不動産の所有者に破産法に基づく破産手続開始決定がされた場合**

**a）　強制競売の場合**

　強制競売手続中に、不動産の所有者に破産手続開始決定がされたときは、個別的強制執行はできなくなるため、**競売手続は、一旦停止**することになる。もっとも、その後に、破産管財人から停止した**競売手続の続行申請**がされたときには、停止していた競売手続は、**再び進行（続行）**する。

**b）　担保不動産競売の場合**

　抵当権、特別の先取特権及び質権は、**破産法上、特別な取扱いがされている担保物権で（別除権）**、これらの権利は破産手続によらずに行使することができる。そのため、これらの権利に基づく**競売手続はそのまま進行（続行）**する。

**③　不動産の所有者に会社更生法に基づく会社更生手続開始決定がされた場合**

　更生手続開始当時、更生会社の財産に設定されている担保権の被担保債権であって更生手続開始前の原因に基づいて生じたもののうち、当該担保権によって担保された範囲内の債権を**更生担保権**という。不動産の所有者に会社更生手続開始決定がされた場合、更生担保権は、破産手続・民事再生手続と異なり、**更生手続以外の権利行使は禁止**され、更生計画の定めるところにより、最優先の債権として取り扱われ、弁済を受けることになる。更生手続によらなければ債権者や担保権者は弁済を受けることができなくなるため、**既にされている競売手続は中止**される。これは、**強制競売のときも担保不動産競売のときも同様**である。

④ **不動産の所有者に民事再生手続開始決定がされた場合**

a） **強制競売の場合**

　強制競売手続中に、不動産の所有者に民事再生手続開始決定がされたときは、個別的強制執行手続は、一定の制限を受けることになるため、**競売手続は、原則として中止**される（民事再生法39条1項）。

b） **担保不動産競売の場合**

　担保権は、**別除権**として、民事再生手続によらずに行使することができる（同法53条2項）。そのため、**これらの権利に基づく競売手続は、原則としてそのまま進行（続行）**する。もっとも、再生債務者の経済的再生を図る民事再生法の趣旨から、再生債務者の事業継続に不可欠な財産上に設定された一定の担保権については、再生債務者等が当該物件の価額に相当する金銭を裁判所に納付することにより、担保権者の有する担保権を消滅させることができる。これを**担保権消滅制度**（同法148条）という。これを上申することにより、**競売手続は取り消される**ことになる。

　また、再生債務者の一般利益に適合し、かつ、競売申立人に不当な被害を及ぼすおそれがないと認められるときは、担保不動産競売手続を一時的に中止する制度がある。これを**担保権実行の中止命令**（同法31条1項）という。再生債務者等は、執行裁判所に対し、中止命令の正本を提出して競売手続停止を上申する。中止命令の正本は、執行停止文書に該当することから、それが提出された場合、執行裁判所は、**競売手続を停止**しなければならない（法183条1項）が、競売手続の進行程度によっては、停止できない場合もある。

⑤ **不動産の所有者に会社法に基づく特別清算手続開始決定がされた場合**

a） **強制競売の場合**

　特別清算手続開始決定の命令があると、破産手続開始の申立て、清算株式会社の財産に対する強制執行等はすることができず、**既にされている強制執行等の手続は中止**される（会社法515条1項）。 そして、特別

清算手続開始決定の命令が確定すると、中止したこれらの手続は、特別清算手続との関係において失効する（同条2項）。

### b）担保不動産競売の場合

担保権については、原則として自由に実行できる。したがって、これらの権利に基づく競売手続は、原則として、そのまま進行（続行）する。しかし、民事再生法の場合と同様に**担保権実行の中止命令の制度**がある。すなわち、債権者一般の利益に適合し、かつ、担保権の実行手続の申立人に不当な損害を及ぼすおそれがないときは、清算人、債権者、監査役及び株主の申立て又は職権で、担保権実行手続の中止命令が認められている（同法516条）。

以上をもとに、開始された競売の種類と、競売後に生じた主な倒産手続及び競売手続への影響（原則）は、次のとおりである。

| 開始された競売の種類 | 競売後に生じた倒産手続 | 競売手続への影響（原則） |
|---|---|---|
| 強制競売 | 破産手続開始決定 | 続行しない（停止） |
| | 会社更生手続開始決定 | 続行しない（中止） |
| | 民事再生手続開始決定 | 続行しない（中止） |
| | 特別清算手続開始決定 | 続行しない（中止・失効） |
| 担保不動産競売 | 破産手続開始決定 | 続行 |
| | 会社更生手続開始決定 | **続行しない（中止）** |
| | 民事再生手続開始決定 | 続行 |
| | 特別清算手続開始決定 | 続行 |

競売後に倒産手続が開始された場合、一般債権の行使
は制限され、個別執行（強制競売）も制限されます。しかし、抵当
権等の担保物権は、ある意味、債務者が破産等した場合にこそ意味
を持つため、倒産処理が開始されたとしても、会社更生手続を除き、
原則として行使できます。

売却準備段階における競売手続と他の手続の競合では、
他の登記等の競合及び法的倒産手続との競合における調整の方法が
重要です。

　手続は多岐にわたり複雑ですが、各制度の概要に加え、競売手続
への影響等については、下記の概要を押さえておきましょう。

1【処分禁止の仮処分の登記が競売手続に及ぼす影響】

| | ケース | 競売手続 |
|---|---|---|
| ① | 仮処分（所有権移転登記請求権）　→競売 | 停止 |
| | 仮処分（所有権移転登記請求権）　→競売<br>→本案訴訟で敗訴等 | 進行（続行） |
| ② | 仮処分（担保権設定等登記請求権）→競売 | 進行（続行） |

2【倒産手続と担保権の行使】

| 倒産手続 | 担保権の行使 |
|---|---|
| 破産・民事再生・特別清算 | 原則　可 |
| 会社更生 | 不可 |

### Q&A 一問一答

**問**

① 担保権設定等登記請求権を保全するための処分禁止の仮処分の登記があり、その後に競売の申立てがあった場合、競売手続は停止する。

② 最先順位に仮差押えの登記があり、その後に設定された抵当権に基づき競売手続が開始された後に仮差押えが本執行（差押え）に移行した場合、抵当権に基づく競売手続は続行する。

③ 担保不動産競売において、民事再生手続開始決定がされた場合、競売手続は中止する。

**答**

① × 担保権は、売却により消滅するので、手続は続行する。

② × 抵当権設定は無視されるので、抵当権に基づく競売手続は職権で取り消される。

③ × 別除権なので、競売手続は続行する。

## (4) 債権関係調査

　債権関係調査とは、誰がどれだけの配当を受ける権利を有するのか、その優劣の順序をどうするのかを調査する手続のことである。その内容は、「配当要求と交付要求」と「債権届出の催告」である。

### ① 配当要求と交付要求

　配当要求とは、**申立債権者ではない債権者が、特定の債権者の申立てにより開始された競売手続に参加して配当を要求する**ことをいう。また、交付要求とは、**配当を要求する債権者が、国税や地方税等の租税債権者である場合の配当の要求のための手続**をいう。租税債権者が配当を受けるためには、執行裁判所に対して、交付要求書により交付要求をしなければならないとされている（国税徴収法82条1項）。

債権者が名乗り出るたびに配当手続をやり直すことになるのを避ける
ため、配当要求は、**裁判所書記官が定めた一定の時期**までにすることが
求められる。これを「配当要求の終期」という。配当要求の終期の決定
から終期までの流れの概要は、次のとおりである。

**配当要求の終期の決定から終期までの流れの概要**

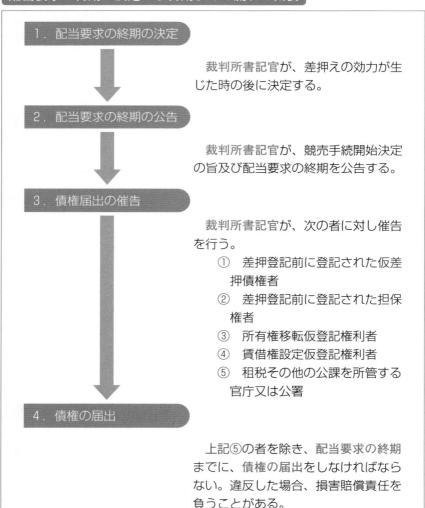

1. 配当要求の終期の決定

裁判所書記官が、差押えの効力が生
じた時の後に決定する。

2. 配当要求の終期の公告

裁判所書記官が、競売手続開始決定
の旨及び配当要求の終期を公告する。

3. 債権届出の催告

裁判所書記官が、次の者に対し催告
を行う。
① 　差押登記前に登記された仮差
押債権者
② 　差押登記前に登記された担保
権者
③ 　所有権移転仮登記権利者
④ 　賃借権設定仮登記権利者
⑤ 　租税その他の公課を所管する
官庁又は公署

4. 債権の届出

　上記⑤の者を除き、配当要求の終期
までに、債権の届出をしなければなら
ない。違反した場合、損害賠償責任を
負うことがある。

## a）　配当要求と債権届出

### ㋐　配当要求終期の定め

　　裁判所書記官は、競売開始決定に係る差押えの効力が生じた場合に
おいては、原則として、配当要求の資格のある者が、配当要求をする
ことができる期限（**配当要求の終期**という）を定める（法49条1項、
188条）。配当要求の終期は、物件明細書の作成までの手続に要する
期間及び配当要求又は債権届出に必要な期間を基準として、裁判所書
記官が定めることになる。実務上は、3週間から1〜2か月が
適当とされる。なお、裁判所書記官は、特に必要があると認めると
きは、配当要求の終期を延期することができる（法49条3項、188
条）。もっとも、実務的には、終期の自動更新の制度による場合が通
常である。

補　足

　配当要求の終期は、売却条件（剰余・無剰余の判断、超過売却の判断、
権利関係の確定、法定地上権の成立判断等）を決定するために必要な債
権届出をすべき期限でもある。

### ㋑　配当要求終期の公告

　　裁判所書記官は、配当要求の終期を定めたときは、競売手続開始決
定がされた旨及び配当要求の終期の公告をしなければならない（法
49条2項、188条）。公告方法は、公告書を裁判所の掲示場等裁判所
内の公衆の見やすい場所に掲示する方法をもってする。

### ㋒　債権届出の催告

　　**債権届出の催告**とは、配当要求の終期が定められた場合において、
裁判所書記官が、一定の者に対し、**債権の存否並びにその原因及び額
を配当要求の終期までに執行裁判所に届け出るよう促す**ものである（法
49条2項、188条）。この催告は、**剰余の有無、超過売却該当性など
を把握し、売却条件や売却基準価額を決定するための情報を収集する
こと**を**目的**としてされる。

催告の相手方は、法第49条第 2 項各号等に掲げられている次の者である。

---

① 　差押登記前に登記された仮差押債権者
② 　差押登記前に登記された担保権者
③ 　所有権移転仮登記権利者
④ 　賃借権設定仮登記権利者
⑤ 　租税その他の公課を所管する官庁又は公署

---

⒠ **債権届出**

租税その他の公課を所管する官庁又は公署を**除いて**、債権届出の催告を受けた者は、**配当要求の終期までに債権届出**をしなければならない（法50条 1 項、188条）。また、届出後に元本額に変更が生じた場合、その旨の届出が必要となる。

これらに**違反**した場合には、**損害賠償責任を負うことがある**（法50条 3 項、188条）。

**b ） 交付要求**

**租税その他の公課を所管する官庁又は公署**については、租税債権等が存在する場合に**交付要求**をする。

**② 　債権者の競売手続への参加**

他の債権者が申し立てて開始された競売手続に参加して配当を受けることができる債権者は、法律により定められている（法87条 1 項各号、188条等）。

**a ） 手続への参加方法**

⒜ **差押債権者**

その存在は不動産登記事項証明書等により明らかであるから、配当要求の申立て等の手続をすることなく配当等の手続に参加できる。

㈠　**配当要求債権者**

　配当要求の終期までに配当要求をした場合に限り、配当等の手続に参加できる。

㈡　**差押登記前に登記された仮差押債権者**

　その存在は不動産登記事項証明書等により明らかであるから、申立て等の手続をすることなく配当等の手続に参加できる。

㈢　**差押登記前に登記された担保権者**

　その存在は不動産登記事項証明書等により明らかであるから、申立て等の手続をすることなく配当等の手続に参加できる。

㈣　**差押登記前に登記された仮登記担保権者**

　配当要求の終期までに、担保仮登記である旨並びに債権の発生原因及び額を執行裁判所に届け出た場合に限り、配当等の手続に参加できる。

㈤　**交付要求債権者**

　債務者（不動産強制競売）や所有者（担保不動産競売）に対し、租税債権等を有する公租公課庁は、配当要求の終期までに執行裁判所に対して交付要求書を提出した場合に限り、配当等の手続に参加できる。

#### b)　区分所有建物の管理費等についての配当要求

㈠　**区分所有建物とは**

　区分所有建物とは、分譲マンション等のように、一棟の建物に構造上区分された数個の部分で独立して住居、店舗、事務所又は倉庫その他建物としての用途に供することができるものがあり、その各部分が、それぞれ所有権の目的とされている場合における当該建物をいう。

㈡　**区分所有建物の管理費等とは**

　管理費等とは、建物並びにその敷地及び附属施設の管理に要する経費をいい、管理費及び修繕積立金を指す。この管理費等の請求権者は区分所有者の団体（管理組合）であり、負担者は各区分所有者である。

### (ウ) 管理費等に対する権利

　管理組合等は、滞納されている管理費等について、債務者の区分所有権（共用部分に関する権利及び敷地利用権を含む）及び建物に備え付けた動産の上に先取特権を有する。この先取特権は、優先権の順位及び効力については、一般の先取特権である共益費用の先取特権とみなされる。

**補　足**

　滞納管理費等の請求については、債務者である区分所有者の特定承継人に対しても行うことができる。また、管理費等の滞納が区分所有者の共同の利益に反する行為に該当する程度に至ったときは、当該滞納区分所有者の区分所有権及び敷地利用権の競売請求が認められる。

### (エ) 滞納管理費等に関する配当要求手続

　滞納管理費等についての先取特権は、債務者の総財産を目的とする通常の一般先取特権とは異なり、特定の不動産を目的とする不動産の先取特権である。しかし、優先権の順位及び効力につき、一般の先取特権である共益費用の先取特権とみなされているため、実務上も一般の先取特権を有する債権者として配当要求できるものと扱われている。

### (オ) 滞納管理費等に関する配当

　滞納管理費等に関する先取特権は、優先権の順位及び効力については共益費用の先取特権とみなされる。そこで、配当の際における優先権の順位及び効力も、一般の先取特権と同様となる。

具体的には以下のようになる。

① 当該先取特権が目的不動産に登記された場合、抵当権等の担保物権の登記との先後により優劣が決せられる。

② 当該先取特権が目的不動産に登記されていない場合、目的不動産に登記をした抵当権者等の担保権者に対抗できない。

③ 当該先取特権が目的不動産に登記されていない場合でも、無担保の一般債権者には対抗することができる。

④ 当該先取特権は、共益費用の先取特権とみなされるため、一般の先取特権の中では最優先順位となるが、特別の先取特権には劣後する。

### (カ)　請求の拡張による配当の可否

　滞納管理費等の先取特権者は、配当要求書に配当等を求める債権の原因及び額を記載する。そのため、配当期日等において配当を受けることができるのは、配当要求書記載の債権に限られ、それを超える債権について請求の拡張をしたとしても、拡張額の配当等を受けることはできない。

　もっとも、滞納管理費等の遅延損害金は附帯請求となるため、配当要求書に支払済みまで請求する旨の記載があれば、配当期日等までの遅延損害金の配当等は受けられる。

### ③　交付要求

　交付要求は、執行裁判所が定める配当要求の終期までに行われる必要があると解されている。租税債権者が、滞納者に対して租税債権を有しているのであれば、債権届出の催告を受けた庁に限らず、交付要求をすることができるが、所有者ではない債務者に対して租税債権を有していても、原則として、この者の滞納税等について交付要求をすることはできない。交付要求は、法定の記載事項を記載して、交付要求書を執行裁判所に提出して行う。

④　債権届出と時効の完成猶予・更新

a）　民法上の時効の完成猶予・更新事由

　　時効とは、一定期間一定の事実状態が継続した場合に、当該事実状態の真偽を問わず、これを真実の権利関係と認める制度である。この時効制度において、債権者の有する債権が、一定の時間の経過によって消滅する制度が「消滅時効」である。

　　この点、時効においては、①所定の事実（＝**完成猶予事由**）が認められた場合に、一定期間（＝その事実が終わるまでの間）、**時効が完成しない**という「時効の完成猶予」制度と、②所定の事実（＝**更新事由**）が認められた場合に、時効完成に向かっている時計の針をゼロに巻き戻して、**改めて時効期間を進行**させるという「時効の更新」制度がある。

　　民法上の主な時効の完成猶予事由・時効の更新事由は、次のとおりである。

| 主な完成猶予事由 | 主な更新事由 |
|---|---|
| ①　裁判上の請求等 | ①　裁判上の請求等 |
| ②　強制執行等 | ②　強制執行等 |
| ③　仮差押え・仮処分 | ③　承認 |
| ④　催告 | |
| ⑤　協議を行う旨の合意 | |
| ⑥　天災等 | |

b）　競売手続と時効の完成猶予・更新

㋐　債権届出と時効の完成猶予・更新

　　不動産競売においては、債権者が執行裁判所に対して債権の届出をした場合に被担保債権の消滅時効の完成が猶予されるか、当該届出が裁判上の請求等に該当するかが問題となる。

　　債権の届出は、執行裁判所に対する不動産の権利関係又は売却の可否に関する資料の提出としての意味を有するにとどまり、届出にかか

る債権の確定を求めるものではない。そのため、**債権の届出自体は、裁判上の請求等には該当せず、時効の完成猶予事由には該当しない。**

〔イ〕 **届出債権に対する配当と時効の完成猶予・更新**

債権届出自体には時効の完成猶予の効果はないが、配当手続が実施され、被担保債権への一部配当がされた場合、残部について時効の完成猶予の効果が生じないかが問題となる。

執行裁判所による配当等がされたとしても、そもそも配当表の作成及びこれに基づく配当手続には届出債権の確定のための手続は予定されていない。また、一部配当を受けたとしても、残部につき時効の完成猶予・更新事由は認められない。

したがって、**届出債権に対する一部配当がされたとしても、残部につき時効の完成猶予・更新はなされない。**

## (5) 権利関係調査

権利関係調査とは、対象物件についている権利にどのようなものがあるのかを調査して、さらに評価をする手続をいう。内容としては、「**現況調査**」と「**評価**」がある。

### ① 現況調査と現況調査報告書

#### a) 現況調査とは

現況調査とは、**執行官が競売手続において、目的不動産の形状、占有関係その他の現況について調査をすることをいう**（法57条1項、188条）。現況調査は、執行裁判所の発する現況調査命令に基づいて行われる。現況調査では、売却による権利変動のひとつの基準時である目的不動産の差押時の占有状況や、占有者がいる場合の占有権原の有無、内容等を調査することになるから、できる限り差押時に接着した時点での現況を把握することが必要であり、現況調査命令は、**差押登記完了後速やかに発令される。**実務上は、競売開始決定と同時に発令している場合もある。現況調査命令には、現況調査をすべき目的不動産の表示とともに、現況調査報告書の提出期限が記載される。（東京地裁では、原則として命令

の日から 6 週間後を提出期限としている。)

## b) 現況調査の目的

　現況調査は、①裁判所書記官が物件明細書を作成すること、②評価人が目的不動産の評価をし、執行裁判所が売却基準価額を決定すること、③執行裁判所が売却後の引渡命令を発令できるか否かの判断資料とすること、④結果を記載した現況調査報告書の写しを執行裁判所に備え置き、一般の買受希望者に情報提供をすることなどを目的にされるものである。

## c) 執行停止文書と現況調査

　執行停止文書の提出があったとしても、現況調査は通常どおり実施される。

　なぜなら、手続が改めて進行する余地がある以上、差押時の目的不動産の占有関係、権利関係等を保全しておく必要性があるからである。

## d) 占有者の不在と現況調査

　**現況調査の対象としての占有者**は、直接占有者に限られず、賃貸人や転貸人等による**間接占有者**も含まれる。特に建物の占有については、建物占有者の占有権原が買受人に対抗することができるものかどうかを執行裁判所が判断するに足りる事実の調査をする必要がある。そこで、目的不動産の占有関係等を正確に把握するためには、建物に立ち入って調査をすることが必要な場合も生じる。執行官は、占有者が不在の場合、戸が閉鎖されているときには、閉鎖した戸を開くための必要な処分をすることができるとされているため（法57条 3 項、188条）、**必要に応じて合鍵の使用や解錠技術者の利用、場合によっては扉やガラスの損壊を伴う強制開扉をして、目的建物の調査**をする。

補　足

　執行官等は、人の住居に入って職務を執行するに際し、手続の適正を担保するため、証人として相当と認められる者を立ち会わせる必要がある（法 7 条）。

### e）　占有者の調査妨害への対応

　占有者が居留守を使うなどして調査妨害をしている場合は、前述のように解錠技術者を利用するなどして解錠することになる。

　また、執行に際し占有者が抵抗をする場合には、**その抵抗を排除するために、威力を用いたり、警察上の援助を求めたりすることができる**（法6条1項）。

> 　警察の援助を受ける場合も、手続の適正を担保するため、証人として相当と認められる者を立ち会わせる必要がある（法7条）。

### f）　現況調査報告書の意義

　現況調査報告書とは、**執行裁判所が発令した現況調査命令に基づき、執行官が目的不動産を調査した結果を記録した書面**をいう。現況調査報告書には、占有権原の有無及び内容それ自体ではなく、これらについての関係人の陳述及び提示された文書の要旨並びに執行官の意見を記載すべきものとされる。

### g）　現況調査報告書の記載事項（現況調査報告書の見方については、第1編を参照のこと）

　現況調査報告書には、①建物の種類、構造及び床面積の概略、土地の形状及び現況地目、②占有者の表示や占有状況、③占有者が債務者ではない場合、その者の占有の開始時期、権原の有無や関係者の陳述など、④目的不動産の見取り図、写真等が記載される。

## ②　評価と評価書

### a）　評価の意義

　評価とは、**執行裁判所が適正な売却基準価額を決定するためにされる**もので、執行裁判所の発する評価命令に基づいて行われる。売却基準価額の適正さについては、**評価人（不動産鑑定士等）による評価**を行うこ

とによって担保される仕組みになっている。なお、評価は、目的物件の調査時点における現状に基づいて評価されており、調査日以降に発生した物件の現状変更については原則として考慮されない。

### b）　評価人の権限

　評価人が評価を行うにあたっては、債務者等への質問、文書提示要求、不動産への立入り等を行うことが認められている。また、市町村等に対し、評価対象となる不動産の課税証明書や、固定資産税の課税に関連して保有する図面等の交付の請求ができる。

　競売不動産の評価は、一般の不動産と異なり、必要な情報の取得に関して対象不動産の占有者等から協力を期待できないことが多いため、このような権限を与えられている。

### c）　評価書の記載事項（評価書の見方については、第 1 編を参照のこと）

（ア）　事件の表示（規則30条 1 項 1 号）

（イ）　不動産の表示（同項 2 号）

　　　目的物件は評価命令の対象となっている不動産のほか、当該不動産の従物も評価対象となる。従物には不動産に物理的に付着する物に限らず、建物についての敷地利用権などの従たる権利も含まれる。

（ウ）　不動産の評価額及び評価の年月日（同項 3 号）

　　　評価書の結論部分でこれを基に執行裁判所が売却基準価額を決定する。この評価額は、一般の市場価格とは異なり、競売不動産特有の制約や特殊性が反映されている。また、評価の年月日は、評価額を決定した日を記載するもので、現地調査等評価の基礎となる事実を調査した日とは異なる。

（エ）　不動産の所在する場所の環境の概要（同項 4 号）

　　　位置・交通、所在場所の特性（住宅地、工業地帯等）を記載する。

（オ）　評価の目的物が土地であるときは、地積、都市計画法・建築基準

法その他の法令に基づく制限の有無及び内容、規準とした公示価格その他の評価の参考とした事項（同項5号）

㋑ 評価の目的物が建物であるときは、その種類、構造、床面積、残存耐用年数その他の評価の参考とした事項（同項6号）

㋖ 評価額の算出の過程（同項7号）

㋗ その他執行裁判所が定めた事項（同項8号）

### ③ 地代等代払許可制度

#### a） 地代等代払許可制度の意義

**地代等代払許可制度**とは、**差押債権者が、執行裁判所の許可を得て、債務者（借地人）に代わって地代等を地主に代払するもの**で、代払した地代等と許可申立費用を**共益費用**として優先的に弁済を受けられる制度のことをいう（法56条1項、188条）。

---

**ポイント** 👉 この制度は、建物に対する差押えにおいて建物所有者の地代等の滞納を理由として**土地所有者が借地契約を解除することで差押不動産の価値が大きく低下することを防ぐための制度**です。

差押債権者は地代等の弁済につき法律上の利害関係を有するため、民法上そもそも第三者弁済をすることです（民法474条）。このような地代等の代払による借地契約解除の防止は他の債権者等の利益にもなるため、執行裁判所の許可を得て地代等を代払した場合、代払した地代等の許可申立費用を共益費用として、配当等の手続において優先的に弁済を受けられるとしました。

---

#### b） 代払許可の要件

代払許可は、下記の要件を満たす場合にされる。

㋐ 建物に対する競売開始決定がされ、その差押えの効力が生じていること

㋑ 所有者が地代等を支払っていないこと

㋒ 代払の必要性があること

### c） 代払許可の申立権者

代払許可の申立権者は、差押債権者に限られる。

### d） 代払許可の申立期間

代払許可の申立期間は、競売申立後から買受人が代金を納付するまでの間である。

### e） 代払許可の裁判の効力

裁判で代払が許可されたとしても、**土地所有者である賃貸人に代払金の受領義務が生じるわけではない**。もっとも、債務の本旨に従った履行の受領を拒否した場合は、申立人は弁済供託をすることができる。

## (6) 売却条件の判断

### ① 売却条件とは

差押えをした不動産を強制競売により換価するに際して、買受人がどのような権利状態の不動産をいくらの価額で取得することができるかは、買受人にとって重要である。

不動産競売における売却は、目的不動産を強制的に換価するものであるから、売却の条件を当事者間で個別的に自由に決定することはできない。そこで、民事執行法は、あらかじめ、買受けの申出を許す条件、買受人が取得する権利、負担する権利の内容を定めている。このような売却の成立、効力に関する条件を「売却条件」という。

### ② 売却条件の種類

「売却条件」には、すべての不動産競売手続に共通なものとして定められている「法定売却条件」と呼ばれるものと、個別の売却に関して定められる「特別売却条件」と呼ばれるものがある。

## a） 法定売却条件

- ・売却に伴う権利の消滅等（法59条、188条）
- ・売却基準価額の決定等（法60条、188条）
- ・一括売却（法61条、188条）
- ・代金の納付（法78条、79条、80条、82条、188条）
- ・法定地上権（民法388条、法81条、188条）
- ・引渡命令（法83条、188条）

## b） 特別売却条件

　売却に伴う権利の消滅等を定めた民事執行法第59条第1項、第2項又は第4項に規定する権利について、利害関係人が売却基準価額の決定時までに法所定の内容と異なる合意をした旨の届出をしたときは、その合意に従うものとされている（法59条5項、188条）。

## ③ 売却に伴う権利の消滅等（法59条、188条）

　売却によって、物件に付いていた権利が、消滅するのか、買受人に引き受けられるのかという問題である。結論として、民事執行法は、用益権については、差押債権者等に対抗することができる場合には引き受け、対抗することができない場合には消滅するものとし、担保権については、担保権の種類により引き受けるものと消滅するものがあるとする（法59条）。

## a） 消除主義と引受主義

　**消除主義**とは、不動産上の担保権（抵当権等）や用益権（賃借権等）の負担をできる限り消滅させ、買受人により負担のない不動産所有権を取得させようとする方針をいう。一方、**引受主義**とは、差押債権者に優先する不動産上の負担はそのまま買受人が引き受けるとする方針をいう。

　民事執行法では、消除主義の原則を採用し、引受主義を例外的な位置づけとしている。

### b） 担保権の取扱い

　担保権のうち、**不動産の上に存する先取特権、使用及び収益をしない旨の定めのある質権並びに抵当権**は、売却により**消滅**する。また、仮登記担保に係る権利も売却により消滅する。これらの担保権は、本登記・仮登記の別を問わず、売却によりすべて消滅する。

　これに対し、**不動産の上に存する留置権並びに使用及び収益をしない旨の定めのない質権で最先順位のもの**は、売却によっても消滅せず、買受人に**引受義務**が生ずる。

### c） 用益権の取扱い

　売却により消滅する担保権を有する者、差押債権者又は仮差押債権者に対抗することができない不動産に係る権利の取得は、売却によりその効力を失う。例えば、抵当権に劣後する賃借権は、抵当権者に対抗できず、消滅する。

　一方、最先順位の地上権や賃借権等のように、抵当権の設定登記又は先取特権の登記前に設定された用益権で対抗要件を備えたものについては、抵当権に対抗できるため、売却により消滅せず買受人に引き継がれる。

### d） 差押え、仮差押え又は仮処分の執行の取扱い

　不動産に係る差押え、仮差押えの執行及び売却により消滅する権利を有する者、差押債権者又は仮差押債権者に対抗することができない仮処分の執行は、売却によりその効力を失う。

### e） 賃貸借

　賃貸借については、建物引渡猶予制度（新民法395条）と短期賃貸借保護制度（旧民法395条）がある（この点については、第1編及び第3編を参照のこと）。

　最先賃借権は、その更新が差押前後いずれであるかを問わず、その効果を抵当権者に対抗することができる。そのため、売却条件の判断にお

いては、売却により消滅せず、買受人が引き受けるべき権利として取り扱われることになる。

　このような取扱いを明らかにするため、物件明細書の「買受人が負担することとなる他人の権利」欄（いわゆる「引受欄」）に、「期限後の更新は買受人に対抗できる」旨が記載される。

　最先賃借権者が実行抵当権の債務者である場合や、最先賃借権者が実行外抵当権の債務者である場合については、実務上一定の修正をした取扱いがされている。

### 売却により消滅する権利等・消滅しない権利等

| 消滅するもの | 担保権（抵当権、不動産の先取特権、使用・収益しない特約のある質権等） |
|---|---|
| 消滅しないもの | 留置権・最先順位の賃借権・最先順位の仮処分等 |

### ④　売却基準価額・買受可能価額

#### a）　売却基準価額・買受可能価額の意義

　売却基準価額とは、**不動産競売手続における不動産の売却の額の基準となる価額**をいい、執行裁判所の選任した評価人の評価に基づいて執行裁判所が決定するものである（法60条1項、188条）。

　また、買受可能価額とは、**入札価額の下限となるべき価額**をいい、売却基準価額から10分の2に相当する額を控除した価額以上でなければならないものとされる（法60条3項、188条）。買受可能価額は、これに達しない買受けの申出に対して売却を許可しないという意味で法定売却条件の一つである。

#### b）　売却基準価額・買受可能価額の機能

　売却基準価額・買受可能価額は、剰余の判断基準、超過の判断基準、売却代金及び執行費用の割付基準としての機能を有する。

　それぞれの基準の意味は、下記のとおりである。

- 「剰余の判断基準」
  - …不動産の買受可能価額で手続費用及び差押債権者の債権に優先する債権を**弁済**した場合に**剰余が生ずるか否かの判断基準**
- 「超過の判断基準」
  - …ある不動産の買受可能価額のみで各債権者の債権や執行費用等の**すべてを賄うことができる場合**に、債務者の同意がない限り、他の不動産と**一括して売却**することはできないとする**ための判断基準**
- 「売却代金及び執行費用の割付基準」
  - …数個の不動産を**一括して売却**した場合における配当手続において、売却代金及び執行費用を各不動産に**割り付ける際の基準**

#### ⑤　剰余主義と剰余判断

#### a）　剰余主義の意義

　剰余主義とは、**剰余が出る見込みのないときには売却をしない制度を**いう。この制度がとられるのは、以下の理由からである。

　まず、不動産競売は、国家が債務者の意思にかかわらず強制的に目的

不動産を売却し、差押債権者の金銭的満足を図る制度であるから、差押債権者への配当の余地のない無益な執行は許されるべきものではない（無益執行の禁止原則）。また、民事執行法では、担保権は、原則として売却によって消滅するものと定められているため（法59条1項）、差押債権者が全く配当を受けることができない場合には、差押債権者の債権に優先する担保権者（優先債権者）の全部又は一部がその債権の全額の満足を受けることができないにもかかわらず担保権を失うことになる。そのため、優先債権者の利益を害することにもなることがあり、優先債権者の保護の観点から売却は許されるべきではない（優先債権者保護の原則）。

そこで、民事執行法上、不動産競売手続では、執行裁判所が、評価人の評価に基づいて売却基準価額を定めたとき（法60条1項、188条）は、売却の実施に先立ち、**買受可能価額**をもって、**執行費用のうち、共益費用であるもの及び差押債権者の債権に優先する債権の見込額の合計額を弁済して剰余を生ずるか否かを判断**しなければならないとされている（法63条、188条）。これを「剰余判断」といい、剰余が生ずる場合にのみ売却を実施する建前を「剰余主義」という。

補　足

　民事執行法で剰余主義がとられているのは、担保権についてであり、用益権については、差押債権者に対抗することができる用益権であっても売却によって消滅する担保権に対抗することができないものは、効力を失うものとされている（法59条2項、188条）。

#### b) 剰余主義の判断

剰余の判断は、以下の基準で判断する。

(ア) 優先債権がない場合

　　買受可能価額が手続費用（執行費用のうち共益費用となるもの）の見込額を超えるか否かで判断する。

(イ) 優先債権（登記された担保権、配当要求された一般先取特権、交

付要求された公租公課等で、差押債権者の債権に優先するもの）が
ある場合

　買受可能価額が、手続費用及び優先債権の見込額の合計額以上の
額か否かで判断する。

　実務上、一括売却がされる場合には売却単位ごとに、個別売却がされ
る場合には各不動産ごとに判断する。

剰余判断のイメージ

①優先債権がない場合
　　買受可能価額　　＞　　手続費用
②優先債権がある場合
　　買受可能価額　　≧　　手続費用＋優先債権の見込額

売却実施へ

### ⑥　無剰余による競売手続取消しの制度

#### a）　無剰余による競売手続取消しの制度の意義

　無剰余とは、競売申立てをした差押債権者が、買受可能価額で売却さ
れた目的不動産の売却代金から全く弁済を受けられないと見込まれるこ
とをいう。執行裁判所から無剰余の通知を受けた差押債権者が通知を受
けた日から1週間以内に一定の無剰余回避の措置をとらなければ、競
売手続は取り消される。

#### b） 剰余の判断の時期

剰余の判断は、**現況調査報告書及び評価書が提出され、配当要求の終期が到来した後**に判断する。判断資料がそろい、優先債権の見込みが判明して初めて判断が可能となるからである。

**補　足**

> 目的不動産の価額は、買受可能価額を基準とする。

#### c） 無剰余回避の措置

無剰余と判断された場合、執行裁判所は、差押債権者に対してその旨を**通知**しなければならない（法63条1項、188条）。通知を受けた差押債権者は、通知を受けた日から1週間以内に以下の無剰余回避のための措置をとらなければ、競売手続は取り消される（同条2項本文前段、188条）。

㋐　剰余を生ずる見込みがあることを証明すること（同条2項ただし書前段、188条）。

㋑　買受けの申出

差押債権者が不動産の買受人になることができる場合に、申出額に達する買受けの申出がないときは、自ら申出額で不動産を買い受ける旨の申出及び申出額に相当する保証の提供をすること（同条2項1号、188条）。

㋒　差額負担の申出

差押債権者が不動産の買受人になることができない場合に、買受けの申出の額が申出額に達しないとき、申出額と買受けの申出額との差額を負担する旨の申出及びその差額に相当する保証の提供をすること（同条2項2号、188条）。

㋓　優先債権者全員の同意を得たことを証明すること（同条2項ただし書後段、188条）。

### d) 二重開始決定がある場合の取扱い

#### ㋐ 二重開始決定の意義

二重開始決定とは、強制競売や担保権実行の競売の開始決定が既にされている不動産に対し、債務名義を有する他の債権者がさらに競売を申し立てた場合に、執行裁判所が行うものである。

> **補 足**
>
> 二重開始決定を得た後行差押債権者は、配当要求をしなくても当然に配当対象となる。

#### ㋑ 二重開始決定と先行手続

二重開始決定がされても、**先行手続は影響を受けることなく進行**する。ただし、先行手続が停止した場合、後行差押債権者は、後行の開始決定に基づいて手続を進める旨の続行決定の申立てをすることができる。

#### ㋒ 二重開始事件と剰余判断

二重開始事件がある場合において、先行事件の差押債権者の債権を基準とすると無剰余となるが、後行事件の差押債権者の債権を基準とすると剰余が生ずる場合、実務上は、複数ある差押債権者の債権のうち、実体法上最も優先する債権を基準として剰余の有無を判断するという取扱いが一般的である。

### e) 無剰余の看過

本来、無剰余であったにもかかわらずこれを看過して売却が実施された場合で、最高価買受申出人の買受申出額を基準として無剰余である場合は、原則として売却は不許可とすべきと解されている。

### ⑦ 一括売却

### a) 一括売却の意義

一括売却とは、同一執行裁判所が数個の不動産を差し押さえて売却す

る場合に、相互の利用上、不動産を他の不動産と一括して同一の買受人に買い受けさせることが相当であると認めるとき、これらの不動産を**一括して売却**することをいう（法61条、188条）。

　個別売却よりも買受人が利用しやすく、また、個別売却に比べて高値で売却できることが多いため、債権者・債務者にとっても有利となる。

　一括売却である旨が定められた場合は、個別の不動産に入札をすることはできない。

### b) 超過売却となる場合の取扱い

　ある不動産の買受可能価額で手続費用と債権のすべてを弁済できる見込みがある場合には、他の不動産の売却は超過売却となり、原則として債務者の同意が必要となる。

### ⑧ 内覧の制度（法64条の2、188条。内覧の内容については、第1編も参照のこと）

### a) 内覧の意義

　内覧とは、執行裁判所の内覧実施命令に基づき、執行官が不動産の買受けを希望する者をこれに立ち入らせて見学させる制度をいう。

### b) 内覧実施の申立て及び内覧参加の申出
#### ㋐ 内覧実施の申立人

　　内覧実施の申立ては、差押債権者（配当要求の終期後に強制競売又は競売の申立てをした差押債権者を除く）に限られる（法64条の2第1項本文、188条）。

申立人が差押債権者に限定されるのは、内覧実施で高値になり得る反面、現場でのトラブルで安値にもなり得ることを考慮し、売却価額の高低に最も利害関係を有する差押債権者の意思に委ねるのが相当だからです。

### (イ) 内覧実施の申立時期

内覧実施の申立ては、各回の売却の実施につき、売却を実施させる旨の裁判所書記官の処分の時までにしなければならない（法64条の2第2項、規則51条の2第2項、法188条、規則173条1項）。

### (ウ) 内覧実施の申立方法

内覧実施の申立ては、書面で行わなければならない。そして、当該書面には、①申立人の氏名又は名称及び住所並びに代理人の氏名及び住所、②事件の表示、③不動産の表示、④不動産の占有者を特定するに足りる事項であって、申立人に知れているもの（占有者がいないときは、その旨）を記載する必要がある（規則51条の2第1項、173条1項）。

### (エ) 内覧参加の申出

買受希望者が内覧に参加するためには、執行官に対して内覧への参加の申出をしなければならない。申出をした者は、除外事由がなければ内覧に参加できる（法64条の2第3項、188条）。

### ⑨ 物件明細書（詳細は第1編を参照のこと）

物件明細書とは、執行裁判所の裁判所書記官が、現況調査報告書、評価書その他の資料を検討し、買受人が負担することになる賃借権等の他人の権利、法定地上権の概要、その他物件の占有関係など買受けの参考となる事項を記載した書面である（法62条1項、188条）。

記録上表れている事実とそれに基づく法律判断に関して、執行裁判所の裁判所書記官の認識が記載されており、その写しが執行裁判所に備え

置かれて一般の閲覧に供されることで、買受後の権利関係に影響を及ぼす重大な情報を買受希望者に提供する役割がある。

> **ポイント** 👉 売却準備段階における債権関係の調査、権利関係調査、売却条件の判断においては、民事執行法上の重要な制度が多く含まれています。具体的には、債権届出と時効の完成猶予、地代等代払許可制度、現況調査、評価、売却条件、売却基準価額・買受可能価額、剰余主義、一括売却、内覧制度等です。
>
> 　これらの制度の趣旨、内容、要件、効果等の基本知識は、しっかり押さえましょう。

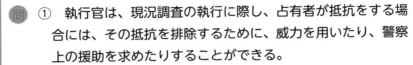

問 ① 執行官は、現況調査の執行に際し、占有者が抵抗をする場合には、その抵抗を排除するために、威力を用いたり、警察上の援助を求めたりすることができる。

② 地代等代払許可制度とは、差押債権者以外の債権者が、裁判所の許可を得て地代等を代払するもので、代払した地代等と許可申立費用を共益費用として優先的に弁済を受けられる制度のことをいう。

③ 売却基準価額とは、不動産競売手続における不動産の売却の額の基準となる価額をいい、執行裁判所の選任した評価人の評価に基づいて裁判所書記官が決定するものである。

④ 執行裁判所は、売却基準価額を定めたとき、売却の実施に先立ち、買受可能価額をもって、執行費用のうち、共益費用であるもの及び差押債権者の債権に優先する債権の見込額合計額を弁済して剰余を生ずるか否かを判断しなければならない。

- - - - - - - - - - - - - - - - - - - - - - - - - - - - - - - - - - - - -

 ① ○

② × 地代等代払許可の申立てができるのは、差押債権者に限られる。

③ × 執行裁判所が決定する。

④ ○

## 4 売却手続

　競売不動産の売却は、裁判所書記官の定める売却の方法により行われる（法64条1項、188条）。平成16年の民事執行法の改正により、執行裁判所から裁判所書記官に権限が移行したものである。そして、裁判所書記官が定める売却の方法には、**入札**又は**競り売り**のほか、民事執行規則で定める**特別売却**の方法がある（規則51条1項、173条1項）。また、入札の方法については、**期日入札**と**期間入札**の2つが定められている（規則34条、173条1項）。

　なお、売却手続に関する基本的な知識については、「不動産競売手続」として、第1編で説明済みである。ここでは、第1編では扱っていない論点について説明する。

## (1) 売却の方法

### ① 期日入札

　期日入札とは、執行官が**特定の入札期日**に入札を受け付け、入札の締切後に開札する方式の売却方法である（規則35条、38条1項、41条1項、173条1項）。期日入札における買受けの申出は、入札期日に入札する方法で行われる。入札が締め切られると、開札が行われ、最高価買受申出人及び次順位買受申出人が定められる。

### ② 期間入札

　期間入札とは、執行官が**一定の入札期間内**に入札を受け付け、開札期日で開札する方式の売却方法である（規則46条1項、47条、41条2項・3項、49条、173条1項）。期間入札における買受けの申出は、入札期間に入札する方法で行われる。**入札期間満了後1週間以内の日に開札期日**が開かれ、最高価買受申出人及び次順位買受申出人が定められる。現在の不動産競売実務では、最もよく利用されている。

### ③　競り売り

　競り売りとは、競り売り期日に買受けの申出の額を競り上げさせる方式の売却の方法である（規則50条1項、173条1項）。もっとも、不動産の売却ではほとんど運用されていない。競り売りにおける買受けの申出は、買受けの申出額を申し出る方法で行われる。競り売り期日では、買受けの申出額のうちの最高のものを3回呼び上げた後に申出が締め切られるまで、買受けの申出ができる。申出が締め切られると最高価買受申出人及び次順位買受申出人が定められる。

### 3つの売却方法のメリット・デメリットの比較

|  | メリット（長所） | デメリット（短所） |
|---|---|---|
| 期日入札 | 事務処理が期間入札よりも簡便、買受申出保証金の拘束期間が短い | 一般の買受希望者が参加しにくい環境ができやすい |
| 期間入札 | 一般の買受希望者が参加しやすい | 事務手続が煩雑になる |
| 競り売り | 事務処理が期日入札よりも簡便、買受申出保証金の拘束期間が短い | 一般の買受希望者が参加しにくい環境ができやすい |

### ④　特別売却

　特別売却とは、入札又は競り売りの方法により、**売却を実施しても適法な買受けの申出がなかったときに、3か月以内の期間を定めて他の方法として実施される方式の売却方法**である。不動産競売における特別売却は、先着順で買受可能価額以上で買受けの申出をした者に対して不動産を売却する方法であり、実務上、期間入札で適法な買受けの申出がなかったときに用いられる。

## (2) 売却決定 重要

　最高価買受申出人が決まると、その売却が適法であるか否かを審査するための売却決定期日が開かれる。執行裁判所は、売却決定期日に出頭した利害関係人の意見の陳述を聞き（法70条、188条）、かつ、職権により、売却不許可事由の有無について調査をし、**売却の許可又は不許可を決定**する。この売却の許可又は不許可の決定は、売却決定期日において言い渡される（法69条、188条）。売却不許可事由は、法第71条に列挙されており、売却不許可事由がなければ、売却は許可される。

### ① 売却不許可事由

a） 不動産競売の手続の開始又は続行をすべきでないこと

b） 最高価買受申出人が不動産を買い受ける資格若しくは能力を有しないこと又はその代理人がその権限を有しないこと

c） 最高価買受申出人が不動産を買い受ける資格を有しない者の計算において買受けの申出をした者であること

d） 最高価買受申出人、その代理人又は自己の計算において最高価買受申出人に買受けの申出をさせた者が次のいずれかに該当すること

> (ア) その不動産競売の手続において民事執行法第65条第1号に規定する行為をした者
> (イ) その不動産競売の手続において、代金の納付をしなかった者又は自己の計算においてその者に買受けの申出をさせたことがある者
> (ウ) 民事執行法第65条第2号又は第3号に掲げる者

e） 民事執行法第75条第1項の規定（不動産が損傷した場合の売却の不許可の申出等）による売却の不許可の申出があること

f） 売却基準価額若しくは一括売却の決定、物件明細書の作成又はこれらの手続に**重大な誤り**があること

g） 売却の手続に**重大な誤り**があること

※民事執行法第65条第 1 号に規定する者：他の者の買受けの申出を妨げ、若しくは不当に価額を引き下げる目的をもって連合する等売却の適正な実施を妨げる行為をし、又はその行為をさせた者

※民事執行法第65条第 2 号に掲げる者：他の民事執行の手続の売却不許可決定において前号に該当する者と認定され、その売却不許可決定の確定の日から 2 年を経過しない者

※民事執行法第65条第 3 号に掲げる者：民事執行の手続における売却に関し以下の各刑罰法規に該当する刑に処せられ、その裁判の確定の日から 2 年を経過しない者

---

　刑法の公務執行妨害罪や強制執行関係売却妨害、逃走罪、賄賂罪等（第95条から第96条の 5 まで、第197条から第197条の 4 まで若しくは第198条）、組織的な犯罪の処罰及び犯罪収益の規制等に関する法律に規定される所定の犯罪（第 3 条第 1 項第 1 号から第 4 号まで若しくは第 2 項（同条第 1 項第 1 号から第 4 号までに係る部分に限る。））又は公職にある者等のあっせん行為による利得等の処罰に関する法律に規定のある所定の犯罪（第 1 条第 1 項、第 2 条第 1 項若しくは第 4 条）

---

## ②　売却の許可又は不許可の決定に対する執行抗告

　売却の許可又は不許可の決定に対しては、その決定により自己の権利が害されることを主張するときに限り、執行抗告をすることができる（法74条 1 項、188条）。この場合、売却許可決定に対する執行抗告は、売却不許可事由があること又は売却許可決定の手続に**重大な誤り**があることを理由としなければならない（同条 2 項、188条）。

　売却の許可又は不許可の決定は、確定しなければその効力を生じない（同条 5 項、188条）。

## (3) 超過売却留保制度（民事執行法73条 1 項、188条）

### ①　超過売却の意義

　超過売却とは、売却対象不動産が**複数**ある場合に、**一部の不動産の買受申出額のみで各債権者の債権及び執行費用（手続費用）すべてを弁済**

できる見込みがある場合をいう。この場合、執行裁判所は、**他の不動産についての売却許可決定を留保**しなければならないものとされる（法73条1項、188条）。これは、一括売却における超過売却の見込みがあるときと同様に、そのまま売却手続を進めると**過剰執行**になるため、売却許可決定を留保する趣旨である。売却対象不動産が1個である場合は、その価額のいかんを問わず、超過売却にはならない。

② **最高価買受人の保護**

　超過売却に該当するとして、一部の不動産につき売却許可決定が留保された場合、最高価買受申出人又は次順位買受申出人は、買受申出の取消し（法73条3項、188条）をし、保証の返還を請求できる。

## **(4) 買受けの申出がない場合の競売手続の停止及び取消し（民事執行法68条の3、188条）**

　売却の見込みがない場合の対処方法として、民事執行法は、第68条の3で、「買受けの申出がない場合の競売手続の取消し」の制度を規定している。

① **制度の意義**

　目的不動産に付帯する客観的な事情から売却見込みのないものについて、費用と時間の無駄を省き、執行裁判所の人的資源を他の事件により有効に活用しようとするものであると同時に実行を申し立てた差押債権者等に対して、無意味な売却を避けるよう努力するよう、協力すべき義務を課したものである。

② **要件**

　この制度は、a）**手続の停止**とb）**手続の取消し**の2段階で構成されている。

a）　**手続の停止**

　執行裁判所は、裁判所書記官が入札等による売却を3回実施させて

も買受けの申出がなかった場合において、不動産の形状等のその他の事情を考慮して、さらに売却を実施させても売却の見込みがないと認めるときは、競売の手続を停止することができる。そして、差押債権者にその旨を通知する。

補　足

　「不動産の形状等のその他の事情」の典型例は、崖地、著しい不整形地、私道敷地、建物建築確認が得られない宅地、境界不明地、極めて不便な場所にある原野山林等である。なお、占有屋による占拠等による執行妨害は含まれない。これらは、売却のための保全処分や買受けの申出をした差押債権者のための保全処分で対処すべきものであるからである。

### b）　手続の取消し

　競売手続の停止通知を受けた差押債権者が、通知を受けた日から 3 か月以内に、執行裁判所に対して買受けの申出をしようとする者があることを理由として、売却を実施するよう申し出た場合には、裁判所書記官は、あらためて売却に付することになる。

　他方、差押債権者から、そのような申出がない場合、又は申出があっても最終的に買受けの申出がなかった場合には、執行裁判所は、競売手続を取り消すことができる。

　なお、取消決定に不服のある差押債権者は、執行抗告をすることができる。

　民事執行法第68条の 3 は、次のような構造になっている。

執行裁判所は、裁判所書記官に入札又は競り売りの方法による売却を3回実施させる。

買受けの申出がない

諸般の事情を考慮して、更に売却を実施させても売却の見込みがないと認めるとき

強制競売の手続を停止することができる

差押債権者に対し、その旨を通知

通知を受けた日から3か月以内

差押債権者が期間内に右の売却実施の申出をしないとき又は最終的に買受けの申出がないとき

買受けの申出をしようとする者があることを理由として、売却を実施させるべき旨を申し出たとき

手続取消し

再売却

　代金納付が完了すると、それを各債権者に分配する「配当等」の手続
に入り、これが完了すると不動産競売手続は完了する。

配当等の手続の流れ

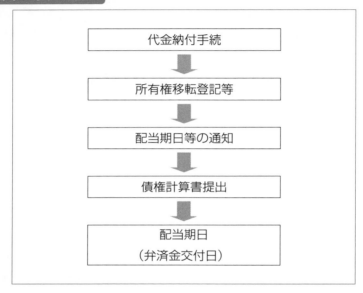

代金納付手続

↓

所有権移転登記等

↓

配当期日等の通知

↓

債権計算書提出

↓

配当期日
（弁済金交付日）

## (1) 配当等手続の種類

　執行裁判所は、代金納付があったときで、売却代金で各債権者の債権
及び手続費用の全部を弁済することができる場合には、売却代金交付計
算書を作成して債権者に弁済金を交付し、債務者に剰余金を交付しなけ
ればならない。そうでない場合には、配当表に基づいて配当を実施する
（法84条1項・2項、188条）。

　配当表に基づき配当を実施する手続を「配当手続」といい（法84条
1項、188条）、売却代金交付計算書を作成して弁済金及び剰余金を交
付する手続を「弁済金交付手続」という（法84条2項、188条）。両者
を合わせて「配当等手続」という。

## ① 配当手続

　**債権者が2人以上いて、その各債権者の債権及び執行費用の全部を弁済することができない場合の手続**である。債権者間に争いがあるので、執行裁判所は、配当期日を定めて（規則59条1項、173条1項）債権者及び債務者・所有者を呼び出す（法85条3項・7項、16条3項・4項、188条）。執行裁判所は、配当期日において、各債権者の債権の元本等の額並びに配当の順位及び額を定める（法85条1項、188条）。裁判所書記官は、「**配当表**」を作成する（法85条5項・6項、188条）。各債権者について債権の額、配当の順位及び額等を決定し、債権者間の合意があるものにつき「配当表」を作成して、これに基づいて一定の手続により分配を実施する（法85条以下、188条）。

　債権者及び債務者・所有者は、配当表に記載された各債権者の債権又は配当の額について不服がある場合には、配当異議の申出をすることができ、執行裁判所は、配当異議の申出のない部分に限り、配当を実施することになる（法89条1項・2項、188条）。

## ② 弁済金交付手続

　**債権者が1人である場合又は債権者が2人以上であっても売却代金で各債権者の債権及び執行費用の全部を弁済できる場合にとられる簡便な手続**である。弁済金交付手続では、債権者間に争いが生ずる余地がない。そこで、弁済金交付の日を定めて債権者及び債務者・所有者に通知し（規則59条1項・3項、173条1項）、売却代金交付計算書を作成して、債権者に弁済金を交付して所有者に剰余金を交付することになる（法84条2項、188条）。

配当手続は、債権者が**複数**いて、売却代金で各債権者の債権や執行費用の**全額をまかなえない**場合の金銭分配手続であり、争いを生じやすいため、厳格な手続が定められています。

他方、弁済金交付手続は、債権者が**1人**か、**複数**いたとしても各債権者の債権や執行費用の**全額をまかなえる**場合の金銭分配手続であり、争いを生じにくいため、**簡易な手続**が定められています。

配当手続と弁済金交付手続の比較は、下表のとおりです。

| | 配当手続 | 弁済金交付手続 |
|---|---|---|
| 定義 | 債権者が2人以上いて、その各債権者の債権及び執行費用の全部を弁済することができない場合の手続 | 債権者が1人である場合、又は債権者が2人以上であっても売却代金で各債権者の債権及び執行費用の全部を弁済できる場合の手続 |
| 分配手続の厳格さ | 厳格 | 簡易 |
| 分配手続の手段 | 配当表に基づき配当 | 売却代金交付計算書に基づき交付 |

# (2) 配当異議

## ① 配当異議の申出

配当表に記載された各債権者の債権又は配当の額について不服のある債権者及び債務者は、配当期日において、異議の申出（以下「配当異議の申出」という）をすることができる。その際、執行裁判所は、配当異議の申出のない部分に限り、配当を実施しなければならない。

## ② 配当異議の訴え等

配当異議の申出をした債権者及び執行力のある債務名義の正本を有しない債権者に対し配当異議の申出をした債務者は、配当異議の訴えを提起しなければならない。

# 6 配当等以外の手続の終了

不動産競売は、「差押え→換価→満足（配当等）」の通常の流れで事件が完結して終了するほか、申立ての取下げや執行取消しで事件が終了するものもある。

## (1) 申立ての取下げ

不動産競売の申立ては**取り下げることができる**（法20条、民事訴訟法261条）。取下げにより不動産競売は終了し、差押えの効力は遡及的に消滅する。ただし、買受人が代金納付後は、手続に影響はない。

補 足

申立ての取下げは、原則として債務者や所有者の同意は不要であるが、買受けの申出があった後に不動産競売の申立てを取り下げるには、他に差押債権者があり、取下げにより売却条件に変更が生じないときを除き、最高価買受申出人又は買受人及び次順位買受申出人の同意が必要となる（法76条1項、188条）。

## (2) 手続の取消し

主な取消しの制度としては、以下のものがある。詳細は、各項目を参照のこと。

① 不動産の滅失等による取消し（法53条）

② 無剰余取消し（法63条）

③ 売却の見込みがないときの取消し（法68条の3）

**問** ① 期間入札とは、執行官が一定の入札期間内に入札を受け付け、開札期日で開札する方式の売却方法であり、現在の不動産競売実務では、最もよく利用されている。

② 超過売却とは、売却対象不動産が複数ある場合に、一部の不動産の買受申出額のみで各債権者の債権額すべてを弁済できる見込みがある場合をいい、この場合、執行裁判所は、他の不動産についての売却許可決定を留保しなければならないものとされる。

③ 債権者が２人以上いて、その各債権者の債権及び執行費用の全部を弁済することができない場合の金銭分配手続は、弁済金交付手続である。

**答** ① ○

② × 超過売却は、一部の不動産の買受申出額のみで各債権者の債権及び執行費用（手続費用）すべてを弁済できる見込みがある場合をいう。

③ × 配当手続の説明である。

# 7 不動産競売手続の不服申立手続

## 1 違法執行と不当執行

競売の執行に問題がある場合として、「**違法執行**」と「**不当執行**」の2つがある。

「違法執行」とは、執行の実施が**民事執行の手続法規（民事執行法等）**に**違反**する場合をいい、「不当執行」とは、執行の実施が**実体法（民法等）**に**違反**する場合をいう。

**ポイント** 👉

| 種類 | 定義 |
|---|---|
| 違法執行 | 執行の実施が**民事執行の手続法規（民事執行法等）**に違反する場合 |
| 不当執行 | 執行の実施が**実体法（民法等）**に違反する場合 |

例えば、**民事執行法で差押えが禁止された財産に対する差押えは、**「民事執行法」という競売の**手続を定めた法規に違反する執行**なので、「不当執行」ではなく「違法執行」となります。

他方、裁判等で勝訴判決を得た**債務名義を有する債権者**が、既に**債権全額の弁済を受けた**にもかかわらず、**債務名義をもとに債務者の財産を差し押さえた**場合、手続に違反はないものの、**請求する実体法上の根拠がない**ため、「違法執行」ではなく「不当執行」となります。

## 2 違法執行及び不当執行に対する救済手段

## (1) 違法執行に対する救済

　**違法執行**は手続違反であるため、執行裁判所の決定手続による**迅速な救済**として、「執行抗告（法10条）」又は「執行異議（法11条）」の2つの手続が用意されている。

### ① 執行抗告
#### a）内容
　執行抗告は、執行裁判所が行った民事執行の手続に関する裁判のうち、**執行抗告を行うことができる旨の規定がある場合**に行うことができる。この執行抗告の**審理**は、**上級裁判所（上級審）**が行うが、執行抗告に理由があると判断した場合には、原裁判所（執行裁判所）自身が原裁判を取り消し、又は変更することができる。

#### b）執行抗告の対象
　民事執行法では、執行抗告の対象をいくつか規定しているが、実務上は、「**売却許可決定**」及び「**引渡命令**」に対するものがほとんどである。

| 主な執行抗告の対象 |
| --- |
| • 執行抗告の原審却下決定 |
| • 執行手続の取消決定 |
| • 競売申立却下決定 |
| • 配当要求却下決定 |
| • 売却許可決定・売却不許可決定 |
| • 売却許可決定取消しの申立てについての決定 |
| • 引渡命令の申立てについての決定 |
| • 強制管理・担保不動産収益執行の開始決定 |
| • 売却のための保全処分の申立てについての決定 |
| • 買受けの申出をした差押債権者のための保全処分の申立てについての決定 |
| • 買受人等のための保全処分の申立てについての決定 |
| • 担保不動産競売開始決定前の保全処分の申立てについての決定 |

### c）提起期間

執行抗告は、裁判の告知を受けた日から**1週間**の不変期間内に、**抗告状を原裁判所に提出**してしなければならない。執行手続の迅速性を保持するためである。

### d）執行抗告の申立てによる執行停止

執行抗告の申立てをしても、**当然には、執行手続は停止しない。**

また、当事者に執行停止の申立権も認められていない。しかし、抗告裁判所が執行停止の必要があると判断したときは、執行抗告についての裁判が効力を生じるまでの間、執行停止等の処分を行うことができる。

### ② 執行異議
### a）内容

執行異議は、**執行裁判所の執行処分で執行抗告を行うことができない**

ものや**執行官の執行処分**及びその**遅怠**に対して申立てをする不服申立手段である。この執行異議の審理は、**執行裁判所自身**が行う。

### b）執行異議の対象

　執行異議の対象は、（強制）競売開始決定、地代等の代払の許可決定、売却基準価額の決定、一括売却の決定などである。

### c）提起期間

　執行異議には、**申立期間は規定されていない**。しかし、執行手続が終了した後は、申立てができないと解されている。

### d）審理

　執行裁判所は、審理の結果、執行異議の申立てが不適法又は理由がないと判断したときには、申立てを却下又は棄却する。他方、理由があると判断したときには、自ら、執行処分を取り消し、又は変更する。

### e）執行異議の申立てによる執行停止

　執行抗告と同様に、執行異議の申立てをしても、当然には、執行手続は停止しない。もっとも、執行裁判所が執行停止の必要があると判断したときは、執行異議についての裁判が効力を生じるまでの間、職権で原執行処分の停止等を命じることができる。

## 執行抗告と執行異議の相違

|  | 執行抗告 | 執行異議 |
|---|---|---|
| 担当機関 | 執行裁判所の上級裁判所 | 執行裁判所 |
| 期間 | 裁判の告知を受けた日から1週間 | 規定なし |
| 申立てができる場合 | 民事執行の手続に関する裁判で、特別の定めがある場合 | ・執行裁判所の執行処分で、執行抗告ができないものの場合<br>・執行官の執行処分とその遅怠の場合 |
| 執行停止 | ・申立てをしても、当然には手続は停止しない<br>・申立人に停止権限はない<br>・裁判所には、停止権限がある | |
| 例 | 執行手続の取消決定、売却許可決定、引渡命令など | 競売開始決定、地代等の代払の許可決定、売却基準価額の決定、一括売却の決定など |

ポイント  執行抗告と執行異議は、原則として**不服を審理する裁判所の違いを基準に整理**しましょう。具体的には、執行抗告は「判断を下した執行裁判所よりも**上級の裁判所**」が審理し、執行異議は「**判断を下した執行裁判所自身**」が審理するということです。

　ここから、執行抗告は、不服の内容が上級の裁判所で審理をしなければならないほどのものである場合、すなわち、**「重要な」不服**である場合が対象とされる制度であり、他方、執行異議は、不服の内容が上級の裁判所で審理するほどでもないものである場合、すなわち、**「重要ではない」不服**である場合が対象とされる制度であるという理解につながります。

## (2) 不当執行に対する救済

　他方、**不当執行**は実体関係の判断が必要となるため、「請求異議の訴え（法35条）」又は「第三者異議の訴え（法38条）」という訴えの提起が必要となり、受訴裁判所の**判決手続での救済手段**によることになる。

### ①　請求異議の訴え
　請求異議の訴えは、**債務名義に表示された請求権の存在又は内容等についての異議**に関して、その**審理を行う通常の訴訟手続**である。もっとも、確定判決についての異議の事由は、口頭弁論の終結後に生じたものに限られる。

補　足

　請求異議の訴えが提起されても、競売の開始及びその進行自体は直接には妨げられない。そこで、当事者（原告）の申立てにより、仮の処分として執行停止等の裁判をすることが認められている。

186

## ②　第三者異議の訴え

　第三者異議の訴えは、執行の対象とされた目的物が債務者のものではなく、その目的物について所有権その他目的物の譲渡又は引渡しを妨げる権利を有する第三者が存在した場合、その者が執行の不許を求めるための訴えである。すなわち、**執行の対象とされた目的物が債務者のものではなく第三者の財産であったときに当該第三者が提起することができる方法**である。また、この訴えは、担保不動産競売（担保権実行）にも準用される。

補　足

　第三者異議の訴えが提起されても、競売の開始及びその進行自体は直接には妨げられない。そこで、当事者（原告）の申立てにより、仮の処分として執行停止等の裁判をすることが認められている。

ポイント　救済手段のまとめは、下表のとおりです。

| 対象 | 定義 |
|---|---|
| 違法執行の救済手段 | ・執行抗告（法10条）<br>・執行異議（法11条） |
| 不当執行の救済手段 | ・請求異議の訴え（法35条）<br>・第三者異議の訴え（法38条） |

# 8　近年の民事執行法の改正

## 1　債務者財産の財産制度の実効性の向上

　債務者の財産に対して強制執行をするには、裁判所に強制執行の申立てをしなければならない。もっとも、不動産の競売であれば、強制執行

の申立てには、債務者の所有する不動産の所在、地番等、対象となる債務者の財産を特定する必要がある。

　この点については、平成15年に財産開示制度が創設されたが、債務者のプライバシーや営業の秘密等に関連する問題もあり、その実効性は十分とはいえなかった。そこで、次のような内容の改正が行われた。

---

① 　債務者以外の第三者からの情報取得手続の新設
　・金融機関から、預貯金債権や上場株式、国債等に関する情報を取得
　・登記所から、土地・建物に関する情報を取得
　・市町村、日本年金機構等から、給与債権（勤務先）に関する情報を取得
② 　財産開示手続の申立権者に関する範囲の拡大
③ 　財産開示期日への債務者の不出頭等に対する罰則の強化

---

## 2　不動産競売における暴力団の買受け防止の方策

　近年、公共事業や企業活動等からの暴力団排除の取組が官民を挙げて行われている。これに伴い、民間の不動産取引でも、暴力団排除の取組が進展してきた。

　しかし、従来の民事執行法では、暴力団員等の買受け自体を制限する規定がなく、約200もの暴力団事務所の物件が不動産競売の経歴を有していることが判明した。

　そこで、次のような内容の改正がなされた。

① 裁判所の判断により暴力団員・元暴力団員・法人で役員のうちに暴力団員等がいるもの等が買受人となることを制限

　　※　「元暴力団員」：暴力団員でなくなってから５年を経過しない者

② 暴力団員等でない者が、暴力団員等の指示に基づき買受けの申出をすることを制限

　　・暴力団員等に該当しないこと等を陳述させる（虚偽陳述には刑事罰）

　　・最高価買受申出人が暴力団員等に該当するか否かを警察に照会

　　・暴力団員等に該当すること等が認められれば、売却不許可決定

一問一答

問　① 執行抗告は、執行裁判所の執行処分で執行異議を行うことができないものや執行官の執行処分及びその遅怠に対して申立てをする不服申立手段である。

　　② 競売開始決定、地代等の代払の許可決定、売却基準価額の決定、一括売却の決定は、執行抗告の対象となる。

答　① ×　執行抗告と執行異議が逆である。

　　② ×　これらは、執行異議の対象である。

第２編　第１章　民事執行法

# 第2章 滞納処分と強制執行等との手続の調整に関する法律

この章で学ぶこと

• 滞納処分と強制執行等が競合する事情を押さえる。
• 滞調法の意義と概要を押さえる。
• 滞調法における競売続行決定を押さえる。

## 1 滞納処分と競売手続との調整

　税金（公租）や社会保険料等（公課）を滞納した場合、その滞納分は、国税徴収法第5章等に定める「滞納処分手続」によって徴収される。この場合において、国税局や地方公共団体が納税者の財産を差し押さえて売却することを「公売」という。

　そして、税金等の滞納者が、それ以外の一般の債権の債権者への弁済も滞っている場合、滞納処分での差押えと民事執行（競売）による差押えとが**競合**することがある。この場合に両者の**調整**を図る法律が「**滞納処分と強制執行等との手続の調整に関する法律**」（「**滞調法**」という）である。

　滞調法においては、原則として、先に差押えがなされた手続で進行するものとされている。そのため、滞納処分による差押えが先行する場合には、滞納処分手続で進行し、民事執行（競売）による差押えが先行する場合には、競売手続で進行することになる。

- ①滞納処分による差押え➡②民事執行（競売）による差押え：**滞納処分手続で進行**
- ①民事執行（競売）による差押え➡②滞納処分による差押え：**競売手続で進行**

 補 足

　滞納処分と競売手続は先に差押えがなされた手続で進行する結果、**滞納処分による差押えが先行する場合には、民事執行（競売）での差押えはできるものの、民事執行（競売）による目的物の換価等の手続（競売）**は、滞納処分による差押えが解除された後でなければできない。

　また、**民事執行（競売）での差押えが先行する場合には、滞納処分による差押えはできるものの、滞納処分手続による目的物の換価等の手続（公売）**は、民事執行（競売）による差押えが解除された後でなければできない。

## 2 競売続行決定手続

### (1) 概要 重要

　先行の滞納処分手続が進行しているときは、後行の差押債権者等は配当を受けることができ、後行の競売手続は停止されている。しかし、そうなると、滞納処分手続が進行しないときは、差押債権者等は、債権の回収を図ることができなくなる。そこで、早期に債権回収を図りたい差押債権者等のために、一定の要件の下で**後行の競売続行決定の申請**が認められており、その決定があったときは、後行の競売手続を進行させることができる。

　そして、**競売続行の決定**があったときは、滞納処分による差押えは、競売による差押後にされたものとみなされる。すなわち、**後行の競売による差押えが、先行の滞納処分による差押えよりも、優先する**こととなる。

## (2) 滞調法による続行決定に係る問題

### ① 滞調法による競売続行決定の可否

　次のケースでは、所有権者の同一性の要件との兼ね合いで、競売続行決定ができるか否かが問題となる。

**a）　滞納処分による差押後に当該不動産の所有権が移転され、その後に当該不動産に設定された抵当権による競売の差押えがされた場合**

　このケースにおいて、先行の滞納処分手続が進行しないときは、後行の抵当権による競売の差押えについて、後行の抵当権による競売の差押時に、不動産の所有者が異なっている。したがって、**競売続行決定をすることができない。**

**b）　滞納処分による差押後に当該不動産に抵当権が設定され、その後に当該不動産の所有権が移転された後に、その設定された抵当権による競売の差押えがされた場合**

　このケースも、後行の抵当権による競売の差押時には、不動産の所有者が異なっている。したがって、**競売続行決定をすることができない。**

**c）　抵当権設定がされた不動産に滞納処分による差押えがされた後に、当該不動産の所有権が移転され、その後にその設定された抵当権による競売の差押えがされた場合**

　このケースも、上記a）b）と同様に、後行の抵当権による差押時には、不動産の所有者が異なっているため、競売続行決定はすることがで

きないようにも考えられる。しかし、抵当権は所有者が変更しても追及
効があるため、上記ａ）ｂ）と異なり、**競売続行決定をすることができ
る。**

**競売手続続行決定の可否のまとめ**

| ケース | | 続行決定の可否 |
|---|---|---|
| a) | 滞納処分による差押え→所有権移転→抵当権設定→競売による差押え | 不可 |
| b) | 滞納処分による差押え→抵当権設定→所有権移転→競売による差押え | 不可 |
| c) | 抵当権設定→滞納処分による差押え→所有権移転→競売による差押え | 可 |

#### ② 滞調法による競売続行決定の要否

　先行の滞納処分手続が停止されたり、取消し・取下げがあっても、後
行の競売手続は停止されたままである。そのため、一定の場合を除き、
競売続行を望む差押債権者等は、裁判所に対して競売続行決定の申立て
をしなければならない。

　しかし、次のケースのときには、この競売続行決定の申立てをしなけ
ればならないのか、それとも、この手続をするまでもなく当然に後行の
競売手続が進行されるのかが問題となる。

#### ａ）　二重開始事件において、先行事件と後行事件との間に滞納処分に
　　よる差押えがあり、先行事件が取消し又は取下げで終了したときや
　　執行停止となった際に、後行事件を進行させる場合

　先行事件と後行事件とが存在した場合、先行事件が停止・取消し・取
下げとなったときでも、その間にある滞納処分手続は進行させることは

できないと考えられている。

　この場合、後行事件については、競売続行決定の申立てを経ることなく、当然に後行事件を進行させることができると解される。これは、一旦民事執行法に基づく手続が進行した場合には、先行事件が停止・取消し・取下げとなったとしても、後行事件がある限り、その手続を進行させることを認め、私債権者の債権回収の手続を優先させる必要があると考えられているからである。

**b）　滞納処分に後れる競売事件が2件あり、先行事件について競売続行決定を経て進行させたが、先行事件が取消し又は取下げで終了したときや執行停止となった際に、後行事件を進行させる場合**

　このケースでは、滞納処分手続が進行しなくなった場合、競売続行手続の決定を経たうえで、先行事件を進行させることができる。その後、先行事件が停止・取消し・取下げとなったときには、後行事件を進行させるために、競売続行決定の手続を経なければならないかが問題となるが、先述a）と同様の趣旨から、後行事件については、競売続行決定の手続を経ることなく、**当然に後行事件を進行させることができる。**

**c）　滞納処分による差押後に参加差押えがあり、その滞納処分による差押えの解除後に競売の申立てがあった際に、当該競売手続を進行させる場合**

　このケースでは、滞納処分による差押えが解除され、参加差押え（国税・地方税その他の公租公課にかかる差押財産を再度差し押さえること）の効力は、参加差押書が差押えをした行政機関等に交付された時又は参加差押えの登記の時のいずれか早いほうに遡ることになる。

　これにより、競売の申立ては、参加差押えの効力が生じた後にされたものとなり、差押えの競合が生じる。そして、参加差押えに後れる当該競売手続を進行させるためには、**原則どおり、競売続行決定の手続を経なければならない。**

d) 滞納処分による差押後に、順次、参加差押え、競売による差押え
があり、その後に滞納処分による差押えが解除された際に、当該競
売手続を進行させる場合

このケースでは、滞納処分による差押えの解除前に競売による差押え
がされているが、滞納処分による差押解除時に、競売による差押えとそ
の前になされた参加差押えがあるときには、その参加差押えにかかる滞
納処分による差押えの効力の発生は、競売による差押時以前に遡らない。
すなわち、競売による差押えが参加差押えよりも先となる。

そして、この場合、競売続行決定の手続を経ることなく、**当然に競売
手続を進行させることができる**。

### 競売手続続行の要否のまとめ

| | ケース | 続行決定の要否 |
|---|---|---|
| a) | 先行事件→滞納処分による差押え→後行事件→先行事件が停止・取消し・取下げ | 不要<br>（当然に後行事件が進行） |
| b) | 滞納処分による差押え→先行事件→後行事件→先行事件が停止・取消し・取下げ | 不要<br>（当然に後行事件が進行） |
| c) | 滞納処分による差押え→参加差押え→滞納処分による差押えの解除→競売による差押え | 必要 |
| d) | 滞納処分による差押え→参加差押え→競売による差押え→滞納処分による差押えの解除 | 不要<br>（当然に競売手続が進行） |

## 不動産競売と公売

　不動産競売とは、債権者の申立てにより、裁判所が、債務者等の所有する不動産を差し押さえて、これを売却する手続であり、民事執行法を根拠法としてなされるものです。競売による売却代金は、債権者の債権等に充当されます。

　他方、公売とは、滞納された公租公課（税金等）を徴収するため、行政機関（国税局、地方公共団体）が納税者の財産を差し押さえて、これを売却する手続であり、国税徴収法等を根拠法としてなされるものです。公売による売却代金は、滞納された税金に充当されます。

**Q&A**　　　　　　　　　　　　　　　　　　　　**一問一答**

**問**

① 同一の不動産について、不動産競売と租税の滞納処分の手続が競合したときは、滞納処分の手続で進行するのが原則である。

② 滞納処分による差押後に、順次、参加差押え、競売による差押えがあり、その後に滞納処分による差押えが解除された際に、当該競売手続を進行させる場合、続行決定が必要である。

③ 滞納処分による差押後に参加差押えがあり、その滞納処分による差押えの解除後に競売の申立てがあった際に、当該競売手続を進行させる場合、競売続行決定の手続を経なければならない。

- - - - - - - - - - - - - - - - - - - - - - - - - - - - - - - - - - - - - - - -

**答**

① ×　先に差押えの効力が発生した手続で進行するのが原則。

② ×　続行決定は不要で、当然に競売手続を進行することができる。

③ ○

# 第3章　民事訴訟法

この章で学ぶこと
- 民事訴訟制度の意義を押さえる。
- 申立てから判決までの民事訴訟手続の流れと各段階における概要を押さえる。
- 判決以外の訴訟の終了事由を押さえる。
- 少額訴訟・支払督促といった特殊な制度を押さえる。
- ＡＤＲ（裁判外紛争解決制度）の概要を押さえる。

## 1　民事訴訟制度

　民事訴訟とは、私人間の一定の権利関係あるいは法律関係をめぐる争いを国家が強制的に解決する制度のことをいう。民事訴訟の中核となるのは、判決手続であり、**民事訴訟法は、主にこの判決手続についてのルールを定めている。**

　私人間の債権を強制的に回収する直接的な手続は、民事執行手続であるが、強制執行は、債務者に大きな負担をかけることになることから、債権者が権利を有することを公的に確定しておく必要がある。そして、担保権を有しない一般の債権者が申し立てる強制執行においては、その公的証明書類として債務名義が必要とされ、なかでも確定判決は、代表的な債務名義とされている（民事執行法22条1号）。債権の強制回収の視点で見た場合、**訴訟手続は、いわば、債務名義を得るための執行の前段階の手続**ということができる。

　加えて、民事訴訟法の規定は、民事執行法でも準用されている規定もあり、強制執行手続を理解するうえで、その基本的な知識を学んでおくのが望ましい。

# 2 民事訴訟手続の流れ

民事訴訟手続は、**訴えの提起→審理→終結**の流れで実施される。

民事訴訟手続の流れ

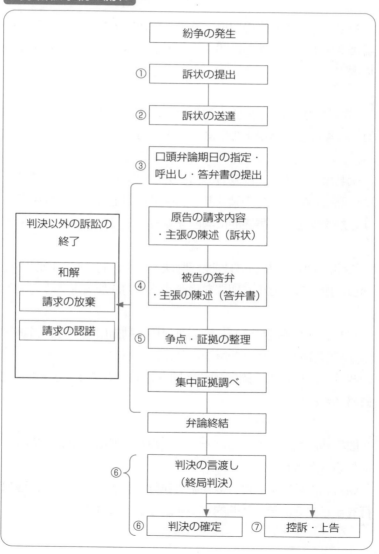

① 訴訟は、原告が裁判所に**「訴状」**を提出することにより始まる。

⬇

② 訴状に不備がないときは、裁判所は、口頭弁論の期日を指定し、被告宛に訴状を送達する。

⬇

③ 被告は、口頭弁論の期日までに、訴状に記載された事実関係の認否や事実・法律問題に関する主張を述べた**「答弁書」**を裁判所に提出する。

⬇

④ 口頭弁論期日に、原告と被告は、法廷（裁判官の面前）で、お互いに**事実上・法律上の問題を主張**する。

⬇

⑤ 裁判所（裁判官）は双方の言い分について、証拠に基づき、法律に照らして、原告の請求あるいは被告の主張のいずれを正当とするか審理をし、**最終的に判断**をする。

⬇

⑥ この裁判所の最終的な判断が**判決**であり、判決が言い渡されてから、所定の不服申立期間を経過すると判決が確定する（確定判決）。

なお、訴訟手続中でも、裁判所からの勧告に基づき、当事者同士が和解等の判決以外の解決となる場合もある。これらは、一定の要件を満たせば、確定判決と同一の効力を有することになり、債務名義となる。

⬇

⑦ 敗訴判決を不服とするときは、**上級裁判所に判断を求める**ことになる**（上訴）**。

勝訴判決を得た者は、裁判所（執行裁判所）に対して、**強制執行**を申し立て、その強制的実現を図ることになる。

200

# (1) 訴えの提起

　訴えとは、**原告が被告を相手として、裁判所に対して、一定の権利又は法律関係の存否の主張の当否について、審理・判決を求める申立て**をいう。この訴えの提起により、訴訟が開始される。

## ① 訴えの提起方法

　訴えの提起は、原則として、法所定の事項を記載して訴状を裁判所に提出することで行われる（民事訴訟法134条1項）。

【訴状の記載事項】

### a） 当事者及び法定代理人

　当事者である原告及び被告を記載する。なお、原告又は被告が未成年者や成年被後見人であるときには、法定代理人も記載する。

### b） 請求の趣旨

　請求の趣旨とは、原告が求める判決主文（訴えの結論）の内容の簡潔かつ明確な表示をいう。例えば、金銭給付の訴えでは、「被告は、原告に対し○○万円支払え」などと記載することになる。

### c） 請求の原因

　請求の原因とは、請求を特定するのに必要な事実をいう。例えば、金銭給付の訴えにおいて、「被告は、原告に対し○○万円支払え」とする請求の趣旨を記載した場合、その金銭の給付請求権の発生した原因として、「○年○月○日原告が被告に土地を売った」などと記載することになる。

訴　状

（収入印紙）

令和○○年○月○日

　　○○地方裁判所　御中


　　　　原告訴訟代理人弁護士　　　○○○○　印
〒○○○−○○○○　東京都○○区○○○
　　　　原　　告　　　　　○○○○


〒○○○−○○○○　東京都○○区・・・・・・・・
　　　　　　　　○○法律事務所（送達場所）
　　　　上記訴訟代理人弁護士　　　○　○　○　○
　　　　　　電　話　03−○○○○−○○○○
　　　　　　ＦＡＸ　03−○○○○−○○○○


〒○○○−○○○○　東京都○○区・・・・・・・・
　　　　被　　告　　　○○○○


貸金請求事件
　　訴訟物の価額　　　○○○○○○円
　　貼付印紙額　　　　○○○○円

第1　請求の趣旨

1　被告は原告に対し、金○○○円及びこれに対する令和○年○月○日から支払済みまで年6分の割合による金員を支払え。

2　訴訟費用は被告の負担とする。

　との判決並びに仮執行宣言を求める。

第2　請求の原因

1　原告は、令和○年○月○日、被告との間で、利息及び遅延損害金を年6分とする金銭消費貸借契約を締結し、被告に対し、金○○○円を貸し付けた（甲第1号証）。

2　原告は、令和○年○月○日、被告に対し、元金及び利息の支払を請求したが、被告は利息の支払をしたのみで元金の返済をしない。

3　よって、原告は被告に対し、上記消費貸借契約に基づき、貸金元金○○○円及びこれに対する約定の返済期日の翌日である令和○年○月○日から支払済みまで約定利率の年6分の割合による遅延損害金の支払を求めて本訴に及ぶ。

証　拠　方　法

| | | |
|---|---|---|
| 1 | 甲第1号証（借用書） | 1通 |

附　属　書　類

| | | |
|---|---|---|
| 1 | 訴状副本 | 1通 |
| 2 | 甲号証写し | 2通 |
| 3 | 訴訟委任状 | 1通 |

## ② 管轄

訴状を提出する裁判所は、訴訟の目的物（訴訟物という）の種類や価額、当事者の取決めの有無等で決まっている。この裁判所間での分担を**管轄**という。

## ③ 訴状の審査

裁判所へ訴状が提出されると、事件の配てんを受けた裁判官（合議体で審理される事件については裁判長）は、**訴状に必要的記載事項が記載されているか、所定の印紙が貼付されているかを審査**する（民事訴訟法137条1項）。

訴状の審査の結果、訴状に**不備**な点があれば、裁判長は、相当の期間を定めて、原告に**補正**を命じることになる（民事訴訟法137条1項）。この補正に応じなかったときは、裁判長は、命令で、訴状を却下しなければならない（同条2項）。

そして、訴状が**適式**であるとき、又は補正命令に従って補正されたときは、訴状は**受理**される。

## ④ 相手方への送達

訴状が受理されると、裁判所書記官は**被告に訴状を送達**することになる（民事訴訟法138条1項）。そして、訴状が送達されると、**訴訟係属**（訴訟事件が審理されるべき状態におかれること）が生じる。

もっとも、被告の住所や居所が不明（行方不明）で送達場所がわからないときは、公示送達という方法によることができる（同法110条）。この公示送達とは、裁判所書記官が送達すべき書類を保管し、いつでも送達を受けるべき者に交付すべき旨を裁判所の掲示場に掲示し、原則として掲示を始めた日から2週間経過することにより送達の効力が生じるものである（同法111条、112条1項）。

## (2) 口頭弁論

口頭弁論とは、一般的に、**公開法廷で両当事者を対席させ、口頭で裁判官の面前で弁論及び証拠調べを行う審理手続**をいう。

弁論とは、当事者が自分の言い分を主張することであり、民事訴訟は、口頭で陳述する建前（口頭主義）をとっていることから、この弁論を口頭弁論という。そして、口頭弁論を実施する日を口頭弁論期日という。

被告（訴訟の相手方）には、訴状とともに、第1回の口頭弁論期日の呼出しと答弁書の期限が指定される。

以降、口頭弁論が繰り返され、そこでの両当事者の主張や証拠調べにより、裁判官の心証が形成されていくことになる。

## (3) 民事訴訟の審理構造

民事訴訟は、被告に対して、損害賠償請求権や売買目的物の引渡請求権などの**一定の権利又は法律関係の存在又は不存在を主張してその当否について裁判所の判断を求めるもの**である。ところが、権利等は観念的なもので、目に見えるものではない。このように、権利の存在は直接証明することはできないので、権利の発生等を定めた実体法規に該当する具体的事実（これを要件事実という）の存否が実際の審理の対象となり、当事者もその存在を証明するための証拠を提出するという形で審理が行われる。

## (4) 民事訴訟の審理ルール

民事訴訟の審理にはいくつかのルールがある。

### ① 処分権主義

民事訴訟においては、**争う事項の決定、争うのか争わないのかの選択等は、すべて民事訴訟手続を利用する当事者に委ねられている**という建前を処分権主義という。

## ② 弁論主義

　弁論主義とは、**判決の基礎となる訴訟資料（事実の主張と証拠のこと）の収集及び提出は、当事者の権能であり、責任であるとする建前**をいう。そして、以下の 3 つのテーゼをその内容とする。

a）　主要事実は、口頭弁論において主張されたもののみが判決の基礎となる（主張責任）。

b）　主要事実について当事者間に争いのない場合は、証拠調べをすることなく判決の基礎にしなければならない（自白の拘束力。民事訴訟法179条）。

c）　主要事実やその他の事実の主張が争われて、裁判所がその真否を判断するために証拠調べをする場合には、当事者の申し出た証拠のみを取り調べることができる（**職権証拠調べの禁止**。ただし、例外が多い）。

## ③ 争点整理手続

　裁判を適正かつ迅速に進めるための方法として、当事者の主張を整理し、争いのある事項についてどのような証拠調べをするかを整理するための手続として、「**争点及び証拠の整理手続**」（争点整理手続）が採用されている。

### a）　準備的口頭弁論

　準備的口頭弁論とは、争点や証拠の整理のために実施される口頭弁論のことをいう。口頭弁論の一種であるため、公開された法廷において行われる。また、当事者尋問や証人尋問を含む、争点・証拠の整理に必要なすべての行為をすることができる。

### b） 弁論準備手続（民事訴訟法168条〜174条）

弁論準備手続とは、争点や証拠の整理のために実施される手続の1つである。準備的口頭弁論とは異なり、法廷以外の場で、非公開の下で実施することができるため、当事者のプライバシー保護が必要な場合などに向いている。

### c） 書面による準備手続（民事訴訟法175条〜178条）

書面による準備手続とは、争点・証拠の整理やその他の口頭弁論の準備に必要な事項について、当事者双方と協議するために実施される手続をいう。手続は、両当事者が裁判所に出頭することなく（同法175条）、準備書面に基づき実施されるが、必要に応じ、電話会議の方法を用いることもできる（同法176条3項）。

## (5) 口頭弁論終結

当事者の主張・立証が尽くされて、訴訟が裁判をするのに熟したときは、口頭弁論を終結する。

## (6) 判決

### ① 終局判決

特定の請求について特定の審級における訴訟手続を終了させる判決を終局判決という。

口頭弁論が終結すると終局判決の期日が指定され、その期日に判決が言い渡される。判決は、言渡しによってその効力が生じる（民事訴訟法250条）。

### ② 確定判決

終局判決の判決書が当事者に送達された後、**2週間経過すると終局判決は確定**する（民事訴訟法116条）。なお、判決が確定する前に判決の内容に**不服**があるときには、この期間内に控訴や上告をすることができる。

そして、判決が確定すると訴訟手続全体が終了し、通常の方法では取消しができない状態となる。

また、被告に一定の履行を命じた判決が確定した場合、原告は、給付判決に基づいて強制執行の申立てをすることができる。つまり、判決で命じられた履行内容を強制執行によって実現することができるようになる。

### ③ 却下判決

（訴えの）却下判決とは、訴えの提起が不適法な場合など、原告からの請求について、**審理に立ち入らないでされる判決**をいう。つまり、却下判決は、裁判所から**門前払い**をされてしまうことを意味する。

例えば、死亡した者を被告として訴えの提起をすることはできないため、裁判所はその審理を行わず却下判決をすることになる。これに対して、実質的な審理の結果出される判決は、本案判決といわれる。

## (7) 仮執行宣言

判決の執行力は、判決の確定のときに生じるのが原則であるが、**判決確定前に暫定的に執行力を付与**することができる。これを**仮執行宣言**という。仮執行宣言がされることにより、判決が確定する前に暫定的に執行力が生じることになる。

この仮執行宣言は、財産権上の請求に関する判決について、裁判所が仮執行宣言を付する必要性があると認めるときに、担保を立てて、又は立てないで仮執行をすることができることを宣言することになる（民事訴訟法259条1項）。

すなわち、仮執行宣言が付された判決は**確定判決ではない**ため、後にその内容が変更されると、仮執行は不当なものであったことになる。この場合に、被告に生じる可能性がある損害の賠償を確実にするために、裁判所は、自由裁量により**担保の提供を仮執行の条件**とすることができる。

# 3 判決以外の訴訟の終了

訴訟は、処分権主義に基づいて、判決以外でも当事者の行為により終了させることができる。

## (1) 訴えの取下げ

訴えの取下げとは、**訴えによる審判の申立てを撤回する旨の裁判所に対する原告の意思表示**をいう。これにより、訴訟は、初めから係属していなかったものとみなされる（民事訴訟法262条1項）。

もっとも、訴えの取下げをするには、**原則として相手方の同意**を得なければ、その効力を生じない（同法261条2項）。これは、相手方である被告に訴訟上有利な地位が生じている可能性があり、被告の利益を保護する必要があるからである。

また、訴えの取下げは、判決が確定した後はすることができない（同法261条1項）。

さらに、本案について終局判決があった後に訴えを取り下げた者は、同一の訴えを提起することはできない（同法262条2項）。

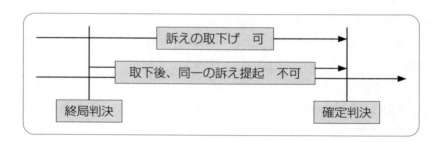

## (2) 請求の放棄・認諾（民事訴訟法266条）

請求の放棄とは、原告が自ら請求に理由のないことを認める旨の裁判所に対する一方的な意思表示をいう。つまり、原告の敗訴となる。

また、請求の認諾とは、被告が請求に理由があることを認める旨の裁

判所に対する一方的な意思表示をいう。つまり、被告の敗訴となる。

　これら請求の放棄・認諾によっても、訴訟は終了する。そして、請求の放棄・認諾を**調書に記載したときは、確定判決と同一の効力**を有することになる（民事訴訟法267条）。

## (3) 訴訟上の和解

　訴訟上の和解とは、訴訟の係属中に**原告と被告双方**が、個々の主張をお互いに譲歩して訴訟を終了させる旨の合意をいう。この合意は、原則として、口頭弁論等の期日に行うことになる。

　そして、訴訟上の和解は、その内容が調書（和解調書）に記載されたときは、確定判決と同一の効力を有する（民事訴訟法267条）。

　なお、訴訟上の和解と類似しているものに、「訴え提起前の和解」がある。訴え提起前の和解は、裁判上の和解の一種で、将来の訴訟の予防を目的として、訴えを提起する前に裁判所の関与の下に和解をするものである。即決和解ともいう。訴え提起前の和解は、当事者が請求の趣旨や原因、そして争いの実情を表示して、相手方の普通裁判籍の所在地を管轄する簡易裁判所に、その申立てをすることができる（同法275条1項）。訴え提起前の和解は、当事者間に合意があり、かつ、裁判所がその合意を相当と認めた場合に和解が成立し、合意内容が和解調書に記載されることにより、確定判決と同一の効力を有することになる（同法267条）。

　なお、「訴訟上の和解」と「訴え提起前の和解」を裁判上の和解という。和解には、このほかに「裁判外の和解」がある。「裁判外の和解」は、訴訟外で当事者間で、自主的に解決するものである。民事紛争における当事者間のいわゆる示談は、和解契約（民法695条）である。履行されない場合、債権者側は、訴訟によって判決を得てから強制執行などを行うことになる。

## 4 少額訴訟（民事訴訟法368条～381条）

　通常の訴訟は、その解決が長期間にわたることが珍しくない。しかし、軽微な事件については、簡易迅速に処理することが要望される。そこで、このような事件は、少額訴訟手続を利用することにより、簡易迅速にその解決を図ることができる。

　少額訴訟手続は、通常の訴訟手続と異なり、特別の事情がある場合を除いて、最初にすべき口頭弁論の期日において、審理が完了する（一期日審理の原則。民事訴訟法370条１項）。そして、判決の言渡しは、原則として、口頭弁論の終結後直ちに行われる（同法374条１項）。

　なお、この少額訴訟手続は、簡易裁判所においてのみ求めることができる。

　その他の少額訴訟の主な特徴は、次のとおりである。

① 対象となる事件は、訴訟の目的の価額が**60万円以下**の金銭の支払の請求を目的とする訴えに限られる（同法368条1項本文）。

② **同一の簡易裁判所で同一の年に、年10回**を超えて利用することができない（同法368条1項ただし書、同規則223条）。少額訴訟手続を特定の者（消費者金融業者や信販会社等）のみが利用することを防ぐためである。

③ 少額訴訟手続を利用するには、**原告は、その申述を訴えの提起の際**にしなければならない（同法368条2項）。もっとも、被告は、少額訴訟を通常の手続に移行させる旨の申述をすることができる。この場合には、通常の手続に移行する（同法373条2項）。

④ 証拠調べは即時に**取り調べることができる証拠**に限られる（同法371条）。これは、少額訴訟手続は、最初にすべき口頭弁論の期日において、審理が完了するからである。

⑤ 少額訴訟手続の終局判決に対しては、**控訴をすることができない**（同法377条）。少額訴訟手続は簡易迅速に争いごとを解決するためのものだからである。

⑥ 公示送達によらなければ被告に対する最初にすべき口頭弁論の期日の呼出しをすることができないときは、少額訴訟手続によることはできない（同法373条3項3号）。

## 少額訴訟の流れ

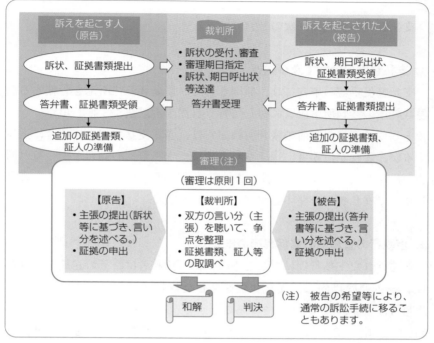

（出典：裁判所ＨＰ

http://www.courts.go.jp/saiban/syurui_minzi/minzi_04_02_02/index.html）

## 5 支払督促（民事訴訟法382条～396条）

支払督促とは、通常の訴訟によらずに、①金銭、②その他の代替物、又は③有価証券の一定の数量の給付を目的とする請求について、債権者の申立てに基づき、債務者を審尋せずに、簡易、迅速に債務者に債務の支払を命じる制度である。

この支払督促の特徴は、訴訟を提起しなくとも、確定判決と同一の効力が生じることにある。

## (1) 支払督促の手続

支払督促の手続は、次のとおりである。

### ① 支払督促の申立て及び送達

支払督促手続の申立ては、原則として、債務者の住所地を管轄する簡易裁判所の裁判所書記官に対して行う（民事訴訟法383条1項）。

そして、簡易裁判所の裁判所書記官は、当該支払督促を債務者に送達するが、これが債務者に送達された時に、支払督促の効力が生じる（同法388条1項・2項）。なお、この際、裁判所書記官は、債務者を審尋しないで支払督促を発する（同法386条1項）。

### ② 仮執行の宣言前の督促異議の申立て

送達された支払督促に対して不服のある債務者は、その送達を受けた日から2週間以内に、支払督促を発した裁判所書記官の所属する簡易裁判所に督促異議の申立てをすることができる（民事訴訟法391条1項、386条2項）。これにより、**支払督促は、その督促異議の限度で効力を失う**（同法390条）。

そして、督促異議に係る請求については、その目的の価額に従い、支払督促の申立ての時に、支払督促を発した裁判所書記官の所属する簡易裁判所又はその所在地を管轄する地方裁判所に訴えの提起があったものとみなされる（同法395条）。

### ③ 仮執行の宣言の申立て

債務者が支払督促の送達を受けた日から2週間以内に督促異議の申立てをしないときは、債権者は、簡易裁判所の裁判所書記官に対して、仮執行宣言の申立てをすることができる（民事訴訟法391条1項）。

この仮執行の宣言は、支払督促に記載し、当事者に送達されることになる（同法391条2項）。

なお、**債権者が仮執行の宣言の申立てをすることができる時から30**

日以内にその申立てをしないときは、支払督促は、その効力を失う（同法392条）。仮執行の宣言の申立てを行わない債権者を保護する必要はないからである。

また、**支払督促に仮執行の宣言が付されると、債権者は、直ちに強制執行手続をとることができるようになる。**

債務者は仮執行宣言が付された支払督促に不服があれば、督促異議の申立てをすることができるが、この督促異議の申立てをしても、執行停止の手続を別個にとらなければ、強制執行を停止することはできない。

### ④ 仮執行の宣言が付された支払督促に対する異議の申立て

送達された支払督促に対して不服のある債務者は、その送達を受けた日から 2 週間以内に、支払督促を発した裁判所書記官の所属する簡易裁判所に督促異議の申立てをすることができる（民事訴訟法393条）。

督促異議に係る請求については、その目的の価額に従い、支払督促の申立ての時に、支払督促を発した裁判所書記官の所属する簡易裁判所又はその所在地を管轄する地方裁判所に訴えの提起があったものとみなされる（同法395条）。

## (2) 支払督促の効力

仮執行宣言付きの支払督促の送達を受けた日から、2 週間以内に債務者の督促異議の申立てがないときは、支払督促は、確定判決と同一の効力が生じる（民事訴訟法396条）。

支払督促の流れ

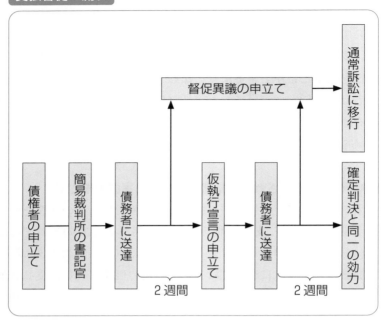

## 6 近年の民事訴訟法の改正

### 1 改正項目と施行日

　令和4年5月18日、民事訴訟法等の一部を改正する法律（令和4年法律第48号）が成立し、次のような項目について改正がなされ、順次施行されている。

---

① 　住所、氏名等の秘匿制度の創設
② 　当事者双方がウェブ会議・電話会議を利用して弁論準備手続の期日や和解の期日に参加することが可能となる仕組み
③ 　ウェブ会議を利用して口頭弁論期日に参加することが可能となる仕組み

---

④　人事訴訟・家事調停におけるウェブ会議を利用した離婚・離縁の和解・調停の成立等

⑤　オンライン提出、訴訟記録の電子化、法定審理期間訴訟手続の創設など

具体的な施行（予定を含む）は次図のとおりである。

施行日の概要

改正法の公布日は、令和4年5月25日

| | |
|---|---|
| ○住所、氏名等の秘匿制度 | 令和5年2月20日 |
| ○当事者双方がウェブ会議・電話会議により<br>　弁論準備手続期日・和解期日に参加する仕組み | 令和5年3月1日 |
| ○当事者がウェブ会議により口頭弁論期日に参加する仕組み | 令和6年3月1日 |

＊家裁の訴訟（人事訴訟等）の口頭弁論は、令和6年3月1日から1年6月以内

| | |
|---|---|
| ○人事訴訟・家事調停におけるウェブ会議を利用した<br>　離婚・離縁の和解・調停の成立、合意に相当する審判の成立 | 公布後3年以内 |
| ○改正法の全面施行<br>　例）・全面的なオンライン提出、オンラインによる送達<br>　　　・訴訟記録の電子化、電子化された訴訟記録の閲覧<br>　　　・法定審理期間訴訟手続 | 公布後4年以内<br>（※令和7年度中） |

※の時期は「成長戦略フォローアップ」（2020.7閣議決定）等に記載されているもの

（出典：法務省改正資料）

## **2** 改正の概要

## **(1)** 住所、氏名等の秘匿制度の創設

　当事者等がDVや犯罪の被害者等である場合に、その住所、氏名等の情報を相手方に秘匿したまま民事訴訟手続を進めることができる制度が設けられた。

## **(2)** 当事者双方がウェブ会議・電話会議を利用して弁論準備手続の期日や和解の期日に参加することが可能となる仕組み

　民事訴訟において、当事者双方が裁判所に現実に出頭することなく、ウェブ会議や電話会議を利用して弁論準備手続の期日や和解の期日に参加することが可能となる制度が設けられた。

## **(3)** ウェブ会議を利用して口頭弁論期日に参加することが可能となる仕組み

　民事訴訟において、当事者の一方又は双方がウェブ会議を利用して口頭弁論期日に参加することができる制度が設けられた。
　※家庭裁判所の訴訟（人事訴訟等）の口頭弁論期日においては、上記の施行日から1年6月以内の政令で定める日からウェブ会議を利用して参加することができるようになる。

## **(4)** 人事訴訟・家事調停におけるウェブ会議を利用した離婚・離縁の和解・調停の成立等

　人事訴訟・家事調停において、当事者双方が裁判所に現実に出頭しなくとも、ウェブ会議を利用して、離婚・離縁の和解・調停を成立させたり、合意に相当する審判の前提となる合意をしたりすることができるようになる制度が設けられた。

## (5) オンライン提出、訴訟記録の電子化、法定審理期間訴訟手続の創設など

民事訴訟において、インターネットを利用して訴えの提起や主張書面の提出などをすることができるようになったり、裁判所からの送達もインターネットを通じて行うことができるようになったりする制度が設けられた。

また、訴訟記録は、原則として、電子データで保管されることとなり、訴訟記録の閲覧等は、インターネットを通じて裁判所のサーバにアクセスする方法によって行うことができる制度も設けられた。

## 7 ADR（裁判外紛争解決手続）

## (1) ADRとは

ADRとは、「**裁判外紛争解決手続（Alternative Dispute Resolution）**」のことで、裁判手続によらずに民事上の紛争を解決する手法をいう。

一般に、「裁判」は、紛争について裁判所が「判決」という最終的な判断を示すことによって、その争点に終局的な解決を与えるが、「ADR」は、**当事者間の自由な意思と努力**に基づいて紛争の解決を目指すものである。

裁判所で行われている民事調停・家事調停、行政機関（公害等調整委員会など）が行うあっせん・調停・仲裁の手続、弁護士会・社団法人・その他の民間団体が行う手続も広い意味でADRに含まれる。

| 種類 | 定義 |
|---|---|
| 和解 | 当事者双方が互いに譲歩して紛争を解決させる制度。 |
| 調停 | 紛争当事者双方の間に**中立公正な第三者（調停人）が介入して調停案を提示し、紛争の解決**を図る制度。裁判上で行われる「民事調停・家事調停」もあるが、ADRとして、ADR法に基づき、法務大臣の認証を受けた民間団体が行う**民間の調停制度**もある。 |
| 仲裁 | 当事者の合意（仲裁合意）に基づき、**中立公正な第三者（仲裁人）に紛争の解決を委ね、その仲裁人の判断（仲裁判断）による紛争解決**を行う手続。仲裁法によれば、仲裁合意は、法令に別段の定めがある場合を除き、当事者が和解をすることができる民事上の紛争（離婚又は離縁の紛争を除く）を対象とする場合に限り、その効力を有するものとされる（仲裁法13条1項）。**仲裁法に基づく仲裁判断は、**確定判決と同一の効力を有する。 |

## (2) ADRの特徴

　ADRは、裁判に比べて、**簡易・低廉・柔軟に紛争解決**を図ることができる。もっとも、裁判と異なり、公権力を背景に強権的に紛争を解決させる制度ではないため、あくまでも**両当事者が紛争解決のために互いに歩み寄る姿勢が不可欠**となる。したがって、紛争の原因について真実を追及し、あるいは、自分の正当性を全面的に主張することを望むのであれば、ADRにはなじまない。

**ADR手続と裁判との相違**

| | ADR | | | 裁判 |
|---|---|---|---|---|
| | 和解 | 調停 | 仲裁 | |
| 手続の公開 | 非公開 | 非公開 | 非公開 | 公開 |
| 手続利用に関する相手方の同意 | 必要 | 必要 | 必要 | 不要 |
| 第三者による解決策の提示 | 提示なし | 提示<br>（調停案） | 提示<br>（仲裁判断） | 判決 |
| 解決策の拒否 | | できる | できない | できない |

（出典：（一社）日本不動産仲裁機構ＨＰ https://jha-adr.org/adr/）

# (3) ADR法

　ADRに関しては、「**裁判外紛争解決手続の利用の促進に関する法律**」（通称「**ADR法**」）というものが存在する。

　この法律は、裁判外紛争解決手続についての基本理念及び国等の責務を定めるとともに、**民間紛争解決手続の業務**に関し、**法務大臣による認証の制度**を設け、併せて**時効の完成猶予等に係る特例**を定めてその利便の向上を図ること等により、紛争の当事者がその解決を図るのにふさわしい手続を選択することを容易にすることを目的としている。

　この法律により法務大臣の認証を受けた民間事業者の和解のあっせん業務には、**時効の完成猶予・訴訟手続の中止**といった**法的効果**が与えられる。ただし、この手続で和解が成立したとしても、その和解の合意自体は債務名義とはならず、**強制執行力はない**。

補　足

　仲裁法に基づく仲裁判断及び民事調停・家事調停は、債務名義として
の効力が認められている（民事執行法22条6号の2・7号、民事調停
法16条、家事審判法21条1項）。

## (**4**) 一般的なADR手続の流れ

　ADRの手続は、紛争の一方当事者の申立てにより始まるが、相手方
がADRを望まない場合には、ADRは不調（不成立）となって終了する。
　相手方が応諾した場合には、双方が納得できるADR実施者（調停人
等）により、ADR手続が実施されることになる。ADR手続によりお互
いが歩みより、紛争の解決に至った場合、通常は、紛争の蒸し返しを避
けるために「和解契約書」を作成する。

補　足

　ADRは、あくまでも当事者の意思を尊重する手続であるため、解決を
強制されることはなく、両当事者はいつでもADRを終了させることがで
きる。

## ADR手続きの一般的な流れ

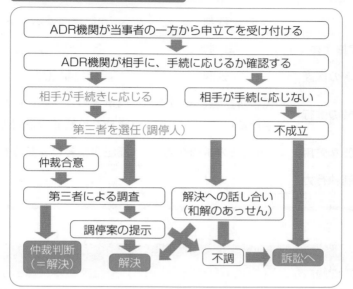

（出典：（一社）日本不動産仲裁機構ＨＰ https://jha-adr.org/adr/）

---

> **コラム column**
>
> ### かいけつサポート
>
> 「かいけつサポート」とは、**民間事業者が行う紛争解決サービス**のうち、当事者と利害関係のない公正中立な第三者が、トラブルになった当事者の間に入り、双方の言い分をよく聴いて、専門家としての知見を活かして話し合いによって柔軟な解決を図るサービスで、法律で定められた厳格な基準をクリアしているとして**法務大臣の認証**を受けたものです。
>
> この法務大臣の認証を受けた団体の一つである**（一社）日本不動産仲裁機構**には、**（一社）不動産競売流通協会も加盟団体として加盟**しており、**競売不動産取扱主任者**は、同機構の「**調停人候補者の基礎資格**」と認められています。

## 裁判と「かいけつサポート」の主な違い

| | 裁判 | かいけつサポート |
|---|---|---|
| 実施主体 | 裁判官 | 各分野の専門家 |
| 秘密の保護 | 公開 | 非公開（原則） |
| 手続の進行 | 民事訴訟法に基づく手続進行 | 当事者のニーズに応じた柔軟な手続進行が可能 |
| 必要な費用 | 裁判所の訴訟費用 | 認証事業者に支払う費用 |
| 強制執行力 | あり | なし |

### Q&A 一問一答

**問**

① 弁論主義とは、公開法廷で両当事者を対席させ、口頭で、裁判官の面前で弁論及び証拠調べを行う制度をいう。

② 少額訴訟手続を利用するには、原告は、その申述を訴えの提起の際にしなければならない。

③ 支払督促の対象となる事件は、訴訟の目的の価額が60万円以下の金銭の支払の請求を目的とする訴えに限られる。

**答**

① × この記述は口頭弁論の説明である。

弁論主義とは、判決の基礎となる訴訟資料（事実の主張と証拠のこと）の収集及び提出は、当事者の権能であり、責任であるとする建前をいう。

② ○

③ × この記述は少額訴訟の制限である。

支払督促の対象は、ア）金銭、イ）その他の代替物、ウ）有価証券等の請求を目的とする。

# 第4章　民事保全法

この章で学ぶこと
- 民事保全手続の意義と特質を押さえる。
- 保全命令と保全執行の概要を押さえる。

## 1　民事保全手続の意義

　民事に関する紛争を裁判手続で解決する場合、**民事訴訟**によって裁判手続で実体法上の権利（給付請求権等）を**確定**し、それを強制執行で**実現**するという流れになる。

　しかし、権利の確定から実現までは相当な時間がかかることも多く、例えば、金銭支払請求訴訟の**係属中**に、被告である債務者が執行の対象となる所有財産を**処分**したり、また、建物明渡請求訴訟の**係属中**に、被告である建物所有者がその建物の**占有を第三者に移転**したりしてしまうと、原告が勝訴判決を得たとしても、それに基づく**強制執行ができない**。

　そこで、**将来の権利の実現を保全**するために、債務者の財産を確保する「**仮差押えによる処分禁止**」や、財産の現状を固定して係争物の処分・占有移転の禁止等をする「**係争物に関する仮処分**」などを定めた法律が「**民事保全法**」である。

補　足

　民事保全法には、他にも、争いのある権利関係について債権者に生ずる著しい損害や急迫の危険を避けるために、暫定的に民事訴訟の本案の権利関係を仮に定める「**仮の地位を定める仮処分**」が定められている。

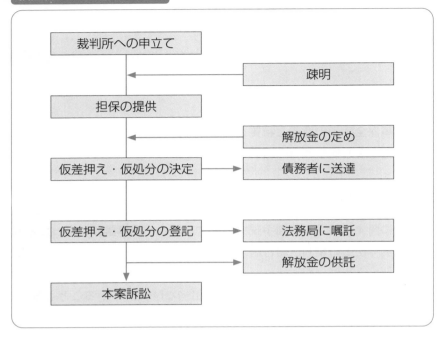

仮差押え・仮処分の手続

- 裁判所への申立て
  - ← 疎明
- 担保の提供
  - ← 解放金の定め
- 仮差押え・仮処分の決定 → 債務者に送達
- 仮差押え・仮処分の登記 → 法務局に嘱託
  - → 解放金の供託
- 本案訴訟

## 2 民事保全の特質

民事保全手続の特質として、以下のものがある。

## (1) 密行性

保全手続が債務者に事前に知られてしまうと、債務者が財産を隠蔽する可能性がある。そのため、保全手続は債務者に知られないように行う必要がある。

## (2) 緊急性

保全手続は、できるだけ迅速に行う必要がある。債務者がいつ自己の財産を消費するかわからないからである。

## (3) 付従性

保全手続は、本案訴訟が提起される前提として行われるものである。そのため、本案訴訟が提起されなければ保全手続が無意味なものとなるので、このようなときには、保全命令が取り消されることがある。

## (4) 暫定性

保全手続は、「仮」の差押えや処分であるため、本案で判決等がされるまでの暫定的な手続にとどまる。

## 3 民事保全の構造

民事保全手続は、保全されるべき権利（被保全権利）の存在を認定し、保全命令として仮差押えや仮処分を発令する手続である**「保全命令に関する手続」**（民事保全法第2章）と、発令された保全命令を実現する**「保全執行に関する手続」**（同法第3章）とがある。

## 4 保全命令

保全命令には、**「仮差押命令」**と**「仮処分命令」**がある。

仮差押命令は、将来の**「金銭執行」**を保全するため、あらかじめ債務者の財産を仮に差し押さえて確保しておくための手続である。

これに対して、仮処分命令は、**「係争物に関する仮処分命令」**と**「仮の地位を定める仮処分命令」**があり、前者は、「金銭以外の特定物の給

付請求権」の執行を保全するため、その目的物の現状を維持しておくための手続である。他方、後者は、将来の執行の保全を目的とするものではなく、**紛争から生じる現在の危機の除去や防止**をするために、**本案訴訟（通常の裁判手続による訴訟）**による解決までの権利関係を暫定的に定めておくための手続である。

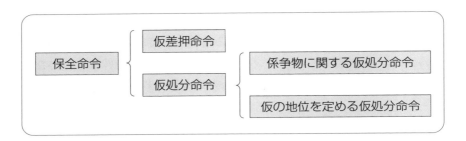

## (1) 仮差押命令

　仮差押命令は、**金銭の支払を目的とする債権**について、強制執行ができなくなるおそれがあるとき、又は強制執行に著しい困難を生ずるおそれがあるときに発することができる（民事保全法20条1項）。

## (2) 仮処分命令

### ① 係争物に関する仮処分

　係争物に関する仮処分命令は、**特定の物に関する給付を目的とする請求権**であることが必要である。例えば、建物の買主が売主に対する当該建物の明渡請求権を保全するために行う、当該建物の現状変更禁止の仮処分や占有移転禁止の仮処分等がある。

　なお、係争物に関する仮処分命令は、その現状の変更により、債権者が権利を実行することができなくなるおそれがあるとき、又は権利を実行するのに著しい困難を生ずるおそれがあるときに発することができる（民事保全法23条1項）。

## ② 仮の地位を定める仮処分

　仮の地位を定める仮処分命令は、**争いがある権利関係について債権者に生ずる著しい損害又は急迫の危険を避けるためこれを必要とするとき**に発することができる（民事保全法23条2項）。例えば、交通事故の被害者が事故のために働けずに生活に困窮しているときに、加害者から被害者に毎月一定の金銭の給付を命じる場合などである。

## (3) 保全命令の管轄裁判所

　保全命令事件は、原則として、本案の管轄裁判所又は仮に差し押さえるべき物や係争物の所在地を管轄する地方裁判所が管轄する（民事保全法12条1項）。

　なお、この管轄は専属管轄である（同法6条）。

# 5　保全命令の申立て

　保全命令の申立ては、**その趣旨や保全すべき権利又は権利関係及び保全の必要性を明らかにして行わなければならない**（民事保全法13条1項）。

　そして、保全命令は、債権者及び債務者である当事者に送達されることになる（同法17条）。

　なお、申し立てた保全命令を取り下げることができるが、この際には、債務者の同意は不要である（同法18条）。

## (1) 疎明

　当事者は、保全すべき権利又は権利関係及び保全の必要性を**疎明**しなければならない（民事保全法13条2項）。証明よりも程度の低い疎明で足りるとしているのは、保全命令は、簡易迅速が要求されるからである。

※疎明：疎明とは、確信ではなく、確からしいという推測を裁判官に生じさせる当事者の行為をいう。なお、これに対して、「証明」とは、民事訴訟法上、当事者が事実の存否について、裁判官に確信を抱かせることやこれに基づき裁判官が確信を得た状態をいう。

## (2) 担保の提供

保全命令は、債権者に**担保**を立てさせたり、相当と認める一定の期間内に担保を立てることを保全執行の実施の条件としたり、又は担保を立てさせないで発することができる（民事保全法14条1項）。

債権者に担保の提供が要求されるのは、**違法な保全執行によって債務者が被る損害を担保させるため**である。実務上はほとんどのケースで担保を立てるように要求されている。

## (3) 送達

保全命令は、当事者に送達される（民事保全法17条）。

## 6 解放金

解放金とは、保全命令において、**執行の停止を得るため、又は既にした執行の取消しを得るために債務者が供託すべき金銭**をいう（民事保全法22条1項）。

この解放金には、仮差押解放金と仮処分解放金がある。

仮差押命令が発せられるときには、仮差押解放金の額が定められることになっている（同法22条1項）。

これに対して、仮処分解放金は、必ずしも定められるわけではない。

## 7 保全執行

　保全執行には、**仮差押えの執行**と、**仮処分の執行**とがある。どちらも、当事者の申立てにより、裁判所又は執行官が行うことになる（民事保全法2条2項）。

### (1) 仮差押えの執行

　仮差押えの執行は、不動産、動産、債権及びその他の財産権に対する執行があるが、ここでは、不動産に対する執行を取り上げる。

　不動産に対する仮差押えの執行方法は、**仮差押えの登記をする方法**と**強制管理**の方法の2つの方法があり、両者を併用することもできる（民事保全法47条1項）。

　仮差押えの登記は、裁判所書記官が嘱託する（同法47条3項）。

　仮差押えの登記により執行を行う場合は、仮差押命令を発した裁判所が保全執行を行う管轄裁判所となる（同法47条2項）。

　他方、強制管理により執行を行う場合は、不動産所在地を管轄する地方裁判所が保全執行を行う管轄裁判所となる（民事保全法47条5項、民事執行法44条1項）。

### (2) 仮差押解放金

　仮差押えが執行された場合、執行債務者は**仮差押えの執行を取り消す**ために、**仮差押解放金として定められた額に相当する金銭を供託**することができる。これにより、執行された債務者は、**仮差押えが解かれる**。

　この場合、仮差押えの効力は、供託された執行債務者の**供託金に対する取戻請求権に及ぶ**ことになる。

例えば、AがBに対する金銭債権を保全するために、Bが所有する不動産につき仮差押えの申立てをして、その執行がされたとします。そして、Bが当該仮差押えを解くために、供託所に対して仮差押解放金を供託した場合、Aの仮差押えの効力は、Bの供託所に対する供託金の取戻請求権に及ぶことになります。

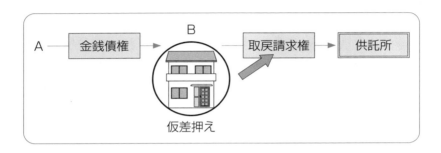

## (3) 仮処分の執行

　仮処分命令の内容は様々であるが、ここでは、不動産の登記請求権を保全するための処分禁止の仮処分を取り上げる。

　例えば、Aが、Bの所有する不動産を売買により買い受けた場合に、BがAに対して所有権の移転の登記に協力しないときは、所有権の移転の登記を命じる確定判決を得る必要がある。

　しかし、Aが当該判決を得た際に、当該不動産につきA以外の者へ所有権の移転の登記がされていると、この判決が無意味なものとなってしまう。

　そこで、当該登記請求権を保全するために、当該不動産に処分禁止の仮処分の申立てをして、その執行をする必要がある。

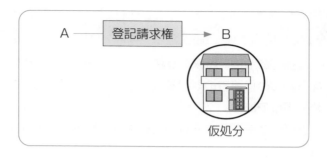

この登記請求権を保全するための処分禁止の仮処分の執行は、「処分禁止の登記」をする方法により行われる（民事保全法53条1項）。

そして、「処分禁止の登記」がされた後は、**その登記に係る権利の取得又は消滅と抵触する限度において、その債権者に対抗することができなくなる**（同法58条1項）。

例えば、先のケースで、Bの不動産に処分禁止の登記がされた後に、Cが当該不動産を買い受け、Cに所有権の移転の登記がされた場合でも、Aが本案訴訟でその請求を認容する確定判決を得たときは、CはAに当該不動産の所有権を対抗することができない。

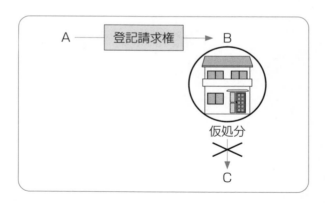

**問** ① 仮差押命令は、将来の金銭執行以外の執行を保全するため、あらかじめ債務者の財産を仮に差し押さえて確保しておくための手続である。

② 仮処分命令が発せられるときには、解放金の額が定められる。

**答** ① × 将来の「金銭執行」を保全するための制度である。

② × 仮処分命令が発せられる場合、仮処分解放金の額は必ずしも定められるわけではない。なお、仮差押命令が発せられる場合は、仮差押解放金の額が定められる。

# 第3編

# 不動産競売を理解するための周辺法令知識1
## （民事法）

**本編の学習の指針**

　本編は、不動産競売を理解するための周辺法令知識1として、民法を中心とした民事法に関する知識を学習します。

　具体的には、民法、借地借家法、区分所有法、不動産登記法を扱いますが、本書の性質から、不動産競売に係る範囲での知識に絞っています。本編以降の法令は、裁判所での手続を定めたものではなく、私法上の権利や義務の発生根拠等を定めたものであり、このような法律は、手続法との対比で実体法といわれます。この実体法の多くは、要件と効果、すなわち、一定の条件を満たすと、ある特定の法律効果が発生するという内容を定めている規定が中心になっています。

　したがって、勉強の重点も、実体法の各種規定における要件と効果を理解し、覚えるという作業になります。ただし、試験対策という視点からは、問題が解ける能力が必要です。単に知識を修得するだけではなく、問題が解けるようになることを目指しましょう。

# 第1章　民法

　民法は、私人間の取引や家族に関するルールを定めている。大きく分けると、民法総則、物権、債権、親族、相続の分野に分かれる。この順序で条文が配列されているため、テキストでもこの順序で説明されることが多いが、本書では、不動産競売との関連で重要な項目から説明する。

## 1　権利・義務

### (1) 不動産競売の意義

　不動産競売を理解するにあたり、そもそもなぜ不動産競売などという手続が存在するのかを考えてみることにする。

　例えば、BがAから1,000万円の借入れをしたとする。借りたものは返さなければならない。これは法律を知らない人であっても常識である。しかしながら、Bがこの借り入れた1,000万円を返さないときには、Aとしてはどうすればよいか。

　1つの方法として、AがBの財産をA自ら勝手に処分（売却）して金銭に換え、そこから貸した分のお金を回収することが考えられる。これは、A自らの力でA自身を救済するもので、「自力救済」と呼ばれる。しかし、日本の法律では、このような方法は許されない。なぜなら、自力救済を許してしまうと、社会秩序を乱すおそれがあるからである。これを「**自力救済の禁止**」と呼ぶ。

> **結論** それでは、Aはどのようにして、Bに貸し付けた1,000万円を回収すればよいのであろうか。
> 　結論的には、この場合、Aは「法律」の手続に従って、その1,000万円の回収をすることになる。具体的には、裁判所という公的な機関に対して、Aの1,000万円を回収してもらうことを請求することになる。

　原則として、債権者が債務者に対して確かに1,000万円の請求権が存在するということについて、裁判等を通じて確認・確定する。その後、債務者が任意に支払をしなければ、競売により債務者の財産を強制的に金銭に換え、債権を回収する。この換価の対象となる財産が不動産の場合に、不動産の売却手続となり、これが「**不動産競売**」あるいは「**不動産強制競売**」といわれるものである。

　このように、不動産競売という手続が存在する根底には、「自力救済の禁止」と「法的な手続」があるということを理解する必要がある。

## (2) 金銭の貸借の法的評価と回収手続

　では、先に述べた、BがAから1,000万円の借入れをしたというケースにおいて、Aが「法的な手続」に従って貸したお金を回収するにあたり、そもそもAB間の法律的な関係はどのようになっているのであろうか。

　まず、BがAからお金を借りたということは、法律的にいうと「**金銭消費貸借契約**」という契約が締結されたことになる。そして、私人間でこの契約を締結する場合は、一般に民法という法律が適用され、その規定に従って法律上の権利と義務が発生する。

> **具体例** 具体的には、Aには、貸し付けた金銭の返還を請求する「権利」が生じることになる（返還請求権）。他方、Bには、借り入れた金銭の返還をする「義務」が生じることになる（返還義務）。
>
> このように契約が締結されると、法律上、契約当事者間に「権利」や「義務」が生じる。なお、この相手方に何かを請求できる権利のことを「債権」ともいい、逆に何かをしなければならない義務のことを「債務」ともいう。

次に、ＡＢ間に上記のような権利・義務が生じることを前提に、BがAから借りた金銭を返還しない場合には、Aは裁判所を介して、法律に基づいて解決を図ることができる。その際に、民事執行法という法律に規定された不動産競売手続が利用されることになるわけである。

ところで、先のケースのように、貸し付けた金銭を法的な手続に従って回収するためには、まず、権利が存在することを公的に確定する必要がある。この確定するための手続は、「**訴訟（手続）**」といわれる。ただ、訴訟は煩雑な手続や多くの時間や労力を要することが少なくない。そのため、訴訟を行わなくても不動産を競売して、貸し付けた金銭を回収する方法も法律に規定されている。

その1つの方法として、**物的担保権（担保物権）** がある。金銭を貸し付ける際において、貸し付けた相手方が土地や建物などの不動産を所有している場合に、その不動産に担保権を設定するというものである。実務でよく行われるものとして、**不動産に抵当権を設定する方法** がある。不動産に抵当権が設定された場合、金銭を貸し付けた者はこの抵当権を実行することによって、訴訟手続を経ずに不動産を競売（売却）し、その代金から他の債権者よりも優先的に配当を受けることができる。つまり、**不動産に抵当権などの担保物権を有する者は、不動産の競売を実施する際には、基本的に訴訟を行うことなく、執行手続だけで金銭などの債権を回収することが可能** となる。

このように、不動産の競売を考える前提として、抵当権などの民法の各種の制度を理解する必要がある。

# (3) 物権と債権

　民法に規定されている権利は、大きく分けて物に対する権利である「物権」と、人に対する権利である「債権」の２種類がある。

　「物権」は、物に対する権利であるから、人を介さないで、直接その物を支配することができる。そして、完全な物権が所有権である。自分に所有権があるものは、完全に支配できる。誰かにあげてもいいし、捨ててもいい。まさに自由に処分できるのである。

　これに対して、「債権」は人に対する権利であるから、人道の見地から奴隷制度が認められない現代国家では、人に対して支配という概念は認められず、あくまで人に対して要求できるにとどまる。そこで、「債権」とは、人が人に対して何らかの行為を請求できる権利のことをいう。「債権」が人に対する権利であるならば、これが発生すると同時に、相手方には、その要求（債権）に対応する義務（債務）が発生する。

　このように、「債権」にはそれに対応する「債務」が考えられる。これに対して、支配権である「物権」では、義務（債務に相当するもの）は存在しない。

　民法の取引のルールは、この「物権」と「債権」の組合せで処理されることが多い。民法という法律は、非常に条文が多いが、その多くは、これらの権利がどういう場合に発生し（要件）、どのような効果（法的効果）があるのかについて書かれている。そのため、この２つの権利に関する知識は、それ自体の量も多く、専門的なことから、民法のテキストでは、それぞれ独立して解説されるのが一般的である。しかし、注意すべきは、この２つの権利は１つの取引から生まれることが多いということである。

具体例 例えば、不動産を購入する場合を想定してみると、購入は、法律的には「売買契約」にあたる。売買契約が成立すると、買主には不動産の引渡請求権が発生し、同時に売主には不動産の引渡義務が発生する。反対に売主には代金請求権が発生し、同時に買主には代金支払義務が生じる。この局面は、債権・債務の関係である。売買契約の効果として、買主が売主に対して言えることは、あくまで、不動産を引き渡せと言うにとどまり、不動産が買主の物かどうかは物権の問題となる。

ところで、日本の民法では、不動産等の取引では契約という債権が成立した時点で、所有権は買主に移転すると解されている。そこで、買主は所有権に基づいて、売主に対して当該不動産の引渡しを請求することができることになる。つまり、買主は、1つの取引で2つの権利により、不動産を引き渡すように請求できることになるのである。

補 足

売主が引渡しに応じないとき（契約違反）は、債務不履行という制度により、買主は、損害賠償請求や契約を解除する（白紙にすること）請求で対応することになる。この局面も、債権ということになる。

物権は、直接支配権という非常に強力な権利であることから、その内容は民法等の法律で定められており、当事者が契約で自由に作ることは許されないこととなっている（**物権法定主義**）。これに対して、債権は契約が典型であるが、原則として当事者間で自由に内容を決めることができる（**契約自由の原則**）。そして、当事者間で取決めがなかったり、曖昧であったりした場合で争いが生じたときには、訴訟において、民法の規定に従い、争いとなった権利や義務の存否、内容を裁判所に確定してもらうことになる。

## 2　物権総論

### (1) 物権の意義

　物権とは、一定の物を直接に支配して排他的に利益を受けることができる権利をいう。

　物権には、一物一権主義という原則がある。これは、1つの物権の客体は、1個の独立物でなければならないとする原則、である。

### (2) 物権の種類

　物権の種類は、民法その他の法律により定められている（物権法定主義。民法175条）。物権のうち全面的な支配権は、所有権であるが、この所有権のほかに一面的にだけ支配できるという種類の物権もある。このような物権を「制限物権」という。制限物権は、用益物権と担保物権に分けられる。

#### ①　用益物権

　他人の土地を利用するという利用面についての権利を「用益物権」という。民法上の用益物権は、地上権、永小作権、地役権、入会権である。これらは、他人の土地を一定の目的及び用法の下に使用収益することができる物権である。

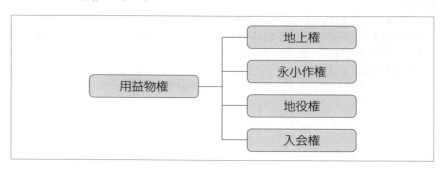

## ② 担保物権

　他人の物の交換価値を利用するという面での物権を「**担保物権**」という。交換価値は、平たく言えば、金銭などに姿を変えた場合の価値という意味である。「担保物権」は、**法定担保物権と約定担保物権**に分けられる。法定担保物権とは、一定の要件を満たすと、当事者の意思にかかわらず、法律上当然に発生する担保物権であり、**留置権、先取特権**がある。

　約定担保物権は、当事者の約定（契約）によって設定される物権であり、**質権、（根）抵当権**がある。

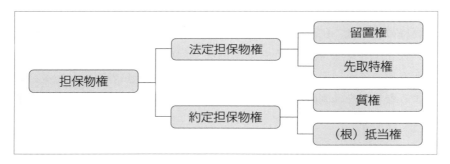

　まとめると、民法上の物権は、占有権、所有権、地上権、永小作権、地役権、入会権、留置権、先取特権、質権、（根）抵当権となる。

入会権：一定の地域の住民が山林原野等において、共同で収益（堆肥、家畜飼料、燃料等に用いる牧草や木の採取）する慣習上の権利（民法263条、294条）。なお、民法以外の法律で規定されている担保権として、仮登記担保などがある。

# 3 不動産に関する物権変動の対抗要件

不動産に関する物権の発生・変更・消滅は、不動産登記法その他の登記に関する法律の定めるところに従いその登記をしなければ、第三者に対抗することができない（民法177条）。つまり、**不動産が二重に売買されるなどした場合の優劣は、登記の有無や、先後によって決定する**、ということである。

契約は債権である。債権は、人に要求する権利であるから、二重契約も可能である。そのため、不動産の二重譲渡の問題が生じる。

> 具体例 例えば、AがBにその所有不動産の売却をしたが、Bが未だ登記をしない間に、AがさらにCに当該不動産を売却したとする。この場合、B又はCのどちらが当該不動産を確定的に取得できるのかが問題となる。

不動産の二重譲渡

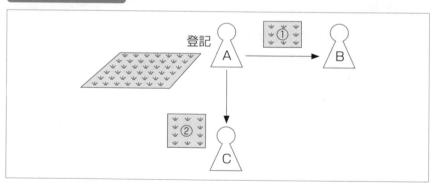

このケースでは、B又はCのどちらが先にその不動産の売買をしたかでその優劣が決まるわけではなく、この不動産について、先に登記をした者がその所有権を取得できることになる。

不動産競売で注意が必要なのは、二重の売買ではなく、対象物件の所有権と抵当権の優劣である。例えば、ローンなどで不動産を購入する場

第3編
第1章
民法

合、多くのケースでは抵当権が設定されている。この不動産が売却された場合、その抵当権を不動産の新しい所有権者に対抗することができるかという形で問題となる。抵当権者が新たな所有権者に自分の抵当権を対抗（優先権の主張）するためには、登記が必要であるが、二重譲渡と異なり、所有権の登記と抵当権の登記は並存しうる。しかし、この場合も、先に登記したほうが優先する。

では、二重譲渡や上記の所有権と抵当権の優劣で、**どちらにも登記がない場合**はどうなるのか。この場合は、**お互いに優先権を主張できない、両すくみ状態**となる。

**ポイント** 👉 担保不動産競売は、担保物権の実行手続に他ならないため、物権に関する知識が必要不可欠です。物権の性質や債権との違い、物権変動に関する対抗要件のルール等をしっかり押さえておきましょう。

## 📖 Q&A　　　　　　　　　　　　　　　一問一答 ✏️

問
① 物権は、物を直接支配する権利である。
② 他人の土地を利用するという利用面についての権利を「担保物権」という。
③ 不動産を目的とする二重譲渡において、第1の買主も第2の買主も所有権移転登記を有していないときには、第1の買主が優先する。

答
① ○
② × 「担保物権」は、交換価値を利用する権利である。本問は「用益物権」の説明である。
③ × 登記がない第三者同士は、お互いに優先権を主張できない。

# 4 抵当権

不動産競売における担保物権の中で、最も重要なものが抵当権である。

## (1) 抵当権の意義

抵当権とは、債務者又は第三者が、占有を移転しないで債務の担保に供した不動産について、**他の債権者に先立って自己の債権の弁済を受ける権利**をいう（民法369条1項）。

つまり、抵当権には**優先弁済的効力**があり、不動産を担保に供しても担保を提供した者は、これまで通り、その不動産の使用・収益・処分をすることができる。もちろん、抵当権を第三者に対抗するためには、その**登記**が必要である。

## (2) 抵当権の成立

抵当権関係において、抵当権を有する債権者を「**抵当権者**」、自分の物に抵当権を設定した者を「**抵当権設定者**」といい、また、抵当権で担保（保証）され、抵当権を実行して優先弁済を受けられる債権者の債権を「**被担保債権**」という。

また、抵当権の設定は、①債務者自身が**自己の所有物に抵当権を設定**する場合と、②債務者以外の**第三者**が**自己の所有物に抵当権を設定**する場合の2つがあり、②の場合を「物上保証」、その際の第三者たる抵当権設定者を「物上保証人」という。

以上を前提に、抵当権の設定契約は、抵当権者と抵当権設定者の**合意のみで成立**する。もっとも、抵当権自体は目に見えないため、登記をしなければ、抵当権設定契約後に賃借権を取得した者や目的物を譲り受けた者（第三取得者）に**抵当権を対抗**できない。

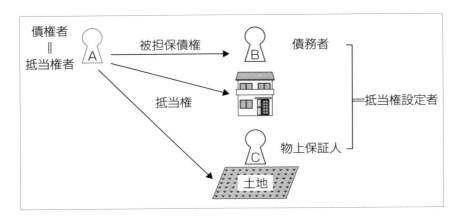

補　足

　被担保債権は金銭債権に限らず、特定物の引渡債権などの金銭債権「以外」の債権でも被担保債権とすることができる。
　また、「1,000万円の金銭債権のうち500万円を担保する」等、債権の一部に抵当権を設定することもできる。

## (3) 抵当権の特徴

### ①　優先弁済的効力

　例えば、ＢＣＤの３人が、Ａにそれぞれ100万円ずつ金銭を貸し付けたとする。ところが、Ａの財産は120万円しか存在せず、その全額を弁済することができないときは、担保権がない者同士では、「債権者平等の原則」が適用され、Ａの財産が、**債権額に応じて分配される**。この「債権者平等の原則」とは、同一債務者に複数の債権者がいる場合、その債権の成立（金銭を貸し付けた日時）の前後を問わず、すべての債権者は平等の立場に立ち、債務者の資力が、すべての債権を満足させるのに不足するときは、各債権者の有する債権額に応じて、按分比例で弁済を受けることになるという原則のことをいう。

> **具体例** このケースでは、ＢＣＤがＡに対してそれぞれ100万円
> を貸し付けているが、この100万円をいつＡに貸し付けたかにかか
> わらず、ＢＣＤは、Ａの財産の120万円からＢＣＤの債権額（各
> 100万円）に応じて按分比例により、それぞれ、40万円ずつ弁済を
> 受けることになる。

**担保権がない場合**

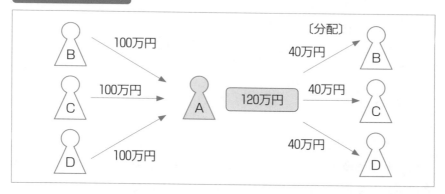

　しかし、ＢＣＤの貸付額はそれぞれ100万円であり、弁済される40万
円では全額の返済がされず、残額の60万円は回収不能の債権となって
しまう。

　そこで、Ａに貸し付けた金銭の全額を弁済してもらいたいときに、Ａ
の所有している財産に不動産などがあれば、これに抵当権を設定するこ
とにより、他の債権者に優先して弁済を受けることができる。

> **具体例** 先のケースで、Ａの120万円の財産は不動産だとする。
> ＡとＢとの間で、この不動産に対して抵当権の設定契約を締結した
> とすると、Ａの弁済がない場合、Ｂは、当該不動産に設定した抵当
> 権を実行して競売し、自己の貸し付けた100万円の全額を、他の債
> 権者のＣＤに優先して弁済を受けることができる。
> 　もし、Ｂが抵当権を実行して、Ａの不動産から100万円の弁済を
> 受けたときは、他の債権者ＣＤは、残額の20万円をそれぞれの債

権額に応じて、按分比例で弁済を受けることになる。すなわち、ここでは、ＣＤともに各10万円ずつ弁済を受けることになる。

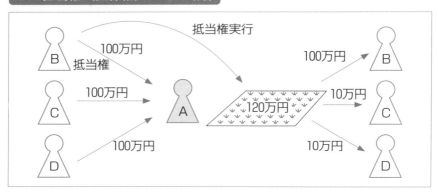

　このように、抵当権が不動産に設定され、この設定された抵当権の実行により不動産が競売されたときには、抵当権を有する者は、他の債権者に優先して自己の債権を弁済してもらうことができる。この場合の担保権（抵当権等）の実行手続が、担保不動産競売ということになる。

　このケースでは、Ｂのほかに、ＣやＤが同様にＡの不動産に対して抵当権の設定契約を締結したときは、ＢＣＤの抵当権設定登記の先後で優劣が決まることになる。
　例えば、Ｂの抵当権設定登記が最初にされ、次いで、Ｄの抵当権設定登記がされ、最後にＣの抵当権設定登記がされたときは、Ａの不動産の抵当権実行により、Ｂには100万円の弁済が、Ｄには20万円の弁済がされるが、Ｃへの弁済はされないことになる。

## ②　目的物の占有を設定者にとどめる

　抵当権では、その目的物の占有が抵当権設定者にとどめられる。そして、不動産に抵当権が設定されても、抵当権設定者は、自らその不動産を使用したり、第三者に賃貸したり、第三者に売買や贈与したりするこ

とができる。これは、抵当権は専ら目的物の交換価値を支配する権利に由来するからである。なお、目的物の使用・収益・処分の際には、抵当権者の承諾等は不要である。

### ③　抵当権の性質

　抵当権は、付従性、随伴性、不可分性、物上代位性という性質を有する。

### a）　付従性

　付従性とは、（被担保）債権が存在しなければ抵当権も存在しないという性質をいう。

　例えば、Aの貸金債権1,000万円を担保するためにBの不動産に抵当権が設定されていた場合、当該債権が弁済されれば、抵当権は当然に消滅することになる。

### b）　随伴性

　随伴性とは、**抵当権の被担保債権が移転すれば、これに伴って抵当権も移転する性質**をいう。債権も、動産や不動産と同様に譲渡（売買や贈与）することができる。そこで、例えば、抵当権者である債権者Aが債務者Bに対して有する債権（被担保債権）をCに譲渡すると、これに伴って、抵当権もAからCに移転することになる。

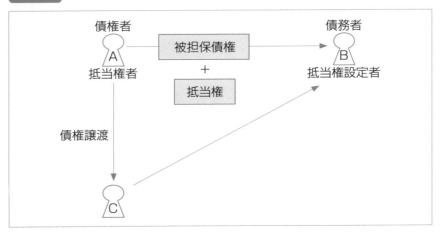

随伴性

債権者
Ⓐ
抵当権者

被担保債権
＋
抵当権

債務者
Ⓑ
抵当権設定者

債権譲渡

Ⓒ

## c） 不可分性

不可分性とは、抵当権者が、（被担保）**債権全部の弁済を受けるまで
は、目的物の全部**について**抵当権を行使することができる性質**をいう。

> 具体例 例えば、AがBに対して有している貸金債権の残債が100
> 万円になった段階で弁済がストップした場合であっても、AはBか
> ら担保として自宅の土地（1,000万円相当）をとっていれば、Aは
> 100万円の回収のために抵当権を行使することができる。

## d） 物上代位性

物上代位性とは、抵当権の**目的物が売却・賃貸・滅失・損傷**によって
**売買代金・賃料等に変わった場合、この変わった物の上に、その効力を
及ぼすという性質**をいう。抵当権は、その物自体ではなく、物の交換価
値に着目した担保権だからである。

> **具体例**　例えば、AがBに対して貸金債権を有しており、これを担保するためにBの建物に抵当権が設定されていた場合、建物が滅失すると、抵当目的物の消滅となり、抵当権が消滅することになる。しかし、Bがこの建物に火災保険をかけていた場合に生ずる火災保険金請求権は、いわば目的物の価値的な代替物といえる。そこで、Bの保険金請求権に対して、抵当権の効力が及ぶ。これを物上代位という。

　この物上代位により、Aは当該保険金を取得することができる。もっとも、この物上代位を行うためには、抵当権者は、抵当権設定者が保険金の払渡し又は引渡しを受ける前に「差押え」をしなければならない（民法372条、304条）。

**物上代位性**

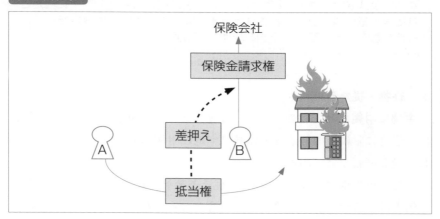

#### ④　抵当権を設定することができる物

　民法上は、不動産（土地及び建物の所有権）のほか、地上権及び永小作権も、抵当権の目的とすることができる（同法369条2項）。その他、立木法による立木抵当、工場抵当法による工場財団抵当などがある。

## (4) 抵当権の効力の及ぶ範囲

抵当権の効力は、「不動産に付加して一体となっている物」に及ぶとされており、これを**「付加一体物」**という（民法370条）。

この付加一体物は、以下のものをいう。

### ① 付合物

付合物とは、**不動産に付合した動産**をいう（同法242条）。例えば、取り外しの困難な庭石や、抵当権設定者の所有する立木、雨戸・戸扉・建物などの内外を遮断する建具類などである。また、抵当権設定後に増築された建物部分なども建物の付合物である。

補　足

ただし、権原のある者が附属させた物は、付合物であっても抵当権の効力は及ばない（同法242条ただし書）。例えば、抵当不動産上に設定された地上権に基づいて植栽された植木には、たとえ抵当権設定後に植えられたものであっても、抵当権の効力は及ばない。

### ② 従物・従たる権利

**主物に附属させた物**のことを「従物」という（同法87条1項）。例えば、建物に附属している畳・建具、宅地に附属している石灯籠・取り外し可能な庭石などである。

また、抵当権は、従物のほか、「従たる権利」にもその効力が及ぶ。

例えば、Aが所有する建物に抵当権が設定されたときは、この建物に抵当権の効力が及ぶだけでなく、この建物の存立に必要なAの借地権（地上権や土地の賃借権・使用借権）にも抵当権の効力が及ぶ。もしも、この借地権に抵当権の効力が及ばないとすれば、この建物を競売により買い受けた者は、建物の存立に必要な権利を土地に有しないことになり、この建物を有効に所有することができなくなってしまうからである。

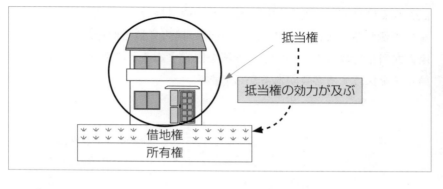

　抵当権設定「当時」の従物・従たる権利にはその効力が及ぶが、抵当権設定後に付加された従物についての判例の判断は統一されていない。

### ③　果実

　果実とは、**物から生じる収益**をいい、**天然果実と法定果実**がある。

　天然果実とは、**物の用法に従い収取する産出物**のことをいう（同法88条1項）。例えば、果樹から採れる果実や乳牛から採れる牛乳などがこれにあたる。

　法定果実とは、**物の使用の対価として受けるべき金銭その他の物**をいう（同条2項）。例えば、土地や建物を賃貸して得られる地代や賃料がこれにあたる。

　そして、抵当権は、その担保する債権について不履行があったときは、その後に生じた抵当不動産の果実にも及ぶ（同法371条）。

### ④　被担保債権

　**元本**は、その**全額が優先弁済を受けることができる被担保債権の範囲に含まれる。**

　これに対して、**利息その他の定期金、遅延利息**については、「**最後の2年分**」に限定され、この範囲で優先弁済を受けるにすぎない（同法375条1項）。これは、抵当権設定登記には、利息や遅延利息の率が登

記されるにすぎず、後順位抵当権者や一般債権者などの第三者がその総額を予測することは困難であり、不測の損害を被るおそれがあるため、優先弁済を受けることができる範囲を限定することにより、このような第三者を保護する必要があるからである。

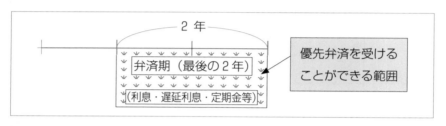

## （5）抵当権の処分（民法376条１項）

　抵当権も１つの財産権として処分することができる。処分には、転抵当、抵当権の譲渡・放棄、抵当権の順位の譲渡・放棄がある（民法376条１項）。

　いずれも第三者に対抗するには、**登記**が必要である。また、抵当権者間で順位を変更することもできるが、これは、登記が効力要件となっている（同法374条２項）。

### ①　転抵当

　転抵当とは、**抵当権を他の債権の担保とする**ことをいう。転抵当権は、原抵当権者と転抵当権者との間の転抵当権設定契約により設定される。

　そして、転抵当権者は、原抵当権者の被担保債権額の範囲内で優先弁済を受けることができる。

### ②　抵当権の譲渡

　抵当権者が、同一の債務者に対する「抵当権を有しない」他の債権者の利益のために、自己の抵当権を譲渡し、その限度で無担保の債権者になることをいう。一言でいえば、**抵当権者と無担保権者の地位の入れ替わりである。**

第3編　第1章　民法

　例えば、AがBに対して、1,000万円の金銭債権を有しており、これを被担保債権としてBの不動産に抵当権が設定されていたとする。他方、CもBに対して600万円の金銭債権を有しているが、Cは無担保の債権者であったとする。

　この場合に、Aが自己の抵当権をCに譲渡すると、Cは、Aの優先弁済権の範囲で、Aに優先して弁済を受けることができる。このケースでは、Cが600万円の弁済を受け、Aが400万円の弁済を受けることになる。

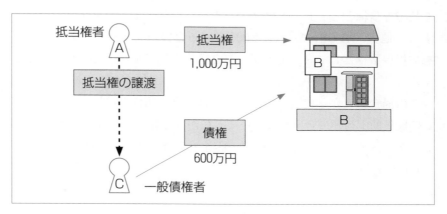

### ③　抵当権の放棄

　抵当権者が同一の債務者に対する「抵当権を有しない」他の債権者の利益のために、自己の抵当権を放棄することをいう。一言でいえば、**抵当権者が、自分の抵当権の枠を、無担保権者と債権額に応じて按分比例する方法**である。

　例えば、AがBに対して、1,000万円の金銭債権を有しており、これを被担保債権としてBの不動産に抵当権が設定されていたとする。他方、CもBに対して600万円の金銭債権を有しているが、Cは無担保の債権者であったとする。

　この場合、Aが自己の抵当権をCに放棄すると、Aの受ける優先弁済額につきAとCが債権額に比例して平等に分配される。このケースでは、Aの優先弁済額1,000万円をAの債権額1,000万円とCの債権額600万円

で分配されることになるため、Aは625万円、Cは375万円で分配されることになる。

#### ④ 抵当権の順位の譲渡

抵当権者が同一の債務者に対する「後順位抵当権者」のために、自己の抵当権の順位を譲渡することをいう。一言でいえば、**抵当権者同士でその順位を入れ替えること**をいう。

例えば、AがBに対して、1,000万円の金銭債権を有しており、これを被担保債権としてBの不動産に第1順位の抵当権が設定されていたとする。他方、CもBに対して2,000万円の金銭債権を有しており、これを被担保債権としてBの不動産に第2順位の抵当権が設定されていたとする。

この場合、AがCに対して、自己の抵当権の順位を譲渡すると、AとCの優先的配当額の合計額について、Cが優先弁済を受けることになる。このケースでは、AとCの優先的配当額の合計額は、3,000万円（A：1,000万円、C：2,000万円）となる。

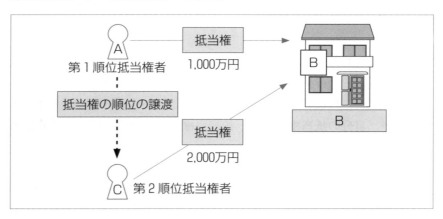

そして、Bの不動産が2,500万円で競売されたとすると、Cの分配額は2,000万円となり、Aの分配額は500万円となる。

このケースで、AからCへの抵当権の順位の譲渡がなければ、Aの分配額は1,000万円となり、Cの分配額は1,500万円となる。

#### ⑤　抵当権の順位の放棄

　抵当権者が同一の債務者に対する「後順位抵当権者」のために、自己の抵当権の順位を放棄することをいう。一言でいえば、**先順位抵当権者が、後順位抵当権者と自己の優先枠を按分して分け合うということである**。

　例えば、AがBに対して、1,000万円の金銭債権を有しており、これを被担保債権としてBの不動産に第1順位の抵当権が設定されていたとする。他方、CもBに対して2,000万円の金銭債権を有しており、これを被担保債権としてBの不動産に第2順位の抵当権が設定されていたとする。

　この場合、AがCに対して、自己の抵当権の順位を放棄すると、AとCの優先的配当額の合計額について、AとCの債権額に比例して平等に分配される。このケースでは、AとCの優先的配当額の合計額は、3,000万円（A：1,000万円、C：2,000万円）となる。

　そして、Bの不動産が2,500万円で競売されたとすると、Aの債権額1,000万円とCの債権額2,000万円で分配されることになるため、Aは約833万円、Cは約1,667万円で分配されることになる。

　このケースで、AからCへの抵当権の順位の放棄がなければ、Aの分配額は1,000万円となり、Cの分配額は1,500万円となる。

#### ⑥　抵当権の順位の変更

　抵当権の順位の変更とは、**抵当権の順位を抵当権者間で協議して絶対的に入れ替えることをいう**。

例えば、第1順位の抵当権（抵当権者A、債権額1,000万円）、第2順位の抵当権（抵当権者B、債権額2,000万円）、第3順位の抵当権（抵当権者C、債権額3,000万円）がそれぞれ登記されている場合に、この順位をC、B、Aに入れ替えることである。

そして、これらの抵当権が設定されている不動産が5,000万円で競売されたときの配当額は、Cが3,000万円、Bが2,000万円、Aが0円となる。

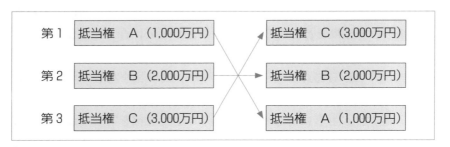

このケースで、抵当権の順位の変更がなければ、Aには1,000万円、Bには2,000万円、Cには2,000万円の配当となる。

また、抵当権の順位の変更は、その登記をしなければ効力を発生しない（同法374条2項）。単に対抗力が生じないだけではない点が要注意である。

## (6) 共同抵当

共同抵当とは、**同一の債権の担保として、数個の不動産に設定される抵当権**をいう。

共同抵当権者は、共同抵当権が設定されている数個の目的不動産のうち、**任意のものについて抵当権を実行することができる**。そして、その売却代金から被担保債権の全額の弁済を受けることができる。

配当には、以下の方法がある。

### ① 同時配当（民法392条1項）

抵当権者が、数個の不動産に共同抵当権を設定しており、これらの抵当権を同時に実行したときには、この代価の配当は、**各不動産の価格に応じて債権の負担を按分**することになる（民法392条1項）。

### ② 異時配当（民法392条2項）

後順位抵当権者は、**同時配当が行われたならば共同抵当権者が他の不動産について弁済を受ける額の限度**で、共同抵当権者の抵当権に代位することができる（同法392条2項後段）。

---

**Q&A**　　　　　　　　　　　　　　　　　　　一問一答

**問**
① 抵当権は、抵当権設定者と抵当権者が設定の合意をし、書面を作成することにより成立する。
② 抵当権は、地上権を目的物とすることはできない。
③ 借地上の建物に対する抵当権の効力は、借地権にも及ぶ。

・・・・・・・・・・・・・・・・・・・・・・・・・・・・・・・・・・・・・・・・・・・

**答**
① ✕　合意のみで成立する（書面は不要）。
② ✕　地上権も目的物となる。
③ ◯

---

## 5 競売にかかわる抵当権の制度

住宅等の競売物件は、目的物件に抵当権が付いている状態で、ローンの支払いが滞ったために競売にかかるケースが多い。また、抵当権では、目的物件が設定者（債務者・所有者）の元に置かれており、通常の使用・収益が可能であることから、貸し出され、賃借人がいることも多い。そこで、民法の抵当権の規定には、抵当権付きの不動産の取得者と抵当権設定者との利害を調整した制度を規定したものも多い。

そして、不動産競売は、特殊ではあるが、売買の一種であるから、当然にこういった規定は競売にも適用があるし、競売を前提とした規定もある。

本項目では、そのような目的の制度である民法上の法定地上権、抵当地上建物の一括競売、抵当建物使用者の引渡猶予制度、民事執行法上の法定地上権、抵当権者の同意がある場合の登記の対抗力について説明する。

## (1) 法定地上権（民法388条）

### ① 法定地上権の意義

法定地上権とは、文字どおり、**法律で定められた地上権**である。その内容は、土地及びその上に存する建物が同一の所有者に属する場合に、その土地又は建物につき抵当権が設定され、その実行により所有者を異にするに至ったときは、その建物について、**地上権が設定されたものとみなされる**（民法388条）。

ここでは、Aが債務者（土地と建物の所有者）で、Bが債権者（抵当権者）、Cが落札者（買受人）として、A所有の建物に抵当権が設定された場合を前提に法定地上権の意義について説明する。

民法上、土地と建物は別個の不動産として取り扱われているため、別々に抵当権の目的となり得る。しかし、競売の結果、土地と建物の所有者が異なると、土地の利用権を伴わない建物が生じて不都合な状況が生じる。そうなると、Cが当該建物を競売により買い受ける意味がなく、また、抵当権者のBも当該建物について抵当権を実行しても、これを買い受ける者は現れなくなる。そこで、民法は、これを回避するために、Aの土地上に、法律上当然に地上権が発生することとした。これが法定地上権である。この法定地上権が発生することにより、Cは、当該土地に利用権を持つことになり、Aから収去の請求を受けることなく、当該建物を利用することができるようになる。

したがって、法定地上権の発生の有無は、目的物件の評価に大きく影響することになる。そこで、物件明細書には「**売却により成立する法定地上権の概要**」として、1項目が設けられている。

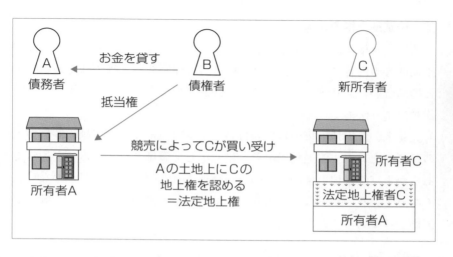

　また、Aの土地のみについてBの抵当権が設定され、これが実行された場合、同様に、Aは当該土地の利用権を失うことになる。そのため、Aは当該土地を買い受けたDから、収去の請求を受けてしまうことになる。これを回避するために、Dの土地上に、建物のために法律上当然に地上権が発生することになる。

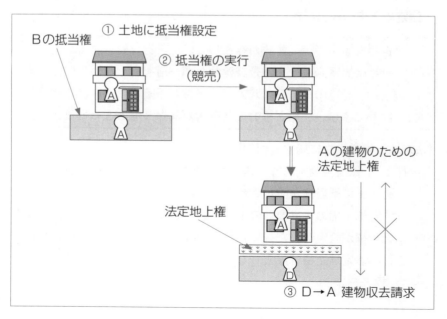

## ② 法定地上権の内容

法定地上権は法律によって成立したものとみなされるので、その地代や期間等の内容については、敷地所有者と建物所有者等の法定地上権者との話合いにより決めることになる。話合いで合意できない場合は、訴訟等により決めることになる。

実務上、法定地上権の負担の付いた土地の売却については、評価書上の評価額を算出する過程で、それに対応して減価されているのが通常であるから、法定地上権の負担のない物件よりも売却基準価額がかなり低くなっているのが一般的であり、土地の更地の価格の半分以上の価格が減価されていることも少なくない。

補　足

　法定地上権付建物の売却の場合は、一般的に、建物自体の価格に土地上の法定地上権額が加算されて、売却基準価額が定められている。

## ③ 法定地上権の成立要件

法定地上権の成立要件は、以下のとおりである（同法388条）。

1）　抵当権設定当時に**建物が存在**していたこと
2）　抵当権設定当時に**土地及び建物が同一所有者**となっていたこと
3）　土地・建物の**一方又は双方に抵当権が設定**されていたこと
4）　競売により、**土地と建物の所有者が異なる者となった**こと

**【法定地上権の成立に関する判例】**

要件1）　抵当権設定当時に建物が存在していたことに関連して

㋐　**更地上に抵当権が設定されていた場合**

　法定地上権の成立要件の1）を満たさない。したがって、更地上に抵当権が設定された後に、建物が築造され抵当権が実行されたときは、法定地上権は成立しない。

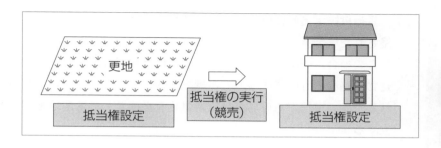

(イ)　**更地に抵当権が設定された場合**

　　当事者間で、将来建物を建築したときは、地上権を設定したものとみなすとの合意があっても、法定地上権は成立しない。

　　ただし、建築が開始され、抵当権者が法定地上権の発生を抵当権の評価の基礎とした場合には、法定地上権は成立する。

(ウ)　**1番抵当権設定当時は更地であったが、2番抵当権設定当時には建物が築造され、2番抵当権が実行された場合**

　　2番抵当権が実行されたときでも、競売手続においては、原則として、すべての担保権が消滅することになっているため、1番抵当権も弁済を受けて消滅することになる。そのため、1番抵当権設定当時を基準として、法定地上権が成立するか否かが決められることになる。

　　この場合、1番抵当権設定当時は更地であったため、法定地上権の成立要件の1）を満たさず、法定地上権は成立しない。

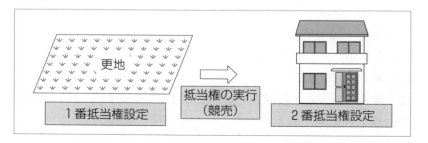

㈢ **抵当権設定当時に建物が存在しており、その後建物が滅失し、再築された場合**

この場合、旧建物を基準として**法定地上権が成立**する。また、新建物が堅固のものであっても、抵当権者の利益を害しないと認められる特段の事情がある場合は、新建物を基準として**法定地上権が成立する。**

要件2）　抵当権設定当時に土地及び建物が同一所有者となっていたことに関連して

㈠ **抵当権設定後、土地所有者と建物所有者が異なるに至った場合**
この場合でも、**法定地上権は成立する。**

㈡ **借地上の建物に抵当権が設定され、土地と建物の所有権が同一人に帰属するに至った場合**
この場合には、**法定地上権は成立しない。**

㈢ **土地について1番抵当権が設定された当時、土地と建物の所有者が異なっており、土地と建物を同一人が所有するに至った後に後順位抵当権が設定されて実行された場合**
この場合には、**法定地上権は成立しない。**

要件3）　土地・建物の一方又は双方に抵当権が設定されていたことに関連して

従来は、民法第388条の規定は、「土地又ハ建物ノミ」に抵当権が設定された場合に法定地上権が成立する、と定めていたが、双方に抵当権が設定され競売によって異なる所有者となった場合にも法定地上権が必要な状況が生ずることから、通説はこのような場合にも第388条の適用があり、法定地上権が成立するものと解釈していた。そこで、平成16年の民法改正により「ノミ」に該当する部分が削除され、**土地と建物の双方に抵当権が設定されている場合にも適用があることが明確にされた。**

要件4）　競売により、土地と建物の所有者が異なる者となったこと
　　　　　に関連して

抵当権の実行に限らず、強制競売の場合も法定地上権は成立する。

#### ④　共有と法定地上権の成否

　共有とは、1つの物を複数の者が共同で所有することをいう。各共有者は、共有物の全部について、その持分（原則として持分は等しい）に応じた使用をすることができる（同法249条）。そのため、共有の土地や建物に、共有者の1人が単独で抵当権を設定することが可能となる。ただ、法定地上権の成否については、ケースに応じて個別の検討が必要である。建物や土地が共有の場合の法定地上権の成否に関する判例の結論は以下のとおりである。

| 1）　土地共有の場合 | 不成立 |
|---|---|
| 2）　建物共有の場合 | 成立 |
| 3）　土地・建物の双方が共有の場合 | 不成立 |

#### 1）　土地共有の場合

　土地がABの共有で、建物がAの単独所有の場合に、Aの土地の共有持分に抵当権が設定され実行されても、法定地上権は成立しない。また、土地がABの共有で、建物がAの単独所有の場合に、建物に抵当権が設定され実行されても、法定地上権は成立しない。法定地上権の成立を認めると、Bに不測の損害を与えるからである。

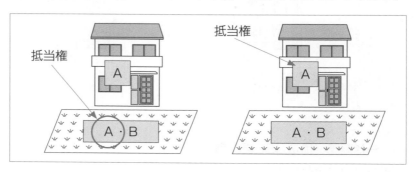

## 2）建物共有の場合

　　土地がAの単独所有で、建物がABの共有の場合に、土地に抵当権が設定され実行された場合、法定地上権が成立する。また、土地がAの単独所有で、建物がAB共有の場合に、Aの共有持分に抵当権が設定され実行された場合、法定地上権が成立する。

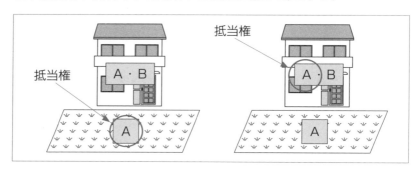

## 3）土地・建物の双方が共有の場合

　　土地と建物の双方が、ABの共有で、Aの土地に対する共有持分に抵当権が設定され、抵当権実行によって、土地が競売された場合、法定地上権は成立しない。成立を認めると他の共有者の持分も受け継いだ競落人に不測の損害を与えるからである。また、建物のAの持分に抵当権が設定され実行されても、同様に法定地上権は成立しない。

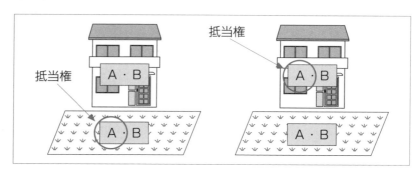

## ⑤　一括競売（民法389条1項本文）

　　抵当権の設定後に抵当地に建物が築造されたときは、抵当権者は、土

地とともにその建物を競売することができる。ただし、優先弁済を受けることができるのは、土地の売却代金のみからである（同法389条1項）。これを**一括競売**という。

本来、抵当権者は土地についてのみ抵当権を実行して競売することができるはずであるが、建物が存在する土地の競売は、土地と建物とを一括して行ったほうが容易となる。また、抵当権の設定後に抵当地に建物が築造されたときは、法定地上権が成立しないため、土地だけを競売させると建物の収去を余儀なくされてしまうことになるのである。

## (2) 抵当建物使用者の明渡猶予（民法395条）

抵当権設定後に建物の賃貸が行われた場合に、抵当権者に対抗することができない建物の賃借権者は、当該建物につき抵当権が実行されて競売されても、競売による買受人がこれを買い受けた時から6か月を経過するまでは、当該建物を買受人に引き渡すことを要しないこととされている。建物の賃借人が保護されているこの制度は、抵当建物使用者の明渡猶予制度といわれる（同法395条1項）。

この制度の適用によって保護される者の要件は以下のとおりである。

① **要件**

a) **抵当権者に対抗することができない賃借権により建物の使用収益をする者であること**（同法395条1項本文）

抵当権の設定登記がされる「**前**」に、対抗力を備えた建物の賃借権は保護されるため、この制度の適用はない。

b) **競売手続開始前からの使用収益者又は競売手続開始後に強制管理・担保不動産収益執行の管理人がした賃借権による使用収益者であること**（同法395条1項1号・2号）

強制管理とは、不動産に対する強制執行の1つで、裁判所の任命した管理人が、債務者が所有する不動産を管理し、当該不動産の賃料などの収益を債権者の金銭債権の弁済に充てる執行方法のことをいう。

c)　買受人が相当の期間を定めて1か月分以上の対価の支払を催告した場合に支払をすること

　買受人は建物を使用する者に、建物使用の対価（賃料相当額）の支払を請求することができ、買受人が相当の期間を定めて、1か月分以上の対価の支払を催告したにもかかわらず、占有者が相当期間内に支払を怠った場合には、この制度は適用されない（同法395条2項）。

② 効果

　抵当権が設定された建物について、抵当権実行としての競売がされ、**競売による買受人がこれを買い受けた時から6か月を経過するまでは、建物の占有者は当該建物を買受人に明け渡す必要がない**。ただし、契約があるわけではないので、占有者は、賃料を支払う義務はないが、建物を使用したことについて、不当利得として相当額を返還しなければならない。その額は、家賃相当額である。

③ 引渡猶予期間終了後

　引渡猶予期間の6か月が終了した後は、占有者は建物の原状回復をしてから、占有していた建物を返還しなければならない。なお、6か月経過した後であっても、買受人の代金を納付した時から9か月が経過していない場合には、買受人は当該建物の占有者に対して不動産引渡命令を申し立てて、建物の引渡しを強制することができる（民事執行法83条1項・2項、188条）。

④ 短期賃貸借保護の制度（改正前民法395条）

　平成15年の民法及び民事執行法の改正前までは、担保権と用益権と

の調整の観点から、抵当権の登記後に対抗要件を備えた賃借権であっても、民法第602条に期間の定めのある賃貸借については、その期間（建物については3年、土地については5年）を超えないものは、抵当権に対抗できる、という制度（**短期賃貸借保護の制度**）があった。改正後は、建物使用者の明渡猶予制度に代わるが、経過規定があり、改正法の施行日である平成16年4月1日現在の賃貸借には適用される。詳細は第1編を参照のこと。

#### ⑤　民事執行法上の法定地上権（民事執行法81条）

民法第388条は、抵当権が設定されている不動産競売についての法定地上権の規定である。ただ、強制競売による売却でも法定地上権が必要となる状況は存在する。そこで、強制競売など抵当権の実行以外の競売の場合に適用するものとして、民事執行法第81条が法定地上権を規定している。

• 要件

民事執行法上の法定地上権は、民法の法定地上権を補完する形で規定されていることから、法定地上権の成立要件は、民法上の法定地上権とほぼ同様であり、以下のとおりとなる。

> 1）　差押時に土地上に建物が存すること
> 2）　差押時に土地と建物が同一の所有者に帰すること
> 3）　土地と建物の一方又は双方が差し押さえられ、売却の結果、所有者を異にするに至ったこと

民法上の法定地上権と大きく異なるのは、**基準時が「差押時」**となっている点である。他の要件の内容は、民法上の法定地上権で説明したことがほぼ妥当する。

#### ⑥　抵当権者の同意の登記がある場合の賃貸借の対抗力（民法387条）

登記をした賃借権は、その登記前に登記をした抵当権を有するすべて

の者が同意をし、かつ、その同意の登記があるときは、その同意をした抵当権者に対抗することができる。

　これは、賃借人がいることにより、債務者には賃料という収益が期待され、不動産の担保価値を高めていることもあるからである。そのため、賃借権を引き受ける価値があると抵当権者が判断するときは、賃借権に対抗力を認めることを意味する。

　借地借家法上の対抗要件を備えた賃借権の後に出現した登記をした抵当権者も、この同意を得なければならない対象者となる。これは、例えば、借地借家法上、建物の賃借権の対抗力は「引渡し」となっているが、この「引渡し」は登記上には現れず、そのため、同意を得なければならない抵当権者が誰であるかを明確に判断することができないからである。

補　足

　転抵当権等、同意によって不利益を受ける者がいる場合はその者の承諾を得ることが必要である。
　また、抵当権設定登記後の賃借権に対抗力を生じさせるためには、抵当権者の「同意の登記」が必要となる点に要注意である。

**一問一答**

問　①　更地上に抵当権が設定された後に、建物が築造され抵当権が実行されたときは、法定地上権が成立する。

②　土地がＡＢの共有で、建物がＡの単独所有の場合に、Ａの土地の共有持分に抵当権が設定され、実行されても、法定地上権は成立しない。

③　抵当権者に対抗することができない賃貸借により抵当権の目的である建物の使用又は収益をする者で、競売手続の開始前から使用又は収益をする者は、その建物の競売における買受人の買受けの時から６か月を経過するまでは、その建物を買受人に引き渡すことを要しない。

答　①　×　法定地上権が成立するためには、「抵当権設定当時に建物が存在していたこと」が要件の一つとされている。

②　〇

③　〇

# 6　抵当不動産の第三取得者との関係

　抵当不動産（抵当権の負担がついた不動産）を取得した者を「第三取得者」という。競売の落札者（買受人）も第三取得者となる。しかし、抵当権が実行されると、第三取得者はその取得した不動産を失うことになる。そこで、民法は、これを回避するために、代価弁済と抵当権消滅請求の2つの制度を設けている。

## (1) 代価弁済（民法378条）

　代価弁済とは、抵当不動産について所有権又は地上権を買い受けた第三者（第三取得者）が、抵当権者の請求に応じてその**抵当権者にその代**

価を弁済したときに、**抵当権が、その第三者のために消滅する制度**をいう。

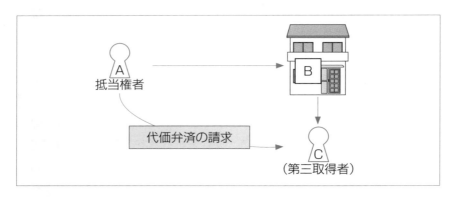

　所有権の代価を支払った場合には、抵当権は第三取得者のために消滅する。また、地上権者が代価を支払ったときには、抵当権自体は消滅しないが、地上権者は当該抵当権に対抗することができるようになる。

　そして、債務者は、第三取得者が代価弁済した範囲で債務を免れ、残債務は抵当権がない債務として残る。例えば、AがBに1,000万円の金銭を貸し付け、この債務を担保するためにBの不動産に抵当権が設定されていた場合に、この不動産を買い受けたCが800万円で代価弁済したときには、BにはAに対する200万円の債務が残る。ただ、この債務は抵当権を伴わない債務となる。

## (2) 抵当権消滅請求（民法379条～383条）

### ① 抵当権消滅請求制度の意義

　抵当権消滅請求とは、抵当不動産の第三取得者が、**抵当権消滅請求の手続により、抵当権を消滅させることができる制度**をいう。この制度は、第三取得者自らが抵当不動産を評価して、その評価額を抵当権者に提供する旨を申し出て、抵当権者がこれを承諾した場合に、第三取得者がこの申出額を払い渡し又は供託することによって、抵当権を消滅させるものである。

> **具体例**　例えば、第三取得者Ｃが抵当権者Ａに対して、抵当権消滅請求をすることにより、抵当権を消滅させることをいう。前述の代価弁済と異なり、第三取得者からの請求により抵当権を消滅させるもので、抵当不動産を買い受けた場合だけでなく、贈与や交換によって取得したときでも、第三取得者はこの制度を利用することができる。

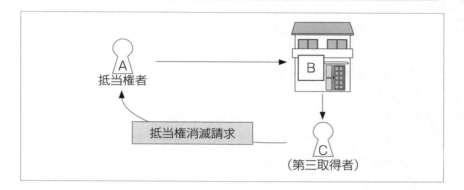

　**抵当権消滅請求ができる者は、抵当不動産につき所有権を取得した者**である。なお、地上権、永小作権、賃借権を取得した者は、抵当権消滅請求をすることはできない。また、主たる債務者、保証人及びこれらの者の承継人も、抵当権消滅請求をすることはできない（民法380条）。これらの者は、そもそも債務の全額を弁済すべき立場にある者だからである。

　抵当不動産の第三取得者は、抵当権の実行としての競売による差押えの効力が発生する前に、抵当権消滅請求をしなければならない（同法382条）。

> **補　足**
>
> 　抵当不動産の停止条件付第三取得者は、その停止条件の成否が未定である間は、抵当権消滅請求をすることができない（同法381条）。

## ②　抵当権消滅請求の手続

### a）　抵当権消滅請求の通知

　抵当不動産の第三取得者は、抵当権消滅請求をするときは、登記をした各債権者に対し、法所定の書面を送付しなければならない（同法383条1号～3号）。

---

民法第383条

1号　取得の原因及び年月日、譲渡人及び取得者の氏名及び住所並びに抵当不動産の性質、所在及び代価その他取得者の負担を記載した書面

2号　抵当不動産に関する登記事項証明書（現に効力を有する登記事項のすべてを証明したものに限る。）

3号　債権者が二箇月以内に抵当権を実行して競売の申立てをしないときは、抵当不動産の第三取得者が第1号に規定する代価又は特に指定した金額を債権の順位に従って弁済し又は供託すべき旨を記載した書面

---

### b）　債権者のみなし承諾

　抵当権者が抵当権消滅請求の通知を受けた後、以下のいずれかに該当するときには、抵当権者は、当該第三取得者の指定した金額を承諾したものとみなされる（同法384条1号～4号）。

---

1号　抵当権者が抵当権消滅請求の通知を受けた後、二箇月以内に抵当権を実行して競売の申立てをしないとき。

　※　抵当権者が競売の申立てをするときには、当該期間内に、債務者及び抵当不動産の譲渡人にその旨の通知をしなければならない（同法385条）。

2号　1号の競売の申立てを取り下げたとき。

3号　1号の競売の申立てを却下する旨の決定が確定したとき。

4号　一定の事由を除き、抵当権実行の申立てに基づく競売手続を取り消す旨の決定が確定したとき。

---

**補　足**

　4号において、みなし承認の対象から除外される「一定の事由」とは、次のものとなる。

ア　競売を行っても剰余を生じる見込みがない場合において、抵当権者が買受可能価額との差額に相当する保証の提供をしたが、買受可能価額以上の買受けの申出がなかった場合の取消決定（民事執行法63条3項、188条）。

イ　入札等を3回行ったが買受けの申出がなく、競売停止の通知を受けた抵当権者が3か月以内に売却実施の申出をしないとき又は申出により実施をしても買受けの申出がなかった場合の取消決定（法68条の3第3項、188条）。

ウ　抵当権実行手続の停止及び執行処分の取消しを命ずる裁判の謄本が提出された場合の取消決定（法183条1項5号・2項）。

### ③　抵当権消滅請求の効果

　登記をしたすべての債権者（抵当権者等）が抵当不動産の第三取得者の提供した代価又は金額を承諾し、かつ、抵当不動産の第三取得者がその承諾を得た代価又は金額を払い渡し又は供託したときは、**抵当権は消滅**する（民法386条）。

**ポイント**　抵当権付の不動産を取得した第三取得者が、抵当権実行を回避する制度については、**代価弁済**と**抵当権消滅請求**の2つがあります。

　両者の違いは、抵当権者と第三取得者の**どちらがイニシアチブ（主導権）を握っているか**です。すなわち、**代価弁済**は抵当権者がイニシアチブをとる制度であり、**抵当権消滅請求**は第三取得者がイニシアチブをとる制度であるという点を押さえる必要があります。

第3編

第1章

民法

問 ① 　代価弁済とは、抵当不動産の第三取得者が、所定の手続での請求をすることにより、抵当権を消滅させることができる制度をいう。

② 　抵当不動産の第三取得者が抵当権消滅請求をするときは、登記をした各債権者に対し、法所定の書面を送付しなければならない。

・・・・・・・・・・・・・・・・・・・・・・・・・・・・・・・・・・・・・・・・・・・・・・

答 ① 　×　抵当不動産の第三取得者からの請求で抵当権を消滅させる制度は、抵当権消滅請求である。代価弁済は、抵当不動産について所有権又は地上権を買い受けた第三者が、抵当権者の請求に応じてその抵当権者にその代価を弁済することで、抵当権が、その第三者のために消滅するという制度である。

② 　○

## 7 　根抵当権（民法398条の 2 〜398条の22）

### (1) 根抵当権の意義

　根抵当権とは、**一定の範囲に属する不特定の債権を、極度額を限度として担保する抵当権**をいう（民法398条の 2 第 1 項）。継続的取引などでは、通常の抵当権よりも根抵当権が用いられることが多い。

### (2) 通常の抵当権との相違点

#### ① 　元本の確定前は、付従性・随伴性がない

　根抵当権は、**元本が確定する前には付従性や随伴性がない**。そのため、根抵当権の被担保債権が弁済されても根抵当権は消滅しない。

　また、被担保債権が譲渡されても、根抵当権はこの債権に伴って移転

しない。

補　足

　根抵当権の元本が確定すれば、抵当権と同様に、付従性や随伴性が生じる。

### ②　被担保債権の範囲

　根抵当権は、確定した元本と利息その他の定期金及び債務不履行によって生じた損害の賠償の全部について、極度額を限度として根抵当権を行うことができる。そのため、抵当権と異なり、利息などについての「最後の2年分」の制限がない。

### ③　極度額

　極度額とは、**根抵当権者が優先弁済を受けることができる限度額**をいう。そして、根抵当権は、極度額に至るまで債権を担保する。

　根抵当権の設定契約の際には、この極度額を必ず定めることになる。

### ④　元本の確定

a）　元本確定の意義

　根抵当権の元本の確定とは、**根抵当権によって優先弁済を受けることができる被担保債権の元本が特定されること**をいう。これにより、根抵当権は、不特定の債権を担保するものから、特定の債権を担保するものに変わる。

b）　元本の確定事由

　元本の確定事由は複数あるが、主なものは次のとおりである。

- 当事者の合意によって定められた確定期日の到来（民法398条の6）
- 根抵当権設定者からの元本の確定請求（同法398条の9第3項・4項）
- 根抵当権者からの元本の確定請求（同法398条の19第2項）
- 根抵当権者が抵当不動産について、競売や担保不動産収益執行又は物上代位による差押えを申し立てたとき（同法398条の20第1項1号）
- 根抵当権者が抵当不動産に対して、（税金の）滞納処分による差押えをしたとき（同法398条の20第1項2号）
- 債務者や根抵当権設定者が破産手続開始の決定を受けたとき（同法398条の20第1項4号）

### ⑤ 根抵当権消滅請求

　根抵当権の元本の確定後において、現存する債務の額が根抵当権の極度額を超えるときは、物上保証人や第三取得者（目的不動産の所有権、地上権、永小作権や第三者に対抗することができる賃借権を取得した者）は、その極度額に相当する金額を払い渡し又は供託して、その根抵当権の消滅請求をすることができる（同法398条の22）。

**補　足**

極度額を超える債権は、無担保債権として債権者に残る。

# 8 その他の物権

## (1) 担保物権

### ① 質権（民法342条）

　質権とは、質権者がその債権の担保として債務者又は第三者から受け

取った物を**占有**し、かつ、その物について**他の債権者に先立って自己の債権の弁済を受けることができる権利**である。質権には、動産を担保とする動産質権、不動産を担保とする不動産質権、債権を担保とする権利質があるが、ここでは、不動産の競売に関係する不動産質権を取り上げる。

### ② 不動産質権

不動産質権は、目的不動産から優先弁済を受けることができる物権であるが、基本的に、抵当権の規定が準用される（民法361条）。

しかし、不動産質権と抵当権は、いくつかの点で異なる。主な相違点は以下のとおりである。

### a） 不動産質権者による目的不動産の使用及び収益

抵当権は、その目的物の占有を抵当権設定者にとどめていたが、不動産質権は、質権者が質権の目的である不動産の用法に従い、その使用及び収益をすることができる（同法356条）。

**補　足**

設定行為（当事者の特約）により、目的不動産を使用及び収益しない旨の定めをすることができる（同法359条）。

### b） 質権設定契約

抵当権設定契約は、抵当権者と抵当権設定者との合意により成立するが、不動産質権設定契約は、合意だけでは足りず、債権者にその目的不動産を引き渡すことによって、その効力が生じる（同法344条）。

### c） 不動産質権者による管理の費用等の負担

質権者は、管理の費用を支払い、その他不動産に関する負担を負う（同法357条）。質権者は、目的不動産の使用収益をすることができるため、これらの費用を負担することになる。

#### d） 不動産質権者による利息の請求の禁止

不動産質権者は、その債権（被担保債権）の利息を請求することができない（同法358条）。これも、質権者は、目的不動産の使用収益をすることができるため、その被担保債権の利息を請求することができないものとされている。

#### e） 不動産質権の存続期間

不動産質権の存続期間は、10年を超えることができない。また、設定行為でこれより長い期間を定めたときであっても、その期間は、10年となる（同法360条1項）。

#### ③ 先取特権

先取特権とは、**法律に定められた特別の債権を有する者が、債務者の財産から、他の債権者に優先して自己の債権の弁済を受けることができるとする権利**である（同法303条）。

この先取特権は、抵当権や質権と異なり、法律上当然に生じる権利である。

そして、先取特権には、債務者の総財産から弁済を受けることができる「**一般の先取特権**」、特定の動産から弁済を受けることができる「**動産の先取特権**」、特定の不動産から弁済を受けることができる「**不動産**

の先取特権」がある。

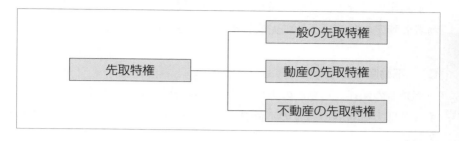

### a）　一般の先取特権

　一般の先取特権は、共益費用、雇用関係、葬式費用、日用品の供給の債権を有する者に生じる（同法306条各号）。

　一般の先取特権を有する者は、債務者の総財産から他の一般の債権者よりも優先して弁済を受けることができるが、その際、債務者が所有する不動産についてその登記をしなくとも、一般の債権者に対抗することができる。

　もっとも、一般の先取特権を有する者は、登記された抵当権を有する者に対しては、その登記をしなければ対抗することができない（同法336条）。つまり、一般の先取特権と抵当権の優劣は、登記の順位によって決められることになる。

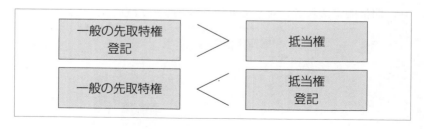

### b） 動産の先取特権

不動産の賃貸借、動産の保存、動産の売買等の債権を有する者は、債務者の特定の動産について先取特権を有する（同法311条）。

### c） 不動産の先取特権

不動産の保存、不動産の工事、不動産の売買によって生じた債権を有する者は、債務者の特定の不動産について先取特権を有する（同法325条各号）。

不動産の先取特権も、担保の目的とした不動産から優先弁済を受けることができる物権であるから、基本的に、抵当権の規定が準用される（同法341条）。

### ④ 留置権（民法295条）

留置権とは、**他人の物の占有者が、その物に関して生じた債権の弁済を受けるまでは、その物の返還を拒むことができる権利**をいう（同法295条）。

例えば、Aが所有するパソコンが故障したため、パソコンの修理店であるBにその修理を依頼した場合、このパソコンの修理が完了すれば、Aに返還することになる。

その際、Aが当該パソコンの修理代金の支払をしないときには、Bは当該パソコンに留置権を主張して、当該パソコンを留置し、その修理代金の弁済を受けるまで返還する必要がない。留置権を主張することにより、間接的に債務者に対して弁済を強制するためである。

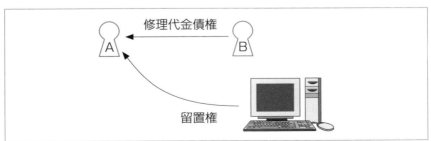

補　足

　債権が弁済期にないときは、留置権は成立しない。このケースでは、修理代金が後払のときには、Ｂは当該代金の支払がないことを理由に、パソコンに留置権を主張することはできない。

　留置権は、抵当権や質権、先取特権と異なり、物上代位性がない。これは、留置権は留置的効力を有するだけであり、優先弁済権を有しないからである。なお、その他の担保物権の性質である物権の付従性、随伴性、不可分性は有する。

　また、不動産に関して留置権が成立していても、**留置権はその登記をすることができない**（不動産登記法３条参照）。これは、留置権は目的物を占有していることにより成立する権利であり、これが第三者に対する対抗要件となっているからである。

## (2) 用益物権

　用益物権には、地上権と地役権と永小作権があるが、ここでは地上権と地役権について触れておく。

### ① 地上権（民法265条）

　地上権とは、他人の土地の地上又は地下において、建物その他の工作物又は植林の目的となる樹木等を所有するため、その土地を使用することができる権利である。土地の賃借権と地上権は、借地権といわれる（借地借家法２条参照）が、地上権は物権であり、賃借権は債権である。なお、地上権は特約がない限り、地上権者には地代支払義務はない。

### ② 地役権（民法280条）

　地役権とは、自己の土地の利用価値を増すために、他人の土地を利用する権利をいう。

　他の土地のため、売却対象土地を通行したり、その土地から引水したり、その土地に一定の建物の建築をさせなかったりすることを内容とす

る。他の土地のために地役権の負担のある土地を承役地といい、利用価値が増す土地を要役地という。

　例えば、甲土地の所有者が乙土地を通行したり、甲土地の所有者が乙土地から水を引いたり、又は甲土地の眺望のために乙土地に一定の建物を建てさせないことなどの目的で乙土地上に地役権を設定する。

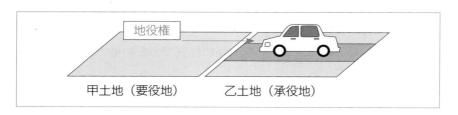

### a) 地役権の取得原因

　地役権は、通常は、土地の所有者（承役地の所有者）と地役権の設定を受ける者（要役地の所有者）との設定契約により成立する。

　また、地役権を有する土地の所有者（要役地の所有者）から当該土地を譲り受けた者も地役権を取得する。

### b) 地役権の存続期間

　地役権の存続期間は、民法上は規定がないため、永久の地役権も認められる。

### c) 地役権の性質

#### ㋐ 付従性

　　地役権は、要役地から分離して譲り渡すことができない（民法281条2項）。

　　例えば、甲土地のために設定された乙土地上の地役権のみを譲渡することはできない。

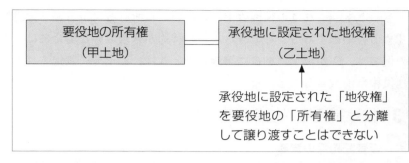

承役地に設定された「地役権」を要役地の「所有権」と分離して譲り渡すことはできない

　同様に、地役権は、要役地から分離して他の権利の目的とすることができない（同法281条2項）。

　また、地役権は、それのみを譲渡したり担保に提供することはできない。地役権を取得したり、担保として提供を受けたいと思えば、要役地の所有権を取得したり、担保として提供を受ければよいことになる。そうすれば、必然的に地役権を取得したり、担保として提供を受けたりすることができる。

### (イ)　随伴性

　地役権は、別段の定めをしていない限り、要役地の所有権に伴って当然に移転する（同法281条1項）。

　例えば、甲土地を有するAが、Bが所有する乙土地について地役権を有する場合に、Aが甲土地をCに譲渡したときは、Cが甲土地の所有者になると同時に地役権者となる。

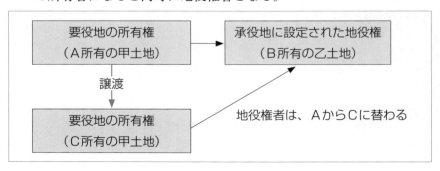

もっとも、これは地役権設定当時の要役地所有者に限って、地役権を認める特約をすることもできる。この特約がされていた場合には、上記の例では、Aが甲土地をCに譲渡したときは、乙土地に設定されていた地役権は消滅することになる。

## (3) 仮登記担保（担保仮登記）

### ① 仮登記担保の意義

　仮登記担保（担保仮登記ともいう）は、**債務者が債務を弁済しないときには債務者に属する所有権その他の権利を債権者に移転する旨をあらかじめ契約**し、債権者の権利について**仮登記・仮登録**をしておくという方法により**債権担保の目的を達成**しようとする担保の方法をいう。仮登記担保に関しては、その実行方法について1978年（昭和53年）に仮登記担保契約に関する法律（仮登記担保法）が制定されている。

　通常、仮登記担保には、代物弁済予約や停止条件付代物弁済契約という契約が利用される。また、売買の予約が用いられることもある。そして、仮登記担保契約から生じる権利を仮登記担保権という。

　例えば、AがBに金銭を貸し付け、この債権を担保するために、Bが所有する不動産に仮登記担保契約を締結した場合、Bがこの債務を弁済しないときは、Aに当該不動産の所有権等が移転することになる。これは、BがAの債権を弁済する代わりに、Bが所有する不動産を代物弁済するという予約、又はBの債務不履行を停止条件として代物弁済をするという契約となる。

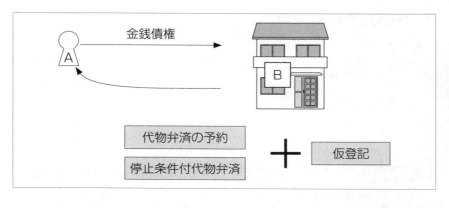

この仮登記担保は、抵当権等とは異なり、その実行は、公権力を利用するのではなく、所有権の移転という契約を実行する私的実行である。時間と費用のかかる競売手続によらず、仮登記を本登記にすることによって簡易迅速に債権の回収を図ることができる。しかし、その反面、債務者にとっては不動産の価額が債権額を上回るときでも、債務不履行が生じればその差額を支払ってもらうことなく目的物を債権者に取得されてしまうことになる。そこで、仮登記担保法では、仮登記担保の債権者は、目的物の所有権等を取得することについて、**清算義務**を課している。

> ✏️ 補 足
>
> **代物弁済**とは、債務者が債権者の承諾を得てその負担した給付に代えて他の給付をすることである（民法482条）。代物弁済自体が1つの契約であり、弁済と同一の効力を有する。
> **代物弁済の予約**とは、債務者によって既存債務の給付（弁済）がされないときには担保とした目的物により代物弁済を行うものとする当事者間の予約のことをいう。
> **停止条件付代物弁済**とは、債務者によって既存債務の給付（弁済）がされないことを条件として、条件が成就したときには、担保とした目的物により自動的に代物弁済がされる契約をいう。

第3編 第1章 民法

## ② 仮登記担保の登記上の記録

| 権 利 部 （甲区） | | （所有権に関する事項） | |
|---|---|---|---|
| 順位番号 | 登 記 の 目 的 | 受付年月日・受付番号 | 権 利 者 そ の 他 の 事 項 |
| 何 | 条件付所有権移転仮登記 | 令和何年何月何日<br>第何号 | 原因　令和何年何月何日代物弁済（条件　平成<br>　　　何年何月何日金銭消費貸借の債務不履行）<br>権利者　何市何町何番地<br>　　　何　某 |
| | 余　白 | 余　白 | 余　白 |

**ポイント** 👉　　根抵当やその他の物件は、抵当権等と比べて試験レベルでの重要性はそれほど高くありませんが、各権利の仕組み、制度の概要程度は押さえておきましょう。

　なお、仮登記担保は、民法上の物権ではなく、あくまで担保機能を有する契約である点にも注意が必要です。

---

### Q&A　一問一答 ✏

**問** ①　不動産質権は、原則として質権者が質権の目的である不動産の用法に従い、その使用及び収益をすることができる。

②　地役権は、要役地から分離して他の権利の目的とすることができる。

③　仮登記担保の実行は、担保不動産競売手続による。

**答** ①　〇

②　×　地役権は、それのみを譲渡したり担保の目的とすることはできない。

③　×　私的実行による。そもそも担保物権ではない。

# 9 不動産賃貸借・借地借家法

## (1) 不動産賃貸借と借地借家法

　賃貸借とは、「当事者の一方が、ある物の使用及び収益を相手方にさせることを約し、相手方がこれに対してその賃料を支払うこと及び引渡しを受けた物を契約が終了したときに返還することを約することによって、その効力を生ずる」（民法601条）契約である。そして、この契約に基づいて借主（賃借人という）が、貸主（賃貸人という）に対して取得する債権が、賃借権といわれる権利である。

　賃貸借契約に関する規定は民法にあるが、民法上の賃貸借の規定は、成立要件に「ある物」とあるようにすべての物を対象としている。ただ、不動産は、人の生活の基盤であり、活動の拠点となるものであるため、借主を保護する要請が特に強い。そこで、**主に借主保護の見地**から、不動産の賃借権の効力を強化した特別の法律が制定されている。それが、**借地借家法**である。借地借家法は、**①建物の所有を目的とする地上権並びに土地の賃借権**並びに**②建物の賃貸借**について適用される。とはいえ、この要件は、特別なものではなく、不動産競売の対象となる目的物件についても適用となるケースは多い。借地借家法は、主に対抗力、賃借権の存続期間、更新、効力等について特別の規定を設けている。そこで、以下では、適宜、借地借家法の規定にも触れながら、不動産賃貸借の法律関係について説明する。

## (2) 賃貸借の成立要件

　賃貸借契約は、賃貸人と賃借人との合意により成立する。実務では、一般的に契約書が作成されるが、これは後日のトラブルを回避するため、私人間では任意に、また、不動産業者を介する場合には別の法律（宅地建物取引業法）に則って作成されるものである。

第3編
第1章
民法

## (3) 不動産賃借権の対抗要件

　民法上、登記があれば、賃借権は対抗力を有するものとされる（民法605条）。しかし、民法上の賃借権は債権であるから、賃貸人には登記の義務はない。そのため、実際に賃借権が登記されることはほとんどなく、借りている不動産が売却されて、不動産の所有者が変わったとしても、賃借人は、新しい所有者に賃借権を主張できないことになる。なぜなら、賃借権は債権であり、その権利は今の賃貸人に対してのみ主張できるものにすぎないからである。

　ただ、そうなると安心して不動産を借りることはできない。だからといって、賃貸人は所有権者であり、完全な支配権者であるから、所有している不動産を売る・売らないは、所有者の自由であり、それを禁止することはできない。そこで、借地借家法は、賃借人を保護するために簡単な方法で対抗力を取得できるように規定した。

　すなわち、建物については「引渡し」が（借地借家法31条1項）、また、土地については「借地上の建物の登記」が対抗要件とされている（同法10条1項）。

## (4) 賃貸人と賃借人の基本的な権利・義務

| 賃貸人 | ・賃貸人は、賃借人に目的物を**引き渡して、使用・収益**させる。<br>・賃貸人は、賃貸物の使用・収益に**必要な修繕をする義務**を負う。<br>　※ただし、賃借人の帰責事由によって修繕が必要となったときはその必要なし。<br>・賃借人が適法に賃借物を**転貸**した場合には、**賃貸人は、賃借人との間の賃貸借を合意により解除**したことをもって**転借人に対抗**することができない。<br>　※ただし、解除の当時、賃貸人が賃借人の債務不履行による解除権を有していたときは、転借人に対抗可能。 |
| --- | --- |

| 賃借人<br>（転借人） | ・賃借人は、賃貸人に賃料を支払う。<br>・賃借物の修繕が必要である場合において、**次のときは、賃借人は、その修繕をすることができる。**<br>　①　賃借人が賃貸人に修繕が必要である旨を**通知**し、又は賃貸人がその旨を**知った**にもかかわらず、**賃貸人が相当の期間内に必要な修繕をしないとき。**<br>　②　**急迫の事情**があるとき。<br>・賃貸人が賃貸物の**保存に必要な行為**をしようとするときは、賃借人は、これを拒むことができない。<br>・賃貸人が**賃借人の意思に反して保存行為**をしようとする場合において、そのために**賃借人が賃借をした目的を達する**ことができなくなるときは、賃借人は、**契約の解除**をすることができる。<br>・賃借人は、賃借物について賃貸人の負担に属する**必要費**を支出したときは、賃貸人に対し、**直ちにその償還を請求する**ことができる。<br>・賃借人が賃借物について**有益費**を支出したときは、**賃貸借の終了の時**に、**一定の範囲**で、**賃貸人に償還を請求する**ことができる。<br>※ただし、裁判所は、賃貸人の請求により、その償還について**相当の期限を許与**することができる。<br>・賃借人は、**賃貸人の承諾**を得なければ、その**賃借権を譲り渡し、又は賃借物を転貸する**ことができない。<br>※賃借人がこれに違反して第三者に賃借物の使用・収益をさせたときは、賃貸人は、**契約の解除**をすることができる。<br>・賃借人が適法に賃借物を**転貸**したときは、**転借人は、賃貸人と賃借人との間の賃貸借に基づく賃借人の債務の範囲を限度**として、**賃貸人に対して転貸借に基づく債務を直接履行する義務**を負う。<br>※この場合、賃料の前払をもって賃貸人に対抗できない。 |
| --- | --- |

- 賃借物が**修繕**を要し、又は賃借物について**権利を主張する者**があるときは、賃借人は、**遅滞なくその旨を賃貸人に通知**しなければならない。

  ※ただし、賃貸人が既にこれを知っているときは、通知不要。

- 賃借人は、賃借物を受け取った**後**にこれに生じた**損傷**（通常の使用・収益によって生じた賃借物の**損耗並びに賃借物の経年変化を除く**）がある場合において、**賃貸借が終了**したときは、その損傷を**原状に復する義務**を負う。

  ※ただし、その損傷が**賃借人の責めに帰することができない事由**によるものであるときは、**原状回復義務を負わない。**

## (5) 賃借権の存続期間

### ① 民法

　民法上、賃貸借の存続期間は、**50年**を超えることができない。また、契約でこれより長い期間を定めたときであっても、その期間は50年に短縮される（民法604条1項）。他方、最短期については制限がない。

### ② 借地借家法

　借地権の存続期間は、少なくとも**30年**となる（借地借家法3条）。また、建物の賃貸借の存続期間については、制限はない。期間を1年未満とした場合は、原則として、期間の定めのないものとみなされる（同法29条1項）。

## (6) 賃借権の譲渡・転貸 重要

　賃借人は、賃貸人の承諾がなければ賃借権を譲渡又は目的物を転貸してはならないと規定されている（民法612条1項）。これを、**無断譲渡、無断転貸の禁止**という。目的物の現実的利用者が替われば、物の使用状況、保管状況等が変わり、目的物の経済的価値の損耗の程度に大きな影響を及ぼすからである。

### ① 賃貸人の承諾がある場合
#### a) 一般的な法律関係
　賃貸人の承諾を得たうえで賃借権が譲渡されると、賃貸人と旧賃借人との賃貸借契約は終了し、賃貸人と譲受人（新賃借人）との賃貸借関係が成立する。

賃借権の譲渡

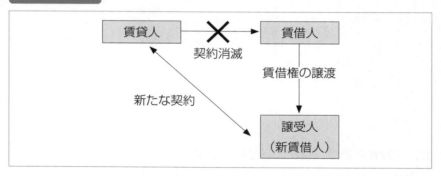

　また、賃貸人の承諾を得たうえで転貸された場合、賃貸人と賃借人（転貸人）との賃貸借契約と、転貸人と転借人との賃貸借契約（転貸借契約）の両方が存在することになる。賃借権の譲渡の場合と異なり、3人の当事者が関わることとなる。もっとも、賃貸人と転借人との間に直接の契約は生じない。ただし、承諾がある以上、賃貸人と賃借人が賃貸借契約を**合意で解除**しても、**その解除は転借人には対抗できない**（民法613条3項）。

これに対して、長期の賃料不払等の賃借人の債務不履行を理由とする解除（**法定解除**）の場合は、**その解除を転借人に対抗できる**。この場合、賃貸借契約を解除するにあたって必要な催告は、賃借人に対してすれば足り、転借人に対して延滞賃料支払の催告は不要である（判例）。

　なお、賃貸人と転借人との間には、直接の法律関係は生じないが、民法は、賃貸人保護の見地から、賃借人が適法に賃借物を転貸したときは、転借人は、賃貸人と賃借人との間の賃貸借に基づく賃借人の債務の範囲を限度として、賃貸人に対して転貸借に基づく債務を直接履行する義務を負う（民法613条1項前段）と規定している。そして、この場合には、転借人は、賃料の前払をもって賃貸人に対抗することができない（同法613条1項後段）。

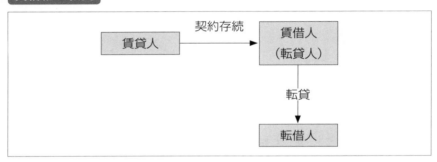

**賃借権の転貸**

b）**解除権の制限（信頼関係破壊の法理）**

　売買における代金や請負などにおける報酬を契約どおりに支払わない場合には、債務不履行となり、債権者は**損害賠償請求**ができるほか、契約を白紙にする「**解除**」をすることもできる（同法415条、541条）。

　ただし、再度の履行を促しても意味がない場合を除き、原則として履行の催告をすることが条件とされている（同法541条）。催告をしても、催告期間内に履行がない場合に初めて解除をすることができるのである。

　しかし、賃貸借については、その特殊性から、判例は以下のような理論で解除権を制限する一方で、催告は不要であるとしている。

すなわち、「賃貸借は、当事者相互の信頼関係を基礎とする継続的契約であるから、賃貸借の継続中に、当事者の一方に、その義務に違反し、信頼関係を裏切って、賃貸借関係の継続を著しく困難ならしめるような不信行為があった場合には、相手方は、法定解除で必要とされている催告を要せず、将来に向かって解除することができる」。これは、「信頼関係破壊の法理」といわれている。賃貸借契約の特殊性に配慮した、よく理解しておくべき理論である。

## ②　賃貸人の承諾がない場合

　賃借人は、賃貸人の承諾を得なければ、その賃借権を譲り渡し、又は賃借物を転貸することができない（同法612条1項）。そして、賃借人がこれに違反して、無断で賃借権の譲渡又は転貸をして、第三者に賃借物の使用又は収益をさせたときは、賃貸人は、賃貸借契約の解除をすることができる（同法612条2項）。なお、譲渡・転貸は、目的物が引き渡された段階で判断される。

　そして、この場合の三者の関係は、以下のとおりとなる。

### a)　賃貸人・賃借人間

　賃貸人は、原則として賃貸借契約を解除することができる。ただし、賃借人の当該行為を賃貸人に対する背信行為と認めるに足りない（＝背信行為ではない）特段の事情があるときには、賃貸人は、**契約を解除することができない**（判例）。

### b)　賃借人・転借人間

　転貸借は、債権契約であるから、賃貸人の承諾のない無断転貸であっても、契約当事者である賃借人・転借人間においては有効である。

　しかし、賃借人は、**賃貸人の承諾を得る義務**を負い（判例）、賃貸人の承諾を得ることができないときは、転借人に対して担保責任を負う（同法559条、561条）。

### c） 賃貸人・転借人間

転借人は、賃貸人との関係では不法占拠者となる。したがって、賃貸人は、転借人に対して不法行為責任規定（同法709条）や不当利得返還請求規定（同法703条）に基づいて損害賠償や不当利得の返還を請求できる（判例）。また、賃貸人は、**賃借人との賃貸借契約を解除することなく、直接転借人に対して目的物の明渡しを請求することができる**（判例）。

もっとも、仮に賃借権を無断で譲渡したとしても「賃貸人に対する背信行為と認めるに足りない（＝背信行為ではない）」事情があると裁判所で判断されれば、解除は無効であるとされている（判例）。

## （7）不動産の賃貸人たる地位の移転　

### ① 賃貸人の地位の移転の原則・例外（民法605条の2）

不動産の賃借人が**賃貸借の対抗要件を備えた場合**において、その不動産が**譲渡**されたときは、その不動産の賃貸人たる地位は、その譲受人に当然に移転するのが原則である。

例えば、Aが自己所有の物件をBに賃貸し、Bが賃借権の登記をした後、Aが当該物件をCに譲渡した場合、賃貸人の地位は、AからCに当然に移転する。

---

✏ 補　足

賃借人が**対抗要件を具備していない場合**、賃貸人の地位は、**譲渡人と譲受人との間で賃貸人の地位を承継する旨**の合意があってはじめて、譲受人に移転する。

---

ただし、不動産の譲渡人・譲受人が、**次のa）・b）の両方の合意を**したときは、例外として、**賃貸人たる地位**は、譲受人に移転しない。

a）　賃貸人たる地位を譲渡人に留保する旨の合意
b）　その不動産を譲受人が譲渡人に賃貸する旨の合意

② **賃貸人の地位の移転を主張するための登記**

賃貸人たる地位の移転を賃借人に対抗するためには、賃貸物である不動産について所有権の移転登記をすることが必要である。

例えば、Aが自己所有の専有部分をBに賃貸して引き渡し、その後にAが当該専有部分をCに譲渡した場合、賃借権の譲渡があったかわからないBが、AとCに**二重に賃料を支払わなければならない危険**が生ずることを避ける必要がある。そのため、Cが新賃貸人としてBに賃料を請求するためには、Cに目的物の所有権の登記が必要となる。

③ **費用償還債務及び敷金返還債務の移転**

不動産の譲渡により賃貸人たる地位が**譲受人（又はその承継人）に移転したときは、次の償還・返還債務**は、譲受人（又はその承継人）が承継する。

a） **必要費・有益費の償還**に係る債務
b） **敷金の返還**に係る債務

④ **合意による不動産の賃貸人たる地位の移転**

不動産の譲渡人が賃貸人であるときは、その賃貸人たる地位は、賃借人の承諾を要しないで、**譲渡人と譲受人との合意により、譲受人に移転**させることができる（民法605条の3）。

補 足

　賃借人に対抗要件が備わっていない**場合、目的物が譲渡されても、賃貸人の地位は**当然には移転しない。そのため、**賃貸人の地位を移転する**ためには、**譲渡人と譲受人との間で、賃貸人の地位を移転する「合意」**が必要となる。なお、この場合、**賃借人の承諾は**不要である。

## (8) 不動産の賃借人による妨害の停止の請求等

不動産の**賃借人**は、対抗要件を備えた場合において、次の表の請求をすることができる（民法605条の4）。

| 状況 | 請求内容 |
|---|---|
| 不動産の占有を第三者が**妨害** | 妨害停止（排除）請求 |
| 不動産を第三者が**占有** | 返還請求 |

**補足**

「妨害停止（排除）請求」は、残置物が存在する場合のように「**賃借物の占有『以外』の方法**」によって賃借人が賃借権を侵害されているときの対抗措置である。

他方、「**返還請求**」は、第三者が賃借物に居座る場合のように「『**賃借物の占有』の方法**」によって賃借人が賃借権を侵害されているときの対抗措置である。

## (9) 敷金関係

### ① 敷金とは

**敷金**とは、いかなる名目によるかを問わず、**賃料債務その他の賃貸借に基づいて生ずる賃借人の賃貸人に対する金銭の給付を目的とする債務を担保する目的で、賃借人が賃貸人に交付する金銭**をいう。

### ② 敷金の返還（民法622条の2）

賃貸人が敷金を受け取っている場合、次のときは、賃借人に対し、**敷金の額**から賃貸借に基づいて生じた賃借人の賃貸人に対する金銭の給付を目的とする債務の額を控除した残額を返還しなければならない。

a） 賃貸借が**終了**し、かつ、賃貸物の**返還を受けたとき**
b） 賃借人が**適法に賃借権を譲り渡したとき**

補　足

　賃借人の賃貸人に対する敷金返還請求権は、**目的物の明渡し（＝返還）をして初めて発生**することになる。したがって、**敷金返還と目的物の明渡し**は、同時履行の関係に立たない。

### ③　賃貸借契約中の敷金の充当

　**賃貸人**は、賃借人が賃貸借に基づいて生じた金銭の給付を目的とする債務を履行しないときは、**敷金をその債務の弁済に充てることが**できる。

　この場合において、**賃借人**は、賃貸人に対し、**敷金をその債務の弁済に充てることを**請求することはできない。

### ④　敷金関係の承継

　敷金は、賃貸借に付随するものではあるが、契約としては別個のものである。そこで、契約の途中に賃貸人や賃借人が死亡するなどして交代した場合に、敷金が承継されるかが問題となるが、判例の結論は以下のとおりである。

| a）賃貸人の交代 | 承継される |
|---|---|
| b）賃借人の交代 | 承継されない |

### a）　賃貸人の交代

　契約の途中で**賃貸人が交代**した場合、**敷金関係は新賃貸人に引き継がれる**（民法605条の2第4項）。したがって、契約終了後、賃借人は新賃貸人に対して**敷金の返還を請求**することができる。

　ところで、賃借人が賃貸人に対して対抗力を有している場合、賃貸人が目的不動産を売却（譲渡）すると、賃借人の承諾なしに、新所有者が賃貸人の地位も引き継ぐ（605条の2第1項）。これは、競売の場合でも異ならないから、買受人は目的不動産の所有権を取得すると同時に賃貸人の地位を引き継ぎ、敷金関係も引き継ぐことになる。

第3編

第1章

民法

## b） 賃借人の交代

　これは、**賃借権が譲渡**される場合である。この場合、**敷金関係は当然には、新賃借人には引き継がれない**。したがって、元の賃借人は、賃貸人に対して敷金の返還を請求できる一方で、新たな賃借人は改めて賃貸人に対して敷金を交付しなければならない。

---

**ポイント** 👉 　対抗力を有する賃借権は、競売の売却でも消滅せず、買受人は賃貸人の地位を引き継ぐことになります。賃貸人・賃借人の義務及び権利、無断転貸、無断譲渡、敷金などの承継の可否は、よく整理しておきましょう。

---

📖 **Q&A**　　　　　　　　　　　　　　　　　　　　　**一問一答** ✎

問　① 　賃借人が、賃貸人の承諾なく目的物を転貸した場合、賃貸人が転借人に目的物の明渡しを請求するには、賃借人との賃貸借契約を解除しなければならない。
　　② 　敷金に関して、判例によれば、目的物の明渡しと敷金の残額の返還は、同時履行の関係にあるとされる。
　　③ 　賃貸借契約の途中で賃貸人が交代した場合、敷金関係は、新賃貸人に引き継がれる。

・・・・・・・・・・・・・・・・・・・・・・・・・・・・・・・・・・・・・・

答　① 　×　判例は、解除は不要としている。
　　② 　×　判例は、敷金返還請求権の発生は建物明渡後としている。
　　③ 　○　（判例）

---

## ⑩ 借地関連規定（借地借家法）

　借地借家法の対象となる土地は、**建物所有を目的とする地上権又は土地の賃借権**であり、これらを「借地権」という（借地借家法2条1号）。

### ① 借地権の更新後の期間

当事者の合意があれば更新される。そして、更新後の契約期間は、最初の更新時は**最低20年**、２回目以降の更新時は**最低10年**となる（同法4条）。

### ② 借地契約の更新請求等

借地契約に期間の定めがある場合とそうでない場合の規定は、以下のとおりである。

**【期間の定めがある場合】**

a） 借地権者が契約の期間満了にあたり、更新を請求したときは、建物がある場合に限り、従前の契約と同一の条件で契約を更新したものとみなされる（同法5条1項本文）。

b） 借地権の存続期間が満了した後、借地権者が土地の使用を継続するときも、建物がある場合に限り、更新後の存続期間を除き、従前の契約と同一の条件で契約を更新したものとみなされる（同法5条2項）。これを「**法定更新**」という。更新後の存続期間は、上記①のとおり。

c） a）、b）の場合でも、借地権設定者が遅滞なく正当事由のある異議を述べたときは、契約は更新されない（同法5条1項ただし書・2項、6条）。

**【期間の定めがない場合】**

当事者が期間の定めをしなかった場合、更新後の存続期間は最初の更新時は20年、２回目以降の更新時は10年となる（同法4条）。

第3編

第1章

民法

### ③　借地上の建物の滅失と建物の再築（借地借家法７条、８条）

　借地上の建物が存続期間満了前に滅失した場合と存続期間満了後に滅失した場合の規定は、以下のとおりである。

**【存続期間満了前に建物が滅失した場合】**

a ）　借地権の存続期間が満了する前に建物が滅失したときでも、借地契約は終了しない。

b ）　借地権者が残存期間を超えて存続すべき建物を築造したときは、その建物を築造するにつき借地権設定者の承諾がある場合に限り、借地権は、承諾のあった日又は建物が築造された日のいずれか早い日から20年間存続する。

c ）　借地権者が借地権設定者に対し残存期間を超えて存続すべき建物を新たに築造する旨を通知した場合、借地権設定者がその通知を受けた後２か月以内に異議を述べなかったときは、原則として、借地権設定者の承諾があったものとみなされる。

**【存続期間満了後に建物が滅失した場合】**

　契約の更新の後に建物の滅失があった場合においては、借地権者は、地上権の放棄又は借地契約の解約の申入れをすることができる。この場合には、地上権の放棄の請求又は解約の申入れがあった日から３か月を経過することによって、借地権は消滅する。

### ④　建物買取請求権

　建物買取請求権とは、借地権の存続期間が満了した場合に、契約の更新がないときは、**借地権者**が、借地権設定者に対し、**建物**その他借地権者が権原により土地に附属させた物を**時価で買い取るべきことを請求することができる権利**をいう（同法13条１項）。

　例えば、ＢがＡの所有する土地に借地権を設定してもらっている場合

に、当該借地契約の更新がないときは、Bは、A所有の土地上に建物を存在させておくことができなくなる。そこで、BはAに対して、当該土地上に建築した自己の建物を時価で買い取るべきことを請求することができるとしている。

この建物買取請求権は、借地権者から借地権設定者（土地の所有者）に対する**一方的な意思表示により行使**することができるため、借地権設定者の承諾等は不要である。また、建物買取請求権の内容について、**借地権者に不利な特約は無効**となる（同法16条、13条）。

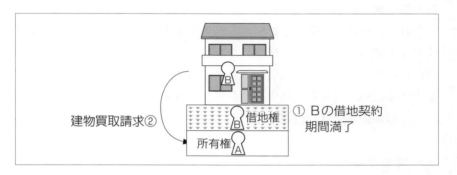

### ⑤　建物競売等の場合における土地の賃借権の譲渡の許可

第三者が賃借権の目的である土地の上の建物を競売又は公売により取得した場合において、**その第三者が賃借権を取得しても借地権設定者に不利となるおそれがない**にもかかわらず、**借地権設定者がその賃借権の譲渡を承諾しない**ときは、**裁判所**は、その第三者の申立てにより、借地権設定者の承諾に代わる許可を与えることができる（同法20条1項）。建物が売却されるときは、従たる権利として借地権の譲渡を伴うが、賃貸人の承諾がない賃借権の譲渡は、賃貸人に対抗できない。そこで、買受人を保護するために、この制度が設けられた。そして、この場合、当事者間の利益の衡平を図るため必要があるときは、借地条件を変更し、又は財産上の給付を命ずることができる。

⑥　定期借地権等

　これまで述べた借地権のほかに、特殊なものとして**定期借地権等**がある。

　この定期借地権等とは、一般の借地権と異なり、当初に定められた契約期間が満了すると借地関係は終了し、その後の更新がないものをいう。

　これは、一度借地契約を締結すると更新請求がされやすく、借地権設定者に不利益になることに配慮した制度である。定期借地権は、これまでの借地権と異なり、借地契約が終了すると土地を返還してもらうことができるため、更なる土地の有効利用が期待できる。

　定期借地権等には、以下のものがある。


a )　**定期借地権**

　定期借地権とは、存続期間を50年以上として借地権を設定する場合、契約の更新及び建物の築造による存続期間の延長がなく、建物買取請求をしないこととする旨を定めることができるものである（同法22条）。この定期借地権の契約を締結するときには、書面によってしなければならない。


b )　**事業用定期借地権**

　事業用定期借地権とは、専ら事業の用に供する建物の所有を目的として設定される借地権のことをいい、これには2種類の事業用定期借地権がある。

　1つは、専ら事業の用に供する建物（居住の用に供するものを除く）の所有を目的とし、かつ、存続期間を30年以上50年未満として借地権を設定する場合で、契約の更新及び建物の築造による存続期間の延長がなく、建物買取請求をしないこととする旨を定めることができるもので

ある（同法23条1項）。

　もう1つは、専ら事業の用に供する建物（居住の用に供するものを除く）の所有を目的とし、かつ、存続期間を10年以上30年未満として借地権を設定する場合で、借地権の存続期間、借地権の更新後の期間、借地契約の更新請求等、建物買取請求権などの規定が適用されないものである（同条2項）。

　これらの事業用定期借地権の契約を締結するときには、公証人が作成する公正証書という公文書によってしなければならない。

#### ｃ）　建物譲渡特約付借地権

　建物譲渡特約付借地権とは、借地権を消滅させるため、その設定後30年以上を経過した日に借地権の目的である土地の上の建物を借地権設定者に相当の対価で譲渡する旨を定めることができるものをいう（同法24条）。

　なお、この建物譲渡特約付借地権の契約を締結するときには、必ずしも書面によってする必要はない。

### 定期借地権のまとめ

| 種類 | 目的 | 期間 | 更新 | 建物の取扱い | 書面の要否 |
|---|---|---|---|---|---|
| 定期借地権 | 制限なし | 50年以上 | なし | 買取請求権なし | 必要 |
| 事業用定期借地権 | 事業用 | ①10年以上30年未満 | なし | 買取請求権なし | 必要（公正証書） |
| | | ②30年以上50年未満 | 特約で「なし」にできる | 特約で「買取請求権なし」にできる | |
| 建物譲渡特約付借地権 | 制限なし | 30年以上 | なし | 譲渡特約あり | 不要 |

第3編
第1章
民法

## ⑾ 借家関連規定（借地借家法）

　借地借家法は、一時使用のために建物の賃貸借をしたことが明らかな場合を除いたすべての賃貸借に適用される（借地借家法40条）。居住目的のほか、営業目的などの場合でもその対象となる。

### ①　借家権の存続期間

　借家権の存続期間については、**制限はない**。もっとも、**期間を1年未満としたときには、期間の定めがないものとみなされる**（同法29条1項）。

### ②　借家権の更新・解約等

**【期間の定めがある場合】**

　当事者が**期間の満了の1年前から6か月前までに相手方に対して更新をしない旨の通知をしなかった場合、契約を更新したものとみなされる**（同法26条1項）。

　もっとも、通知をした場合でも、建物の賃貸借の**期間が満了した後に**建物の賃借人が**使用を継続**して、これに対して、**建物の賃貸人が遅滞なく異議を述べなかったとき**は、更新したものとみなされる（同条2項）。これを「法定更新」という。

**【期間の定めがない場合】**

　賃貸人が**解約の申入れ**をした場合、賃貸借契約は、**解約の申入れの日から6か月を経過することによって終了**する（同法27条1項）。

　もっとも、解約の申入れをした場合でも、その日から**6か月経過後**に建物の賃借人が**使用を継続**して、これに対して、**建物の賃貸人が遅滞なく異議を述べなかったとき**は、更新したものとみなされる（同法27条2項、26条2項）。これも「法定更新」という。

　なお、上記の**賃貸人**による更新拒絶の通知及び解約の申入れには、どちらも「**正当事由**」が必要となる（同法28条）。

ここでいう「正当事由」とは、賃貸人及び賃借人が建物の使用を必要とする事情のほか、建物の賃貸借に関する従前の経過、建物の利用状況及び建物の現況や建物の賃貸人が建物の明渡しの条件として、又は建物の明渡しと引換えに建物の賃借人に対して財産上の給付（立退料など）をする旨の申出をした場合におけるその申出を考慮して決定される。

### ③ 定期建物賃貸借等

これまで述べた借家契約のほか、特殊な契約として、**定期建物賃貸借等**がある。

この定期建物賃貸借等とは、一般の借家契約と異なり、当初に定められた契約期間が満了すると借家関係は終了し、その後の更新がないものをいう。

定期建物賃貸借等には、以下のものがある。

### a) 定期建物賃貸借

#### (ア) 意義

定期建物賃貸借は、定期借家権ともいい、**特約により契約の更新がないこととする旨を定めることができるもの**である（同法38条1項）。通常の借家契約は、建物の賃貸人が更新を拒絶したり、解約の申入れをしたりするときには、正当事由が必要となり、契約期間が満了しても、更新されやすく、建物の賃貸人に不利益が生じることがあるため、このような契約が認められている。

#### (イ) 期間

当事者が合意した期間となるが、この期間を1年未満とすることもできる。

#### (ウ) 方式

建物の賃貸人は、あらかじめ、建物の賃借人に対し、建物の賃貸借は契約の**更新がなく**、期間の満了により当該建物の**賃貸借は終了**することについて、その旨を記載した書面（又は電磁的記録）を交付（又は提供）して説明しなければならない（同法38条3項・4項）。

また、この借家契約においては、公正証書による等書面（又は電磁的記録）によらなければならない（同条1項・2項）。

(エ) **契約の終了**

契約の期間が1年以上である場合は、建物の賃貸人は、原則として、**期間の満了の1年前から6か月前までの間**に建物の賃借人に対し期間の満了により建物の賃貸借が**終了する旨の通知**をしなければ、その終了を建物の賃借人に対抗することができない（同条6項本文）。

また、**居住の用に供する建物**（床面積が200㎡未満のものに限る）の賃貸借において、**転勤、療養、親族の介護その他のやむを得ない事情**により、建物の賃借人が建物を自己の生活の本拠として使用することが困難となったときは、**建物の賃借人**は、**建物の賃貸借の解約の申入れ**をすることができる。この場合には、建物の賃貸借は、解約の申入れの日から1か月を経過することによって終了する（同条7項）。

**b)　取壊し予定の建物の賃貸借**

取壊し予定の建物の賃貸借とは、契約等により一定の期間を経過した後に建物を取り壊すべきことが明らかな場合に、建物を取り壊すこととなる時に賃貸借が終了する旨を定めることができるものをいう（同法39条1項）。建物を取り壊すことが明らかなときでも、建物の賃貸人は、契約終了まで建物を賃貸して有効利用したいことがあることから認められた制度である。

なお、この場合、当該特約は、建物を取り壊すべき事由を記載した書面（又は電磁的記録）によってしなければならない（同法39条2項・3項）。

④　**造作買取請求権**

建物の賃貸人の同意を得て建物に付加した畳、建具その他の造作がある場合には、建物の賃借人は、建物の賃貸借が期間の満了又は解約の申入れによって終了するときに、建物の賃貸人に対し、その**造作を時価で**

**買い取るべきことを請求することができる。**建物の賃貸人から買い受けた造作についても、同様とされる（同法33条1項）。

　この規定は、賃料不払による解除のために契約が消滅する場合には適用されないことに注意を要する。

**補　足**

　造作買取請求権の規定は、建物の賃貸借が期間の満了又は解約の申入れによって終了する場合における建物の転借人と賃貸人との間について準用される（同法33条2項）。

---

**ポイント** 　借地借家法については、民法との相違を意識しながら基本知識を押さえるとともに、借地関係と借家関係についても対比しながら整理する必要があります。例えば、民法との相違では対抗要件制度について、また、借地関係と借家関係の対比では、建物買取請求と造作買取請求の差異等をしっかり押さえておきましょう。

---

**Q&A**　　　　　　　　　　　　　　　　**一問一答**

**問**　① 　建物買取請求権は、借地権が賃料不払等を理由に解除された場合には、適用がない。

　　② 　事業用定期借地権の契約を締結するときには、書面によってしなければならないが、この書面は必ずしも公正証書である必要はない。ただし、電磁的方法を考慮する必要はない。

　　③ 　定期建物賃貸借契約においては、公正証書等の書面によらなければならない。ただし、電磁的方法を考慮する必要はない。

・・・・・・・・・・・・・・・・・・・・・・・・・・・・・

**答**　① 　○

　　② 　× 　事業用定期借地権設定は公正証書のみ。

　　③ 　○

　民法には、ほかにも多くの規定があるが、ここでは契約等が無効となる場合、及び当事者が取り消し得る場合について触れておく。これらは、通常、民法総則という分野で扱われる。

## (1) 無効事由と取消事由

　「**無効**」とは、効力を生じないことで、「**取消し**」とは、取消権を有する者が、取消権を行使することによって、契約の最初に遡って無効とみなされるものである（民法121条本文）。取り消すまでは、有効なものとして扱われる。この無効と取消しは、契約上の効果を発生させないようにするためによく用いられる法技術である。

### 無効事由と取消事由

| 無効事由 | 取消事由 |
|---|---|
| ・意思無能力 | ・制限行為能力者 |
| ・権利濫用 | ・錯誤 |
| ・公序良俗違反 | ・強迫 |
| ・通謀虚偽表示 | ・詐欺 |
| ・心裡留保 | |

### ① 無効事由

#### a) 意思無能力（民法３条の２）

　法律上の効果は、正常な意思に基づいて行為をすることが大前提となる。したがって、法律行為の当事者が意思表示をした時に**意思能力を有しなかったときは**、その法律行為は、無効となる。

#### b) 権利濫用（民法１条３項）

　権利濫用とは、**外形上は、権利の行使にみえるが、具体的状況と実際の結果に照らして社会に反するような場合**である。権利濫用として、そ

の行為は許されない。そして、そういった行為は無効と解されている。

### c）　公序良俗違反（民法90条）

　民法では、「公の秩序又は善良の風俗に反する法律行為は、無効とする」と規定されている。「公の秩序又は善良の風俗」は、略して公序良俗といわれるが、要するに反社会的行為ということである。

### d）　心裡留保（民法93条）

　心裡留保とは、平たく言えば、冗談で言うような場合である。民法は、「意思表示は、表意者がその真意ではないことを知ってしたときであっても、そのためにその効力を妨げられない（有効）。ただし、相手方がその意思表示が表意者の真意ではないことを知り、又は知ることができたときは、その意思表示は、無効とする」と規定している。通常、冗談であっても、相手方はその真意を知らないわけであるから、相手方を保護する必要がある。しかし、冗談であると知っているような場合は、保護する必要がないので、無効とされている。

### e）　通謀虚偽表示（民法94条1項）

　民法では、「相手方と通じてした虚偽の意思表示は、無効とする」と規定している（同法94条1項）。

　お互いが示し合わせた偽りの意思表示には、法的な保護を与える必要はないからである。とはいえ、その意思は外部には現れないので、それを信じて取引に入るものを保護する必要がある。そこで、「前項（1項）の規定による意思表示の無効は、善意の第三者に対抗することができない」と規定されている（同条2項）。なお、善意とは、ある事情を知らないということである。

## ② 取消事由

### a） 制限行為能力者

正常な意思に基づかない行為は、法的効果を与えることができないから、乳幼児など意思無能力者のした行為は無効と解されている。ただ、意思無能力の証明は、極めて困難なことから、民法では、一般の社会人よりも判断能力が劣っていると考えられる一定のグループに属する者については、その者の保護、取引の円滑化の観点から、定型的に、法律的な行為をするにあたって、特に保護をしている。これを制限行為能力者制度という。その方法は、制限行為能力者に属する者は、単独では、完全には法律的な行為ができず、サポートする立場の者が定められ、その者の同意を要するものとし、その者の同意がない行為については、取り消すことができるとするものである。

### ㋐ 未成年者

原則）未成年者とは、**年齢18歳未満の者**のことであるが、「未成年者が法律行為をするには、その法定代理人の同意を得なければならない」とされ、この規定に反する法律行為は、取り消すことができる（同法5条1項本文・2項）。

例外）ただし、以下の場合は、未成年者が単独で有効に行為をすることができる。

1）単に権利を得、又は義務を免れる法律行為（同条1項ただし書）

2）法定代理人が目的を定めて処分を許した財産をその目的の範囲内において処分する場合及び目的を定めないで処分を許した財産を処分するとき（同条3項）

3）未成年者が、一種又は数種の営業を許された場合で、その営業に関して法律行為をする場合（同法6条1項）

### ㋑ 成年被後見人

成年被後見人は、「精神上の障害により常に事理を弁識する能力を欠く常況にある者」で、成年後見人というサポーターによって保護される。

　　原則）成年被後見人の法律行為は、取り消すことができる（同法9
　　　条本文）。

　　例外）日用品の購入その他日常生活に関する行為は、取り消すこと
　　　ができない（同条ただし書）。

㈡　**被保佐人**

　　被保佐人は、「精神上の障害により事理を弁識する能力が著しく
不十分である者」で、保佐人というサポーターによって保護される。

　　元本の領収や利用、借財又は保証など、法所定の重要な債務を負
うような行為については、保佐人の同意が必要とされ、保佐人の同
意等がない行為は取り消すことができる（同法13条4項）。

㈢　**被補助人**

　　被補助人とは、「精神上の障害により事理を弁識する能力が不十
分である者」で、補助人というサポーターによって保護される。

　　被補助人については、被保佐人において保佐人の同意を必要とす
る法所定の行為のうち、家庭裁判所の審判により、補助人の同意が
必要とされたものについて、補助人の同意等がない行為は取り消す
ことができる（同法17条4項）。

b）　**錯誤（民法95条）**

　**錯誤による意思表示**とは、表示行為から推測される意思（表示上の効
果意思）と表意者の**真意との間にくい違い**があるのに、表意者がそのく
い違いに**気づかずにした意思表示**である。

　錯誤には、ア）表示行為の錯誤とイ）動機の錯誤の2種類のものがあ
り、ア）**表示行為の錯誤**とは、売買代金の言い間違いや目的物の取り違
えなど、**ある意思決定がなされてから、それを外部に表示するまでの間
に勘違いが生じた**ものをいう。他方、イ）**動機の錯誤**とは、建築できな
い土地を建築可能と思って購入する意思を表示した場合など、**ある意思
表示をするまでの動機**（過程）の部分に勘違いがあるものをいう。

　意思表示は、次のア）又はイ）に掲げる錯誤に**基づく**ものであって、
その錯誤が**法律行為の目的及び取引上の社会通念に照らして重要なもの**

であるときは、取り消すことができる。ただし、上記イ）の動機の錯誤を前提とする意思表示の取消しは、その**事情が法律行為の基礎**とされていることが表示されていたときに限られる。

---

ア）　**意思表示に対応する**意思を欠く**錯誤**（表示行為の錯誤）
イ）　表意者が**法律行為の**基礎とした事情についてのその認識が真実に反する**錯誤**（動機の錯誤）

---

　なお、錯誤が**表意者の重大な過失**によるものであった場合には、**原則**として、錯誤による意思表示の**取消し**をすることは**できない**。もっとも、**例外**として、次の**ウ）・エ）のいずれかの場合は、**錯誤による意思表示の**取消し**をすることができる。

---

ウ）　**相手方が表意者に錯誤があることを知り**、又は**重大な過失**によって**知らなかったとき**（相手方の悪意又は重過失）
エ）　**相手方が表意者と同一の錯誤**に陥っていたとき（共通錯誤）

---

　また、錯誤による意思表示の取消しは、**善意でかつ過失がない**第三者**に対抗**することができない。

### c）　詐欺・強迫（民法96条）

　詐欺又は強迫による意思表示は、**取り消すことができる**（同法96条1項）。**詐欺は、人をだまして錯誤に陥らせる**ことをいい、**強迫**とは、**不法に害悪を告知して相手方に畏怖を生じさせる行為**をいう。詐欺や強迫による意思表示は、自由な意思決定に基づいてされたものではないから、取り消すことができるものとされている。もっとも、強迫はおどされた者に落ち度はないが、詐欺はだまされた者にも不注意があるため、取り消す前に取引行為に入った事情を知らない者を保護する必要がある。そこで、「**詐欺による意思表示の取消しは、善意でかつ過失がない第三者に対抗することができない**」と規定されている（同条3項）。

## (2) 強制履行

　債務者が任意に債務の履行をしないときは、債権者は、裁判所によって、その債務の内容を実現することができる。近代以降の国家では、債務の内容の実現は、自力で行うことは原則として許されず、裁判所によることになる。この手続が、強制執行手続である。

**・強制履行の種類**

　強制履行には、主に**直接強制と代替執行と間接強制の3種類**がある（民法414条1項）。

　それらの内容をまとめると以下のようになる。

| | 直接強制 | 代替執行 | 間接強制 |
|---|---|---|---|
| 強制履行の種類 | 債務者の意思にかかわらず、債務の内容を実現する方法 | 債務者に代わって第三者に債務の内容を実現させ、それに要する費用を債務者から強制的に徴収する方法 | 一種の損害賠償等ペナルティを科して、債務者の履行を経済的に強制する方法 |
| 債務の態様 | 与える債務（金銭債務・特定物債務・種類債務等） | 代替可能な債務（謝罪広告等）、不作為債務 | 引渡債務、代替可能な債務、代替不可能な債務、不作為債務 |

　なお、**強制履行が可能な場合でも損害賠償請求は可能である**（同法414条2項）。

## (3) 債務不履行

### ① 債務不履行とは

**債務不履行**とは、履行期までに債務の本旨に従った給付をしなかったことをいう。これには、次の**3つの種類**がある。

| 種類 | 定義 |
|------|------|
| 履行遅滞 | 履行すべき時期を過ぎて履行しないこと |
| 履行不能 | 履行することができない状態になること |
| 不完全履行 | 一応の履行はなされたが、完全ではないこと |

### ② 債務不履行による損害賠償（415条）

#### a) 債務不履行による損害賠償の成立要件

債務者がその債務の本旨に従った履行をしないとき、または債務の履行が不能であるときは、債権者は、これによって生じた**損害の賠償を請求**することができる。

ただし、その債務の不履行が契約等の債務の発生原因・取引上の社会通念に照らして**債務者の責めに帰することができない事由**によるものであるときは、**損害賠償請求はできない**。

#### b) 債務の履行に代わる損害賠償（填補賠償）

上記で損害賠償の請求をすることができる場合において、債権者は、次のア）〜ウ）のどれかに該当するときは、**債務の履行に代わる損害賠償**の請求をすることができる。

ア）　債務の履行が**不能**であるとき。

イ）　債務者がその**債務の履行を拒絶する意思を明確に表示**したとき。

ウ）　債務が契約によって生じたものである場合において、その**契約が解除**され、又は債務の不履行による**契約の解除権が発生**したとき。

### ③ 損害賠償の範囲 （416条・417条）

損害賠償は、原則として、**金銭**でその額を定める。そして、債務不履行に対する損害賠償の請求は、これによって通常生ずべき損害の賠償をさせることをその目的とする。

もっとも、特別の事情によって生じた損害でも、当事者がその事情を予見すべきであったときは、債権者は、その**損害の賠償を請求**できる。

補 足

将来取得すべき利益についての損害賠償の額を定める場合に、その利益を取得すべき時までの利息相当額（「中間利息」）を控除するときは、その損害賠償の請求権が生じた時点での法定利率で行う。

### ④ 過失相殺 （418条）

債務の不履行、損害の発生・拡大に関して債権者に過失があったときは、裁判所は、これを考慮して、損害賠償の責任・額を定める。

### ⑤ 法定利率

法定利率は、次のルールによる。

- 利息は、原則として、**利息が生じた**最初の時点における法定利率となる。
- 法定利率は、原則、年 3 ％。
- 法定利率は、**3 年を 1 期**として、**各期ごとに変動**する。

### ⑥ 金銭債務の特則 （419条）

金銭の給付を目的とする債務の不履行については、その損害賠償の額は、**債務者が遅滞の責任を負った**最初の時点における法定利率によって定める。ただし、約定利率が法定利率を**超える**ときは、約定利率による。

⑦　**賠償額の予定（420条）**

当事者は、債務の不履行について**損害賠償の額を予定**することができる。そして、賠償額の予定は、履行の請求又は解除権の行使を妨げない。

⑧　**契約の解除**

ａ）**催告による解除（541条）**

当事者の一方がその債務を履行しない場合において、相手方が相当の期間を定めてその履行の催告をし、その期間内に履行がないときは、相手方は、契約の解除をすることができる。ただし、その期間を経過した時における債務の不履行がその契約及び取引上の社会通念に照らして軽微であるときは、解除できない。

ｂ）**催告によらない解除（542条）**

次の場合には、債権者は、**催告をすることなく、直ちに契約の解除**ができる。

ア）　債務の**全部**の履行が**不能**であるとき。
イ）　債務者がその債務の全部の履行を**拒絶**する意思を**明確に表示**したとき。
ウ）　債務の**一部**の履行が**不能**である場合又は債務者がその債務の一部の履行を**拒絶**する意思を**明確に表示**した場合において、**残存する部分のみでは契約をした目的を達する**ことができないとき。

エ）　契約の性質又は当事者の意思表示により、**特定の日時又は一定の期間内に履行をしなければ契約をした目的を達することができない場合**において、債務者が履行をしないでその時期を**経過した**とき。

オ）　上記のほか、債務者がその債務の履行をせず、債権者がａ）の催告をしても契約をした目的を達するのに足りる履行がされる見込みがないことが明らかであるとき。

　なお、次に掲げる場合には、債権者は、**催告をすることなく、直ちに契約の一部の解除**をすることができる。

カ）　債務の一部の履行が不能であるとき。

キ）　債務者がその債務の一部の履行を拒絶する意思を明確に表示したとき。

**ポイント** 　債務の不履行が債権者の責めに帰すべき事由によるものであるときは、**債権者**は、ａ）、ｂ）の規定による**契約の解除をすることが**できない。

#### ｃ）解除の効果（545条）

　当事者の一方がその**解除権を行使**したときは、各当事者は、その相手方を原状に復させる義務を負う。ただし、第三者の権利を害することはできない。解除権の行使は、**損害賠償の請求を妨げない**。

　なお、相互の原状回復は、同時履行の関係に立つ。

**補足**

　金銭を返還するときは、その受領の時から利息を付さなければならない。

#### ｄ）催告による解除権の消滅（547条）

　解除権の行使について期間の定めがないときは、相手方は、解除権を

有する者に対し、**相当の期間を定めて、その期間内に解除をするかどう
かを確答すべき旨の**催告をすることができる。

**期間内に解除の通知を受けないときは、解除権は、**消滅する。

**e）解除権者の故意による目的物の損傷等による解除権の消滅（548条）**
　解除権を有する者が**故意**若しくは**過失**によって契約の目的物を**著しく
損傷**し、若しくは**返還することができなくなったとき**、又は加工若しく
は改造によってこれを他の種類の物に変えたときは、解除権は、消滅す
る。
　ただし、解除権を有する者がその解除権を有することを知らなかった
ときは、解除権は消滅しない。

一問一答

問　① 　公序良俗に反する行為は、取り消すことができる。
　　② 　精神上の障害により、事理を弁識する能力が著しく不十分
　　　な者で、家庭裁判所による所定の審判を受けた者を成年被後
　　　見人という。

答　① 　×　無効である。
　　② 　×　精神上の障害により事理を弁識する能力が「著しく不
　　　十分」である者で、家庭裁判所の所定の審判（保佐開始の審
　　　判）を受けた者は、被保佐人である。なお、成年被後見人は、
　　　精神上の障害により事理を弁識する能力を「欠く常況」にあ
　　　る者で、家庭裁判所の所定の審判（後見開始の審判）を受け
　　　た者をいう。

# 第2章 建物の区分所有等に関する法律（区分所有法）

この章で学ぶこと

- 区分所有法の意義と適用対象を押さえる。
- 区分所有法における用語の定義と制度の概要を押さえる。
- 競売との関係で、特定承継人の責任の内容を押さえる。

## 1 区分所有法の意義

　建物の区分所有等に関する法律（以下「**区分所有法**」という）は、分譲マンションの1室のように、一棟の建物の一部（区分建物）を独立した所有権の対象とすることができるようにし、この区分建物が存在する一棟の建物の権利関係や管理関係について定める法律である。民法の共有の特別規定に位置づけられる。区分所有法は、事務所、倉庫などにも適用があるが、不動産競売との関係では、特に分譲マンションに適用される点が重要である。

## 2 区分所有法上の用語

　区分所有法を理解するためには、前提として、この法律で使用されている用語を理解する必要がある。

　主な用語の定義は、以下のとおりである。

### (1) 区分所有権

　**区分所有権**とは、一棟の建物の中で構造上区分された数個の部分として独立して住居・店舗・事務所又は倉庫その他建物としての用途に供することができるもの（つまり、101号室、102号室、103号室…と区分さ

れた部分）を目的とする所有権をいう（区分所有法 2 条 1 項）。

## (2) 専有部分

**専有部分**とは、区分所有権の目的となっている建物の部分（区分所有建物の中の101号室、102号室、103号室…と区分された部分）をいう（区分所有法 2 条 3 項）。

なお、1 戸の専有部分を複数の区分所有者で共有することもできる。例えば、AとBが101号室を共有する場合などである。

## (3) 区分所有建物

**区分所有建物**とは、専有部分が属する建物のことをいう。居住用のマンションに限らず、オフィスビル・店舗ビル・倉庫等も区分所有建物となり得る。

## (4) 区分所有者

区分所有権を有する者を**区分所有者**という（区分所有法 2 条 2 項）。区分所有者は、自然人でも法人でもかまわない。各区分所有者は専有部分についての区分所有権のほかに、共用部分について、原則として専有部分の床面積の割合に応じた共有持分を有する。

## (5) 占有者

**占有者**とは、区分所有者以外の者で、専有部分を自分のために事実上支配する者をいう。

この定義からは、占有者には、権原のある占有者と権原のない占有者が含まれる。権原のない占有者は、いわゆる不法占拠者である。区分所有法では、権原のある占有者については、「区分所有者の承諾を得て専有部分を占有する者」（区分所有法44条 1 項）や、「専有部分を占有する権原を有する者」（同法60条 3 項）などと表現されている。具体的には、区分所有者との賃貸借契約に基づき専有部分を使用している賃借人等をいう。

## (6) 共用部分

　**共用部分**とは、廊下、階段室、エレベーター、電気配線、ガス・上水道配管、倉庫、物置場など、区分所有者が共同して利用・所有する部分をいう（区分所有法 2 条 4 項、4 条 1 項・2 項）。共用部分には、法定共用部分と規約共用部分がある。

## (7) 建物の敷地

　**建物の敷地**とは、建物が所在する土地及び規約により建物の敷地とされた土地をいう。敷地には法定敷地（底地）と規約敷地、さらに、みなし規約敷地がある（区分所有法 2 条 5 項、5 条 1 項・2 項）。

## 一般的な名称と区分所有法上の用語の比較

| 一般的な名称 | 区分所有法・規約上の用語 | |
|---|---|---|
| マンションの居住者・住人 | 所有者→区分所有者（組合員）<br>所有者以外の者→占有者 | |
| マンションの所有権 | 区分所有権 | |
| マンションの住戸部分・専有部分 | 専有部分 | |
| 専有部分以外のマンションの部分 | 共用部分 | 法定共用部分（エントランス、設備等の建物の附属物） |
| | | 規約共用部分（集会室等の附属の建物等） |
| マンションが所在する土地・敷地 | 敷地 | 法定敷地 |
| | | 規約敷地 |
| | | みなし規約敷地 |
| ベランダや駐車場を使用する権利 | 専用使用権（特定の区分所有者のみが共用部分等を使用できる権利） | |
| 理事長（管理組合法人でない場合） | 管理者（管理組合法人でない場合） | 集会の普通決議によって選任された者 |

✎ 補　足

　適正化法上のマンション：適正化法とは、「マンションの管理の適正化の推進に関する法律」のことで、マンション管理業者に対する業務規制などが規定されている。この法律では、マンションとは、「区分所有法2条2項にいう区分所有者が2以上存在する建物で人の居住の用に供する専有部分のあるもの並びにその敷地及び附属施設」と規定されている（適正化法2条1号イ）。

## 3　区分所有法の全体構造

区分所有法は、以下のような構造となっている。

**第1章　建物の区分所有**

<第1節　総則>
- 「区分所有」「専有部分」「共用部分」「敷地」「区分所有者の団体」等、区分所有法上の重要な用語を定義
- 区分所有者の権利義務等を規定

<第2節　共用部分等>
- 共用部分に関する規定

<第3節　敷地利用権>
- 敷地に関する規定

<第4節　管理者>
- 法人格を有しない管理組合の代表者である管理者に関する規定

<第5節　規約及び集会>
- マンションの基本ルールである、規約の設定・変更・廃止等の方法を規定
- マンションの最高意思決定機関である集会の手続に関する規定

<第6節　管理組合法人>
- 管理組合の法人化手続や、組織、運用に関する規定

<第7節　義務違反者に対する措置>
- マンションの共同利益に反する者に対するペナルティのための措置を規定

<第8節　復旧及び建替え>
- マンションの再生に関する規定

**第2章　団地**
- 2棟以上の建物で構成される団地に関する規定
- 1章の規定のうち、団地にかかわるものが準用されている

**第3章　罰則**
- 区分所有法の各規定に違反した場合の罰則を規定

# 4 管理に関する規定

　区分所有法は、主に、区分所有建物についての「管理」と「権利関係」について規定している。

　区分所有法が予定している管理は、区分所有者からなる管理組合という団体による、集会決議と規約というルールに則った管理である。区分所有法第3条は、「区分所有者は、全員で、建物並びにその敷地及び附属施設の管理を行うための団体を構成し、この法律の定めるところにより、集会を開き、規約を定め、及び管理者を置くことができる。一部の区分所有者のみの共用に供されるべきことが明らかな共用部分（以下「**一部共用部分**」という。）をそれらの区分所有者が管理するときも、同様とする」と規定している。管理組合という団体は、区分所有者が2人以上となれば、法律上、当然に成立する団体である。

　第1章の第4節から第6節が、ほぼ管理に関する規定である。そして、「規約及び集会の決議は、区分所有者の特定承継人に対しても、その効力を生ずる」と規定されている（区分所有法46条1項）。買主は、特定承継人にあたるから、分譲マンションを落札した場合は、落札者は、各マンションで定められている規約や集会決議で決められたルールに従って居住しなければならない。なお、区分所有法では、「規約を保管する者（＝管理組合の理事長等）は、利害関係人の請求があつたときは、正当な理由がある場合を除いて、規約の閲覧（規約が電磁的記録で作成されているときは、当該電磁的記録に記録された情報の内容を法務省令で定める方法により表示したものの当該規約の保管場所における閲覧）を拒んではならない。」としている（区分所有法33条2項）。この「利害関係人」には、区分所有者、専有部分の占有者のほか、区分所有権を取得し又は専有部分を賃借しようとする者、区分所有権・敷地利用権について抵当権等の担保権を有し、又はその設定を受けようとする者なども含まれると解されている。

## 5　権利・義務に関する規定

　主に第 1 章の第 2 節と第 3 節がこれに関する規定である。分譲マンションを落札した場合、どんな権利を取得し、どんな義務を負うのかが規定されている。この点は、競売にも直接かかわってくる点なので、基本的な部分の理解は必要である。

### (1) 専有部分と共用部分

　一棟の建物は、**専有部分と共用部分**に分かれる。専有部分は住居等として使用されている部分のことであり、他は、すべて共用部分となる。また、建物以外の設備なども、専有部分に属するもの以外は共用部分となる。上下水道等の配管も、本管部分は共用部分となる。別棟の建物の集会室なども共用部分となりうる。専有部分は、区分所有権の対象となる部分であるから、他の区分所有者に迷惑をかけない限り、所有者（区分所有者）が自由に利用できる反面、管理は自分で行わなければならない。これに対して共用部分は、区分所有者が共同で持ち合っており（共有）、その管理は、区分所有者全体から構成される管理組合によって管理されることになる。

　そのため、区分所有法の管理の規定の多くは、共用部分を対象とするものであり、専有部分は、一般法である民法の規定の適用による場面が多いことに注意が必要である。

### (2) 専有部分

　専有部分の用法や用途については、区分所有者の共同利益に反しない限り、その専有部分を所有する区分所有者の自由である。

　例えば、専有部分を住居に使用する、あるいは事務所に使用するなど専有部分の用途については、その専有部分を所有する区分所有者が自由に決めることができる。

　ただし、**専有部分の用法や用途**については、**規約で制限**されることがある。

# (3) 共用部分

## ① 共用部分の種類

　共用部分とは、(a)専有部分以外の建物の部分、(b)専有部分に属しない建物の附属物、(c)規約により共用部分とされた専有部分の適格性を有した建物の部分及び附属の建物をいう。

　そして、上記(a)(b)は「法定共用部分」といわれ、(c)は「規約共用部分」といわれる。

### 共用部分の種類

| 法定共用部分 | (a)専有部分以外の建物の部分（廊下や外壁等）<br>(b)専有部分に属しない建物の附属物（設備・配管等） |
|---|---|
| 規約共用部分 | (c)規約により共用部分とされた専有部分の適格性を有した建物の部分及び附属の建物（規約による別棟や専有部分を利用した集会室等） |

## ② 共用部分の持分

ａ）　共用部分に対する各共有者の持分は、**その有する専有部分の床面積の割合**による（区分所有法14条1項）。

ｂ）　床面積は、壁その他の区画の内側線で囲まれた部分の水平投影面積による（**内のり計算**。同法14条3項）。

　　　ただし、ａ）、ｂ）いずれも**規約で別段の定め**をすることができる（同法14条4項）。

## ③ 共用部分の使用

　各共有者（区分所有者）は、共用部分をその用方（用法）に従って、次のように使用することができる（同法13条）。

| 法定共用部分 | 共用部分の構造・位置等から必然的に定まる |
|---|---|
| 規約共用部分 | 規約の内容によって定まる |

## (4) 専有部分と共用部分の一体処分

　専有部分を購入した者が、共用部分について別途、売買契約を結んだり、あるいは区分所有者がエレベーターの共有持分権のみを売却したりすることは、不便であるし、実益がないため、通常考えられず行われない。

　そこで、区分所有法は、専有部分と共用部分（持分）を不可分とし、以下のような 2 つの制限を設けている。

### ① 共用部分の持分の従属性（区分所有法 15 条 1 項）

　共用部分の持分は、専有部分の処分に従う。すなわち、専有部分を処分するとそれに伴って共用部分も処分される。

### ② 専有部分と共用部分の持分に関する単独処分禁止の原則（区分所有法 15 条 2 項）

　共用部分の共有者（区分所有者）は、原則として共用部分の持分を専有部分から分離して単独に処分することはできない。この原則に反してなされた共用部分の持分の処分は無効となる。

### ③ 例外（区分所有法 15 条 2 項）

　区分所有法に別段の定めがある場合（次の a ）又は b ）の 2 つの場合）には、共用部分の持分を専有部分から分離して単独で処分することができる。

> a）　規約によって一部の区分所有者又は管理者を共用部分の所有者
> 　　とする場合（管理所有）（区分所有法11条 2 項、27条 1 項）
> b）　規約の設定又は変更によって共有持分の割合を変更する場合（同
> 　　法14条 4 項）

　この 2 つを除いては、単に共用部分の持分を専有部分から分離して処分することができると定めても認められない。

## (5) 専有部分と敷地利用権の分離処分禁止 （区分所有法22条 1 項）

　敷地とは、区分所有建物の底地（法定敷地）のことであり、敷地利用権は、敷地に対する所有権・借地権等（地上権、土地賃借権、使用借権）をいう。つまり、敷地利用権は、土地に区分所有権、区分所有建物を存立させるために、不可欠の権利である。そこで、専有部分と敷地利用権については、分離処分禁止の原則が定められた。

### ① 原則

　敷地利用権が数人で有する所有権その他の権利である場合には、区分所有者は、その有する**専有部分とその専有部分に係る敷地利用権とを分離して処分することができない**と規定されている（区分所有法22条 1 項）。また、建物の専有部分の全部を所有する者の敷地利用権が単独で有する所有権その他の権利である場合も、この原則が適用される。

### ② 例外

　ただし、次の場合には、例外として分離処分が可能である。

> a) 規約による別段の定め（同法22条1項ただし書）
>
> 　規約に別段の定めがある場合には、敷地利用権の分離処分が可能である。
>
> b) 敷地利用権が分有されている場合
>
> 　敷地利用権がタウンハウスのように分有されている場合には、分離処分が可能である。

### ③　専有部分と敷地利用権の分離処分の効果

　専有部分及び敷地利用権を分離して処分することが禁止されている場合に、それに違反して専有部分又は敷地利用権のみを処分した場合は、次のとおりとなる。

### a)　原則（区分所有法23条本文）

　専有部分と敷地利用権の分離処分の禁止に違反して、専有部分又は敷地利用権のみを処分したとしても、その処分は無効となる。

### b)　例外（区分所有法23条）

　分離処分の無効は、分離処分の禁止について善意の相手方には主張することはできない。

補　足

　分離して処分することができない専有部分及び敷地利用権であることを登記（敷地権である旨の登記）していた場合には、その処分の無効を善意の相手方にも主張することができる（同法23条ただし書）。

## (6) 管理費

　区分所有者は、月ごとに管理費や修繕積立金などを支払っているが、区分所有法では、管理費という言葉は用いられていない。

区分所有法は、「各共有者は、規約に別段の定めがない限りその持分に応じて、共用部分の負担に任じ、共用部分から生ずる利益を収取する」（区分所有法19条）と規定しており、管理費は、この「共用部分の負担」として支払われている。その割合は、規約に別段の定めがない限り、共用部分の持分（専有部分の床面積の割合）である。

## (7) 滞納管理費等の承継

　共用部分の負担などで発生した区分所有者の債務は、**特定承継人に対しても行使できる**（区分所有法 8 条）。これを特定承継人の責任という。

　特定承継人とは、他人から特定の権利だけを承継する者であり、区分所有権の買主、受贈者、強制競売や担保権の実行に基づく買受人などがこれにあたる。

　そして、管理費等の共益費が支払われないまま区分所有権が譲渡された場合、債権者（管理組合等）は、債務者である区分所有者の特定承継人に対しても、その債権を行使することができる。

　その結果、債権者は管理費等を滞納している旧区分所有者だけでなく、マンションを買い受けた特定承継人である新区分所有者に対しても、旧区分所有者の滞納管理費等を請求することができる。この場合、債権者はいずれの者に対しても債権全額を請求することができる。この際、特定承継人は、旧区分所有者が管理費等の滞納をしている事実を知らずにマンション（区分所有権）を買い受けたときでも、その責任を免れることはできない。

　不動産競売の場合、管理費等の滞納の事実は、物件明細書の「**その他買受けの参考になる事項**」欄に記載されるが、評価額にも大きく影響する。そこで通常は、評価書において、評価額を算出する際に滞納管理費等を減価し、それに基づいて売却基準価額が定められている。しかし、代金納付までにはある程度の時間が経過するため、管理費等の滞納額はさらに増える可能性があるものの、それは、裁判所の資料では記録に表れない。したがって、分譲マンションの入札に際しては、管理費等の滞納額の有無、金額等は必ず確認しなければならない。

補　足

　新区分所有者が債権者に対して当該滞納管理費等を支払った場合、法的には新区分所有者は旧区分所有者に対し、自己が支払った分を請求することができる。しかし、所有物件が競売にかかる場合は、一般に債務者、所有者は、行方不明であったり、経済的に破綻していることが多く、回収が難しいのが、実情である。

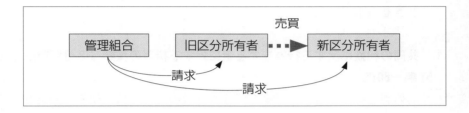

## (8) 共同の利益違反行為に対する措置

### ① 概要

　本来、区分所有者は、専有部分については自由に使用・収益・処分することができるはずである。しかし、それを無制限に認めると、マンションの構造上、他の区分所有者の生活に支障をきたすことがある。

　そこで、区分所有法によって、区分所有者は、建物の保存に有害な行為その他建物の管理又は使用に関し、区分所有者の共同の利益に反する行為をしてはならないとされている（区分所有法6条）。

　このような義務は**占有者にも同様にあてはまる**。占有者も、区分所有者と同じように建物を使用するので、他の区分所有者に迷惑をかけるおそれがあるからである。

補　足

　「共同利益」に反するというためには、当該行為が単に特定の区分所有者に対する侵害行為であるだけでは足りず、一定の広範囲な区分所有者に影響を及ぼすものでなければならないと解されている。

## ② 共同利益違反行為の例

「共同利益違反行為」に関して判例で扱われた事案としては次のようなものがある。

- 店舗部分をカラオケスタジオとして使用し騒音を生じさせた事案
- マンションの1室を新興宗教団体が教団施設として使用し、深夜入居者以外の者が多数出入りしていた事案
- 専有部分において野鳩の餌付け及び飼育を行い、悪臭・騒音を生じさせた事案

## ③ 共同の利益に反する行為をする者に対する措置の種類（区分所有法57条～60条）

共同の利益に反する行為をする区分所有者に対しては、他の区分所有者は、a）行為の停止等、b）専有部分の使用禁止、c）区分所有権及び敷地利用権の競売の各請求をすることができる。

また、区分所有者の共同の利益に反する行為をする占有者に対しては、d）専有部分の引渡し請求をすることができる。

### a） 行為の停止等の請求（区分所有法57条）

区分所有者又は占有者が、共同の利益に反する行為をした場合、又はするおそれがある場合にその行為の停止や行為の結果の除去、又はその行為を予防するため必要な措置をとることを請求するものである。

### b） 専有部分の使用禁止の請求（区分所有法58条）

区分所有者が共同の利益に反する行為をし、あるいはするおそれがある場合で、行為の停止等の請求によっては区分所有者の共同生活の維持を図ることが困難であるときに、専有部分の使用禁止を請求するものである。

### c） 区分所有権及び敷地利用権の競売の請求（区分所有法59条）

区分所有者が共同の利益に反する行為をし、あるいはするおそれがあ

る場合で、他の方法によっては区分所有者の共同生活の維持を図ることが困難であるときに、区分所有権及び敷地利用権の競売を請求するものである。

### d） 専有部分等の引渡し請求（区分所有法60条）

占有者が共同の利益に反する行為をし、あるいはするおそれがある場合で、他の方法によっては区分所有者の共同生活の維持を図ることが困難であるときに、占有者の専有部分の契約を解除して、区分所有者に引き渡すことを請求するものである。

### ④ 共同の利益に反する行為をする者に対する措置の要件

各請求の要件をまとめると次のようになる。

| | 相手方 | 訴訟の提起の必要性の有無 | 決議要件 | 弁明の機会の付与 |
|---|---|---|---|---|
| a） 行為の停止等の請求 | 区分所有者 | しない | 不要 | 不要 |
| | 占有者 | する | 普通決議 | |
| b） 使用禁止請求 | 区分所有者 | 必要 | 特別決議 | 必要 |
| c） 競売請求 | 区分所有者 | 必要 | 特別決議 | 必要 |
| d） 引渡し請求 | 区分所有者 占有者 | 必要 | 特別決議 | 必要 |

※普通決議とは、区分所有者（頭数）及び議決権の各過半数の決議をいう。
※特別決議とは、区分所有者及び議決権の各4分の3以上の決議をいう。

なお、**上記の各請求は必ずしも段階を追って請求しなければならないわけではなく**、例えば、共同の利益違反者の違反の態様や経緯から、行為の停止等の請求では明らかに目的を達成することができない場合には、いきなり使用禁止請求等をすることも許される（判例）。

## (9) 賃借人の地位

　マンションは、専有部分が賃貸されることが多い。賃借人は、区分所有法では、権原のある占有者として位置づけられている。占有者は、区分所有者ではないが、マンションの円満な共同生活の実現には、大きな役割を担っている。そこで、区分所有法では、占有者にも一定の義務を課している。

### ① 賃借人の義務
#### a) 共同の利益に反する行為の禁止

　区分所有者は、建物の保存に有害な行為その他建物の管理又は使用に関し、区分所有者の共同の利益に反する行為をしてはならない。

　そして、このことは、区分所有者以外の専有部分の占有者にもあてはまる。この義務に違反した場合、占有者は、義務違反者に対する措置として、行為の停止等の請求や専有部分の引渡し請求を受ける可能性がある。

#### b) 規約及び集会の決議の効力（区分所有法46条2項）

　占有者は、建物・敷地・附属施設の使用方法につき、区分所有者が規約又は集会の決議に基づいて負う義務と同一の義務を負う。

### ② 賃借人の権利
#### ・占有者の意見陳述権（同法44条）

　区分所有者の承諾を得て専有部分を占有する者（賃借人等）は、マンションの住人ではあるが区分所有者ではないため、管理組合の構成員（組合員）ではない。したがって、占有者については、本来は集会の決議に参加する必要はない。しかし、上記のように占有者も、集会の決議により建物等の使用方法につき一定の制限が課されることがある。

　そこで、占有者が会議の目的たる事項につき**利害関係**を有する場合、占有者は集会に出席し、意見を述べることができる（同法44条1項）。

　そして、この機会を担保するために、占有者が会議の目的たる事項について利害関係を有する場合、集会を招集する者は、招集の通知を発した後遅滞なく、集会の日時・場所・会議の目的たる事項を、建物内の見やすい場所に**掲示**しなければならないとされている（同法44条 2 項）。

### 補足

　占有者（賃借人等）は、意見を述べることはできても議決権を行使することはできない。つまり、占有者（賃借人等）は、決議の段階では、議事に対し賛成や反対をするということはできない。

**ポイント**　区分所有法は、分譲されている建物に適用されるため、**一般的な一棟ものの賃貸マンションには適用がない**点に注意が必要です。
　競売との関係では、「**特定承継人の責任**」の規定により、買受人が旧区分所有者の滞納管理費債務を承継するという点が重要です。

### Q&A　一問一答

**問**
① 一棟の建物は専有部分と共用部分からなっており、いずれも管理組合の管理の対象となる。
② 専有部分と敷地利用権の分離処分禁止に違反した行為は無効となり、善意の相手方にも対抗できる。
③ 滞納管理費を支払った買受人は、当該管理費相当額を元の所有者に請求できる。

**答**
① ×　管理の対象は共用部分である。
② ×　善意の相手方には対抗できない。
③ ○

第**3**章　# 不動産登記法

> ### この章で学ぶこと
> ・不動産登記の意義を押さえる。
> ・不動産登記の構造（表題部と権利部、甲区と乙区）及び記載事項
> 　に関する基本を押さえる。
> ・区分建物の登記に関する基本事項を押さえる。

## 1　不動産登記の意義

　不動産登記とは、不動産（土地や建物）の所在、地番や家屋番号、面積、種類、構造等の**物理的状態**さらに、その不動産についての相続や売買、あるいは抵当権等の内容を法務局（登記所）に備えられている公の帳簿（登記簿）に記載し、**不動産を安全に取引できるようにするための制度**をいう。

　この登記簿は、一般に公開されていて、その不動産の権利関係などの状況がわかるようになっている。

　登記記録は、実体法上は物権の優劣を判断するのに必要であるほか、競売手続上も対象不動産に差押えの登記をするため、不可欠である。

　このように、その基本的な事項は不動産競売を理解するうえで必要な知識ということがいえる。

## 2　不動産登記簿と登記記録

　不動産登記簿とは、登記記録が記録される帳簿であって、磁気ディスク等をもって調製するものをいう（不動産登記法 2 条 9 号）。

　また、登記記録とは、一筆の土地又は 1 個の建物ごとに表題部及び

権利部に区分して作成される電磁的記録をいう（同法 2 条 5 号）。すなわち、登記簿に記録されているデータが、登記記録である。

## 3 登記記録の構造

登記記録は、表題部と権利部に区分して作成されている（不動産登記法12条）。

### (1) 表題部と権利部

表題部には、所在地や面積などの不動産の「表示に関する登記」が記録される（不動産登記法 2 条 7 号）。

一方、権利部には、所有権や賃借権などの「権利に関する登記」が記録される（同法 2 条 8 号）。そして、この権利部は、所有権に関する事項が記録される「甲区」と、所有権以外の権利に関する事項が記録される「乙区」とに区分されている（同規則 4 条 4 項）。

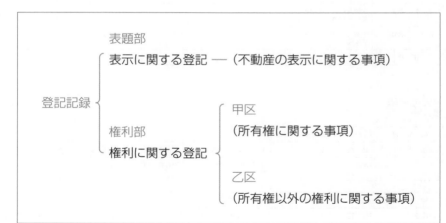

## 土地の表題部

| 表 題 部 （土地の表示） | | | 調製 | 余 白 | | 不動産番号 | 1 2 3 4 5 6 7 8 9 0 1 2 3 |
|---|---|---|---|---|---|---|---|
| 地図番号 | A 1 1 － 1 | | 筆界特定 | 余 白 | | | |
| 所　　　在 | 甲市乙町二丁目 | | | | | 余 白 | |
| ① 地番 | ② 地目 | ③ 地　　　積　　　㎡ | | | | 原因及びその日付〔登記の日付〕 | |
| ３１番 | 宅地 | | | | 3300：00 | 令和何年何月何日公有水面埋立<br>〔令和何年何月何日〕 | |
| 所 有 者 | 甲市乙町二丁目2番8号　甲　某 | | | | | | |

## 建物の表題部

| 表 題 部 （主である建物の表示） | | | 調製 | 余 白 | | 不動産番号 | 1 2 3 4 5 6 7 8 9 0 1 2 3 |
|---|---|---|---|---|---|---|---|
| 所在図番号 | 余 白 | | | | | | |
| 所　　　在 | 甲市乙町　２４番地2 | | | | | 余 白 | |
| 家屋番号 | ２４番2の1 | | | | | 余 白 | |
| ① 種　類 | ② 構　　造 | ③ 床　面　積　㎡ | | | | 原因及びその日付〔登記の日付〕 | |
| 居宅 | 木造亜鉛メッキ鋼板・かわらぶき2階建 | | 1階　　115：70<br>2階　　 99：17 | | | 令和何年何月何日新築<br>〔令和何年何月何日〕 | |

| 表 題 部 （附属建物の表示） | | | | | | | |
|---|---|---|---|---|---|---|---|
| 符号 | ①種類 | ② 構　　造 | ③ 床　面　積　㎡ | | | 原因及びその日付〔登記の日付〕 | |
| 1 | 物置 | 木造亜鉛メッキ鋼板ぶき平家建 | | | 13：22 | 〔令和何年何月何日〕 | |
| 2 | 車庫 | 木造亜鉛メッキ鋼板ぶき平家建 | | | 12：00 | 〔令和何年何月何日〕 | |
| 3 | 物置 | 木造ビニール板ぶき平家建 | | | 10：00 | 〔令和何年何月何日〕 | |
| 所 有 者 | 甲市乙町二丁目1番5号　甲　某 | | | | | | |

## 権利部

| 権 利 部 （甲区） | （所有権に関する事項） | | |
|---|---|---|---|
| 順位番号 | 登 記 の 目 的 | 受付年月日・受付番号 | 権 利 者 そ の 他 の 事 項 |
| 1 | 所有権保存 | 令和何年何月何日<br>第何号 | 所有者　何市何町何番地<br>　　　　何　某 |

| 権 利 部 （乙区） | （所有権以外の権利に関する事項） | | |
|---|---|---|---|
| 順位番号 | 登 記 の 目 的 | 受付年月日・受付番号 | 権 利 者 そ の 他 の 事 項 |
| 何 | 抵当権設定 | 令和何年何月何日<br>第何号 | 原因　令和何年何月何日金銭消費貸借同日設定<br>債権額　金何万円<br>利息　年何%<br>損害金　年何%<br>債務者　何市何町何番地<br>　　　　乙　某<br>抵当権者　何市何町何番地<br>　　　　甲　某 |

## (2) 表示に関する登記

### ① 表示に関する登記

**表示に関する登記**とは、不動産の所在地や面積など、**表題部に記録される登記**をいう。土地の表題部には、地図番号、不動産番号、所在、地番、地目（宅地、田、畑など）、地積（土地の面積）などが記録され、建物の表題部には、所在図番号、不動産番号、所在、家屋番号、種類（居宅、店舗、事務所など）、構造、床面積などが記録されている。

　この表示に関する登記は、公益目的でするものであるため、登記をしておかなければならない必要性が高いものである。

### ② 表題登記

**表題登記**とは、表示に関する登記のうち、不動産について**表題部に最初にされる登記**をいう（不動産登記法2条20号）。例えば、建物を新築したときは、表題登記の申請を行うことになる。

> **ポイント** 建物を新築したときや新たに土地が生じたときには、当該新築した建物や新たに生じた土地の所有権を取得した者は、その所有権の取得の日から1か月以内に、表題登記を申請しなければなりません（同法36条、47条1項）。

## (3) 権利に関する登記

### ① 権利に関する登記の意義

　権利に関する登記とは、不動産について、所有権、地上権、永小作権、地役権、先取特権、質権、抵当権、賃借権などの**権利に関する登記**をいう（同法2条4号、3条）。

　権利に関する登記をすると、対抗力が生じる（民法177条）。

　同一の不動産について登記された権利の順位は、原則として、登記の前後による（不動産登記法4条1項）。登記の前後は、登記記録の同一

の区（甲区又は乙区）にした登記相互間については順位番号による。また、別の区（甲区と乙区）にした登記相互間については受付番号による（同規則2条1項）。

### ②　所有権の保存の登記

　ある不動産について初めてする所有権の登記を、所有権の保存の登記という。この所有権の保存の登記をすると、権利部が作成されることになる。

　なお、所有権の保存の登記がされなければ、権利部は作成されない。そのため、例えば、不動産に抵当権の設定の登記をしようとするときには、はじめに所有権の保存の登記をする必要がある。

### ③　相続登記の義務化

　相続登記とは、**被相続人が所有していた不動産の名義を相続人の名義へ変更すること**をいう。

　所有権の登記名義人について相続の開始があったときは、当該相続により所有権を取得した者は、①**自己のために相続の開始があったことを知り**、かつ、②**当該所有権を取得したことを知った日**から「**3年以内**」に、**所有権の移転の登記を申請**しなければならない（申告義務違反者は、**10万円以下の過料**に処せられる）。

　なお、相続による登記がされた後に遺産の分割があったときは、当該遺産の分割によって当該相続分を超えて所有権を取得した者は、当該遺産の分割の日から3年以内に、所有権の移転の登記を申請しなければならない。

> **ポイント** 従来、不動産の所有者が死亡したのに相続登記がされ
> ないことによって、登記簿を見ても所有者が分からない「所有者不
> 明土地」が全国で増加し、周辺の環境悪化や民間取引・公共事業の
> 阻害が生ずるといった社会問題が生じていました。
>
> そこで、この問題を解決するため、**令和6（2024）年4月1日
> から、従来任意であった相続登記が義務化**されることになりました。
>
> なお、令和6年4月1日より前に相続した不動産も、相続登記が
> されていないものは、義務化の対象になります。その場合は、令和
> 9年3月31日までに相続登記をする必要があるとされています。

## (4) 区分建物（分譲マンション等）の登記

　分譲マンションは、区分所有建物である。区分所有建物の登記は、戸
建ての建物と異なる部分がある。ここではその特徴を説明する。

### ① 区分建物の登記の意味

　分譲マンションの登記は、不動産登記法では「**区分建物の登記**」と呼
ばれている。ここでいう「区分建物」とは、区分所有法の専有部分を意
味する。

### ② 区分建物の登記の構成

　一般の戸建建物の登記の構成は、前述したように、表題部と権利部に
区分されている（不動産登記法12条）。

　そして、区分建物の登記の構成も、これと同様であるが、以下の特徴
がある。

### a) 一棟の建物の表題部

　一棟の建物の表示欄が設けられ、ここには、一棟の建物全体の構造、
床面積などが記録される。

専有部分と敷地利用権の分離処分が禁止されているマンション（敷地権付区分建物）では、「敷地権の目的である土地の表示」欄が設けられる。ここには、分離処分が禁止されている土地の符号、所在及び地番、地目、地積などが記録される。

補　足

　専有部分と敷地利用権の分離処分が禁止されていないマンション（敷地権なし区分建物）では、この「敷地権の目的である土地の表示」欄は設けられない。

### b）　区分建物（専有部分）の表題部

　ａ）の一棟の建物の表題部が設けられるほか、さらに区分建物（専有部分）の表題部が設けられる。ここには、専有部分の構造や床面積などが記録される。

　敷地権付区分建物の場合は、「敷地権の表示」欄が設けられる。ここには、分離処分が禁止されている土地の符号、敷地権の種類、敷地権の割合などが記録される。

補　足

　敷地権なし区分建物では、この「敷地権の表示」欄は設けられない。

### c）　区分建物の権利部

　区分建物の登記にも、戸建建物と同様に、甲区及び乙区が設けられる。ここには、当該区分建物の所有者や抵当権者などが記録される。

## 敷地権付区分建物の表題登記

| 専有部分の家屋番号 | 3 5 － 1 － 1 0 1 ～ 3 5 － 1 － 1 1 0  3 5 － 1 － 2 0 1 ～ 3 5 － 1 － 2 1 5 （一部事項省略） ||||
|---|---|---|---|---|
| 表 題 部 （一棟の建物の表示） || 調製 余 白 | 所在図番号 | 余 白 |
| 所　　　在 | 甲市乙町二丁目　35番地1、35番地2 ||| 余 白 |
| 建物の名称 | 霞が関マンション ||| 余 白 |

| ① 構　　造 | ② 床 面 積　㎡ | 原因及びその日付〔登記の日付〕 |
|---|---|---|
| 鉄筋コンクリート造陸屋根地下1階付8階建 | 1階　417：27<br>2階　638：03<br>3階　638：03<br>4階　638：03<br>5階　638：03<br>6階　638：03<br>7階　638：03<br>8階　206：52<br>地下1階　461：82 | 〔令和2年3月16日〕 |

| 表 題 部 （敷地権の目的である土地の表示） |||||
|---|---|---|---|---|
| ①土地の符号 | ② 所 在 及 び 地 番 | ③地 目 | ④ 地 積　㎡ | 登 記 の 日 付 |
| 1 | 甲市乙町二丁目35番1 | 宅地 | 599：27 | 令和2年3月16日 |
| 2 | 甲市乙町二丁目35番2 | 宅地 | 266：17 | 令和2年3月16日 |
| 3 | 甲市乙町二丁目32番 | 雑種地 | 390： | 令和2年3月16日 |

| 表 題 部 （専有部分の建物の表示） || 不動産番号 | 1234567890123 |
|---|---|---|---|
| 家屋番号 | 乙町二丁目　35番1の201 | 余 白 ||
| ① 種 類 | ② 構　　造 | ③ 床 面 積　㎡ | 原因及びその日付〔登記の日付〕 |
| 居宅 | 鉄筋コンクリート造1階建 | 2階部分　42：53 | 令和2年3月1日新築〔令和2年3月16日〕 |

| 表 題 部 （敷地権の表示） ||||
|---|---|---|---|
| ①土地の符号 | ②敷地権の種類 | ③ 敷 地 権 の 割 合 | 原因及びその日付〔登記の日付〕 |
| 1・2 | 所有権 | 1000分の7 | 令和2年3月1日敷地権〔令和2年3月16日〕 |
| 3 | 賃借権 | 50分の1 | 令和2年3月1日敷地権〔令和2年3月16日〕 |
| 所 有 者 | 甲市乙町一丁目5番1号 株 式 会 社 甲 建 設 |||

| 権 利 部 （甲区） （所有権に関する事項） ||||
|---|---|---|---|
| 順位番号 | 登 記 の 目 的 | 受付年月日・受付番号 | 権 利 者 そ の 他 の 事 項 |
| 何 | 所有権移転仮登記 | 令和何年何月何日第何号 | 原因 令和何年何月何日売買<br>権利者 何市何町何番地<br>　　何 某 |
| | 余 白 | 余 白 | 余 白 |

## (5) 仮登記

### ① 仮登記の意義

　仮登記とは、本登記をするのに必要な形式的要件や実質的要件が揃っ

ていない場合に、将来要件が揃って本登記した場合の順位を確保する目的で、あらかじめしておく登記のことをいう。

　ただし、この仮登記は、予備的な登記であるため、対抗力は生じない。

## ②　仮登記の種類
### a）　1号仮登記

　1号仮登記とは、不動産登記法第105条第1号に規定されているもので、登記すべき物権変動の効力は生じているが、登記申請に必要な一定の添付情報を提供することができないため、登記を申請することができないときに、将来なされるべき登記の順位を保全するためにする登記をいう。

　例えば、登記の申請をする際には、登記義務者（売買では売主をいう）から登記識別情報を提供してもらう必要があるが、その登記識別情報が紛失等しており、提出することができないときには、この仮登記の申請をすることができる。

補　足

　仮登記がされたときは、その次に本登記ができる余白が設けられる（不動産登記規則179条1項）。これは、当該仮登記に基づいて仮登記の順位番号と同一の番号で将来本登記をするためである。

※登記識別情報とは、登記名義人が一定の登記を申請する場合に、当該登記名義人自らが当該登記を申請していることを確認するために用いられる符号その他の情報であって、登記名義人を識別することができるものをいう（不動産登記法2条14号）。

### b）　2号仮登記

　2号仮登記とは、不動産登記法第105条第2号に規定されているもので、当事者間で登記すべき物権変動は生じていないが、①将来その物権変動を生じさせる請求権が発生しているとき、②その請求権が始期付き又は停止条件付きのとき、③物権変動そのものが始期付き又は停止条

件付きであるときに、将来物権変動の効力が生じたときにすべき登記の順位を保全するためにされる登記をいう。

　例えば、Aが所有する不動産について、将来Bに売り渡す旨の売買予約が成立した場合、当該不動産の所有権はBに移転していないが、将来売買の本契約がされてBに所有権が移転したときの登記の順位を保全するために、この仮登記の申請をすることができる。

　また、Aが所有する不動産をAが死亡した時にBに贈与する旨の契約がされた場合、当該不動産の所有権は、Aが死亡するまでBに移転しないが、同様に登記の順位を保全するために、この仮登記の申請をすることができる。

| 権　利　部　　（甲区）　　　　（所有権に関する事項） | | | |
|---|---|---|---|
| 順位番号 | 登　記　の　目　的 | 受付年月日・受付番号 | 権　利　者　そ　の　他　の　事　項 |
| 1 | 所有権保存 | 令和何年何月何日<br>第何号 | 共有者<br>何市何町何番地<br>持分2分の1<br>甲　某<br>何市何町何番地<br>2分の1<br>乙　某 |
| 2 | 乙某持分全部移転請求権仮登記 | 令和何年何月何日<br>第何号 | 原因　令和何年何月何日売買予約<br>権利者　何市何町何番地<br>持分2分の1<br>丙　某 |
| | 余　白 | 余　白 | 余　白 |

### c）　仮登記の本登記への移行

　仮登記は、後日、本登記がされたときに、仮登記の順位によることになる（同法106条）。

　また、仮登記に基づく本登記をする場合、登記上の利害関係を有する第三者がいるときは、その第三者の承諾があるときに限り、申請することができる（同法109条）。

　ここでいう「登記上の利害関係」を有する第三者とは、Aが所有する不動産について、Bの所有権移転の仮登記がされており、次いで、Cの所有権移転の登記がされていた場合で、Bが仮登記に基づく本登記をするときは、当該本登記によって、Cの所有権移転の登記は、Bに対抗することができないため抹消されることになる。そのため、Cは「登記上

の利害関係」を有する第三者となる。

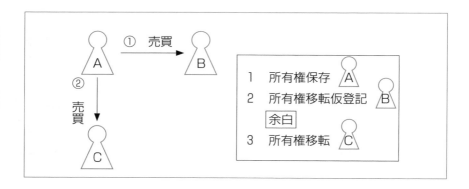

## (**6**) 登記の手続

### ① 申請主義

　申請主義とは、登記は、原則として、当事者の申請や官庁・公署の嘱託（官公署が登記所（法務局）に登記を申請する行為のこと）がなければすることができないことをいう（不動産登記法16条１項）。もっとも、表示に関する登記など、一定の場合については、登記官が職権で自らその登記をすることができる（同法28条等）。

　不動産競売を行うときには、当該不動産に「差押え」の登記が裁判所書記官から法務局に対して、嘱託（依頼）によりされる（民事執行法46条１項、188条）。

### ② 要式主義

　登記の申請をするにあたっては、一定の情報を登記所に提出しなければならない（不動産登記法18条）。これを要式主義というが、一定の情報がなければ登記を記録することができないことから採用されている。

### ③ 共同申請主義

　権利に関する登記の申請は、法令に別段の定めがある場合を除いて、

登記権利者及び登記義務者が共同してしなければならない（同法60条）。登記権利者のほか、登記義務者も登記手続に関与させることによって、登記の真正を担保するためである。

　なお、権利に関する登記をすることにより、登記上、直接に利益を受ける者を「登記権利者」といい、間接に利益を受ける者は除かれる（同法 2 条12号）。

　また、権利に関する登記をすることにより、登記上、直接に不利益を受ける登記名義人を「登記義務者」といい、間接に不利益を受ける登記名義人は除かれる（同法 2 条13号）。例えば、不動産の売買による所有権移転の登記の申請をする場合、登記権利者は買主であり、登記義務者は売主である。

## (7) 登記事項の証明等

### ① 登記事項証明書

　登記事項証明書とは、登記記録に記録されている事項の全部又は一部を証明した書面のことをいう（不動産登記法119条 1 項）。これには、全部事項証明書や現在事項証明書、所有者証明書などがある（同規則196条 1 項各号）。

- 全部事項証明書：登記記録（閉鎖登記記録は除かれる）に記録されている事項の全部が記録されている書面。
- 現在事項証明書：登記記録に記録されている事項のうち、現に効力を有するものが記録されている書面。
- 所有者証明書：登記記録に記録されている現在の所有権の登記名義人の氏名又は名称及び住所が記録されている書面。

### ② 登記事項要約書

　登記事項要約書とは、登記記録に記録されている事項の概要を記載した書面をいう（不動産登記法119条 2 項）。

第3編
第3章
不動産登記法

### ③ 登記事項証明書の交付等

　登記事項証明書や登記事項要約書は、手数料を納付すれば、何人もその交付の請求をすることができる（不動産登記法119条 1 項・ 2 項）。

## (8) 差押え・仮差押え・仮処分の登記の記載例

### ① 差押えの登記

| 権　利　部　　（甲区）　　　（所有権に関する事項） | | | |
|---|---|---|---|
| 順位番号 | 登　記　の　目　的 | 受付年月日・受付番号 | 権　利　者　そ　の　他　の　事　項 |
| 1 | 所有権保存 | 余　白 | 所有者　何市何町何番地<br>　　何　某<br>令和何年何月何日順位２番の差押登記をするため登記 |
| 2 | 差押 | 令和何年何月何日<br>第何号 | 原因　令和何年何月何日何地方裁判所（支部）<br>　　強制競売開始決定<br>債権者　何市何町何番地<br>　　何　某 |

### ② 仮差押えの登記

| 権　利　部　　（甲区）　　　（所有権に関する事項） | | | |
|---|---|---|---|
| 順位番号 | 登　記　の　目　的 | 受付年月日・受付番号 | 権　利　者　そ　の　他　の　事　項 |
| 何 | 仮差押 | 令和何年何月何日<br>第何号 | 原因　令和何年何月何日何地方裁判所（支部）<br>　　仮差押命令<br>債権者　何市何町何番地<br>　　何　某 |

### ③ 仮処分の登記

| 権　利　部　　（甲区）　　　（所有権に関する事項） | | | |
|---|---|---|---|
| 順位番号 | 登　記　の　目　的 | 受付年月日・受付番号 | 権　利　者　そ　の　他　の　事　項 |
| 何 | 仮処分 | 令和何年何月何日<br>第何号 | 原因　令和何年何月何日何地方裁判所（支部）<br>　　仮処分命令<br>禁止事項　譲渡、質権、抵当権、賃借権の設定<br>　　その他一切の処分<br>債権者　何市何町何番地<br>　　何　某 |

**ポイント** 👉 登記は、不動産競売と密接な関係があります。競売不動産を取り扱うにあたり、登記の目的、構造、手続の概要のほか、権利関係が特殊な区分所有建物の登記について、基本的な知識は押さえておきましょう。

### Q&A 一問一答

**問**
① 登記記録の権利部の「甲区」には、所有権に関する事項が記録される。
② 区分建物の登記は、一棟の建物の表題部と区分建物の表題部が設けられる。
③ 仮登記は、対抗力を有する。

・・・・・・・・・・・・・・・・・・・・・・・・・・・・・・・・・・・・・・・・・・・・・・・・・・

**答**
① ○
② ○
③ × 仮登記は予備的な登記であるため対抗力はない。

# 第4編

# 不動産競売を理解するための周辺法令知識 2（その他の法令）

**本編の学習の指針**

　本編では、主な公法上の規制のほか、消費者契約法、宅地建物取引業法（宅建業法）、委任・請負（民法）、弁護士法の各法律で競売に係る点について説明しています。

　公法上の規制は、評価書に記載される内容で、競売手続に直結する項目です。公法上の規制のアウトラインを押さえてください。

　他の法令は、競売手続そのものよりも、競売代行業務等を遂行するうえで関係してくる法令ということができます。試験での出題数は 5 問前後ですが、専門家として競売に携わる方は、知っておくべき知識です。

<table>
<tr><td>第</td><td>1</td><td>章</td></tr>
</table>

# 公法上の規制

## この章で学ぶこと

- 市街化区域・市街化調整区域の概要を押さえる。
- 用途地域・建蔽率・容積率の制度を押さえる。
- 接道義務の概要を押さえる。
- 防火地域・準防火地域の規制の概要を押さえる。
- 競売制度における農地の取扱いを押さえる。

## 1　概要

　公法上の規制とは、**土地の利用や建物の建築について一定の行政目的を達成するために課される規制のこと**をいう。

　不動産については、都市計画法や建築基準法等の法令による公法上の規制があり、その規制により、対象不動産がどのように利用できるかが決まってくるため、不動産競売の対象不動産の評価額に大きく影響を及ぼすことになる。そこで、対象不動産の公法上の規制に関する基本的な知識は知っておく必要がある。

　なお、3点セットの評価書では、「評価の目的物が土地であるときは、地積、都市計画法、建築基準法その他の法令に基づく制限の有無及び内容、規準とした公示価格その他の評価の参考とした事項」は、記載事項とされており（民事執行規則30条1項5号）、これを受けて、**公法上の規制**が評価書に記載される。

## 2 市街化区域・市街化調整区域

　市街化区域とは、都市計画法に基づく都市計画区域のうち、**既に市街地を形成している区域及びおおむね10年以内に優先的かつ計画的に市街化を図るべき区域**として定められた区域をいう（都市計画法 7 条 2 項）。市街化区域については、**用途地域**が定められ、各用途地域ごとに建てられる建築物が定められている。

　市街化調整区域とは、都市計画法に基づく都市計画区域のうち、**市街化を抑制すべき区域**として定められた区域をいう（同法 7 条 3 項）。市街化調整区域では、原則として用途地域を定めない。市街化調整区域の土地については、通常、農林漁業用の建築物以外の一般建築物の建築はできず、他の区域に比べて土地の利用が大きく制限されるので注意が必要である。

### 補足

　都市計画区域を市街化区域と市街化調整区域に分けることを「線引き」という。

　「市街化調整区域」に指定された区域では、建物の建築は原則として認められない。そのため、ライフライン等の整備状況が悪く、現状では、宅地には適さない場所が多い。

## 3 用途地域

　用途地域とは、良好な市街地環境の形成や都市における住居・商業・工業などの適正な配置による機能的な都市活動の確保を目的として都市計画法で定められた**13種の地域**のことをいう。用途地域が決定されると、用途地域ごとに建築物等の用途が規制される。用途地域が指定されている地域においては、建築物の用途の制限とあわせて、建築物の建て方のルールが定められている。これによって、土地利用に応じた環境の確保が図られるようになっている。

第 4 編　第 1 章　公法上の規制

また、用途地域による用途の制限に関する規制は、主に建築基準法令の規定による。例えば、土地の面積と建物の延べ床面積の比率（容積率という）、道路の幅に見合った建物の高さといったルールがある。

# (1) 建蔽率

建蔽率とは、**建築面積（平面積）の敷地面積に対する割合**をいい、以下の計算式による。

建蔽率［%］＝建築面積（㎡）／敷地面積（㎡）×100

建物は、原則として**建蔽率を超えて建てることはできない。**

> **ポイント** ☞ 評価書に「建蔽率が超過している」旨が記載されている場合があります。このような建物は、再建築する場合には、法令に定める建蔽率内に収まるように建築しなければなりません。そうなると、建築面積が減少することになり、評価額が大きく低減されることになるので、注意が必要です。

## 用途地域

### 第一種低層住居専用地域

低層住宅のための地域です。小規模なお店や事務所をかねた住宅や、小中学校などが建てられます。

### 第二種低層住居専用地域

主に低層住宅のための地域です。小中学校などのほか、150㎡までの一定のお店などが建てられます。

### 第一種中高層住居専用地域

中高層住宅のための地域です。病院、大学、500㎡までの一定のお店などが建てられます。

### 第二種中高層住居専用地域

主に中高層住宅のための地域です。病院、大学などのほか、1,500㎡までの一定のお店や事務所など必要な利便施設が建てられます。

### 第一種住居地域

住居の環境を守るための地域です。3,000㎡までの店舗、事務所、ホテルなどは建てられます。

### 第二種住居地域

主に住居の環境を守るための地域です。店舗、事務所、ホテル、カラオケボックスなどは建てられます。

### 準住居地域

道路の沿道において、自動車関連施設などの立地と、これと調和した住居の環境を保護するための地域です。

### 田園住居地域

農業と調和した低層住宅の環境を守るための地域です。住居に加え、農産物の直売所などが建てられます。

### 近隣商業地域

まわりの住民が日用品の買物などをするための地域です。住宅や店舗のほかに小規模の工場も建てられます。

### 商業地域

銀行、映画館、飲食店、百貨店などが集まる地域です。住宅や小規模の工場も建てられます。

### 準工業地域

主に軽工業の工場やサービス施設等が立地する地域です。危険性、環境悪化が大きい工場のほかは、ほとんど建てられます。

### 工業地域

どんな工場でも建てられる地域です。住宅やお店は建てられますが、学校、病院、ホテルなどは建てられません。

### 工業専用地域

工場のための地域です。どんな工場でも建てられますが、住宅、お店、学校、病院、ホテルなどは建てられません。

（国土交通省　都市局　都市計画課　Web ページ）

## (2) 容積率

　容積率とは、**延べ床面積の敷地面積に対する割合**をいい、以下の計算式による。

　容積率［％］＝延べ面積（㎡）／敷地面積（㎡）×100

　建物は、原則として**容積率を超えて建てることはできない**。容積率の基本値は都市計画で定められているが、前面道路幅員により更に制限を受けたり、一定の床面積が容積率算定の際、延べ面積に算入されないなどの緩和処置もある。評価書に記載された容積率は、一般的に基本値になる。

> **ポイント** 👉 入札金額を算出する場合には、役所（建築指導課等）で正確な容積率、建蔽率を確認しておく必要があります。また、建蔽率と同様に、容積率が超過している建物を再建築する場合には、法令に定める容積率内に収まるように建築しなければなりません。そのため、再建築の場合、建築物が小さくなり、評価額が大きく低減されることになるので、要注意です。

　※不動産競売３点セットの評価書に記載されている建蔽率・容積率は、物件ごとに、再計算の必要があることもある（角地緩和、道路幅員等を考慮する）。

## 4 接道義務

　建築基準法上、建築物の敷地は、建築基準法上の道路で原則として幅員４m（特定行政庁が必要と認めた場合は６m）以上の道路に、都市計画区域内では、連続して２m以上接していなければならないとされている（建築基準法42条、43条）。

　ところが古い町並みの道路では、自動車が一般的な存在ではなかった昔の基準により、１間半（約2.7m）あるいは２間（約3.6m）の幅で整備されたものが少なくない。

　ただ、こういった狭い道を「道路」ではないとすると、国民生活に多

大な影響を生じることになる。そこで、建築基準法の適用時に建物が建っていたため道路の幅員が4m（又は6m）未満のものでも、特定行政庁が指定したものは、建築基準法上の道路とみなされている（2項道路、みなし道路。同法42条2項）。なお、条例等で更に厳しい制限が課されている場合もある。

---

**補　足**

　この点に関して、評価書に、「セットバックが必要である旨」が記載されている場合がある。これは、前述の2項道路であり、道路の中心線から2mの位置が敷地と道路との境界線とみなされるため、たとえ個人の所有地内であっても建蔽率や容積率を算定する際の敷地面積には含まれない。また、その部分に塀や門などを作ることもできない。

　そして、建物の再建築の場合には、道路の中心線から2mの位置まで敷地を後退させる（セットバック）必要がある（一方が河川や崖の場合、河川や崖側の道路端より4m）。この場合、再建築に際して道路調査の必要があったり、建物の建築面積が減少する可能性もある。そこで、入札前に、土地の有効面積を確認しておくべきである。

---

## 5 防火地域・準防火地域

### (1) 建築物の技術的基準への適合義務

　防火地域又は準防火地域**内**にある建築物は、壁、柱、床その他の建築物の部分及び当該防火設備を**通常の火災による周囲への延焼を防止**するためにこれらに**必要とされる性能**に関して防火地域及び準防火地域の別並びに建築物の規模に応じて政令で定める**技術的基準に適合**するもので、**国土交通大臣が定めた構造方法**を用いるもの又は**国土交通大臣の認定**を受けたものとしなければならないのが原則である。

### ① 防火地域内**の建築物の技術的基準**

　**防火地域内**にある次の建築物は、原則として、耐火建築物又はそれと

同等以上の延焼防止性能を有する建築物（＝「耐火建築物等」）であることが求められる。

- **階数が** 3 **以上の建築物**
    又は
- **延べ面積が** 100 ㎡超の建築物

　また、**防火地域内**にある次の建築物は、原則として、準耐火建築物又はそれと同等以上の**延焼防止性能を有する建築物**（＝「準耐火建築物等」であることが求められる。

　**階数が** 2 **以下で、かつ、延べ面積が** 100 ㎡以下の建築物

【防火地域内の建築物の技術的基準】

|  | 延べ面積100㎡以下 | 延べ面積100㎡超 |
|---|---|---|
| 3 階以上 | 耐火建築物等 | |
| 2 階以下 | 準耐火建築物等 | |

※階数は、地階を**含む**。

② **準防火地域内の建築物の技術的基準**
　**準防火地域内**にある次の建築物は、原則として、耐火建築物又はそれと同等以上の**延焼防止性能を有する**ことが求められる。

- **地階を除く階数が** 4 **以上の建築物**
    又は
- **延べ面積が** 1,500 ㎡超の建築物

　また、**準防火地域内**にある次の建築物は、原則として、準耐火建築物又はそれと同等以上の**延焼防止性能を有する**ことが求められる。

- 地階を除く階数が 3 で、かつ、**延べ面積が** 1,500 ㎡以下の建築物
  又は
- 地階を除く階数が 2 以下で、かつ、**延べ面積が** 500 ㎡超 1,500 ㎡
  以下の建築物

【準防火地域内の建築物の技術的基準】

|  | 延べ面積 500 ㎡以下 | 延べ面積 500 ㎡超 1,500 ㎡以下 | 延べ面積 1,500 ㎡超 |
|---|---|---|---|
| 4 階以上 | 耐火建築物等 | | |
| 3 階 | | 準耐火建築物等 | |
| 2 階以下 | 一定の技術的基準 | | |

※階数は、地階を**除く**。

## 6 違反建築物と既存不適格建築物

　違反建築物又はその敷地の所有者は、特定行政庁から当該建築物の除去、移転、改築、増築、修繕、模様替、使用禁止、使用制限その他これらの規定又は条件に対する違反を是正するために必要な措置をとることを命ぜられることがある（建築基準法 9 条）。

　既存不適格建築物とは、建築時の法令に適合していたものが、建築後の新法律の制定や法律の改正により適合しなくなったが、建築時に適合していたことから、違法とはならないものをいう（同法 3 条 2 項）。ただし、改築時等に法令に適合させなければならない。超過建蔽率や超過容積率、2 項道路などは、既存不適格建築物の例である。

## 7 農地

　農地は、国民に食料を供給する貴重な財産である。そこで、農地法は農地が無秩序に乱用されないように、不耕作目的での農地の取得、農地の無秩序な転用等を防止するため、**農地・採草放牧地の権利移動及び農地の転用**については、**許可を要する**こととしている。

　この規制は、不動産競売で農地を買い受ける場合も例外ではない。

　そこで、競売の対象となった農地について、期間入札又は特別売却による買受けを希望する者は、農地法上の農地権利取得の資格の有無をあらかじめ確認するため、原則として、**農業委員会による証明が必要**とされ、登記記録の地目が田や畑などの農地の競売に参加する場合は、入札に参加するにあたり、「買受適格証明書」を執行裁判所に提示しなければならない。なお、買受適格証明書とは、その買受人が、農地法の許可を受けることができる者であることを証明する、市町村の農業委員会等が発行する書類である。

## (1) 農地のままでの買受け（農地法3条）

　農地（田、畑）を農地として利用することを前提に競売に参加し、所有権の移転を受ける場合には、一般の所有権移転と同様に買受人が農地法第3条の適格性を有していなければならない。このため、農地の競売に参加する場合には、あらかじめ農業委員会に対し、買受人の買受適格を証明する手続を申請し、競売参加の際に「買受適格証明書」を添付しなければならない。

## (2) 転用を前提とする買受け（農地法5条）

　農地（田、畑）の転用（農地以外のものにすること）を前提に競売に参加し、所有権の移転を受ける場合にも、一般の所有権移転と同様に買受人が農地法第5条の適格性を有していなければならない。このため、

農地の競売に参加する場合には、あらかじめ農業委員会に対し、買受人の買受適格を証明する手続を申請し、競売参加の際に「買受適格証明書」（転用目的）を添付しなければならない。採草放牧地の転用の場合も同様である。

## (3) 買受適格証明書を取得した者が最高価買受申出人又は特別売却の買受申出人と定められた場合

買受人は、あらためて農業委員会等から**所有権移転の許可書（又は届出受理通知書）**を取得しなければならない。

 補 足

買受適格証明書を発行する機関は、原則として、買受希望者が対象物件と同一市町村に居住する場合は、物件所在地の市町村の農業委員会で、その他の場合は都道府県知事である。

## (4) 落札後

買受適格証明書は、許可の見込みのある場合に交付される証明書であって、許可を証明するものではない。したがって、買受人は、**買受後、それぞれの許可を得なければならない。**

## 8 他の主な規制法令

## (1) 宅地造成及び特定盛土等規制法

宅地造成及び特定盛土等規制法は、宅地造成、特定盛土等又は土石の堆積に伴う崖崩れ又は土砂の流出による災害の防止のため必要な規制を行うことにより、国民の生命及び財産の保護を図り、もって公共の福祉に寄与することを目的とする（宅地造成及び特定盛土等規制法 1 条）。

宅地造成等工事規制区域内において行われる宅地造成等に関する工事については、工事主は、当該工事に着手する前に、主務省令で定めるところにより、都道府県知事の許可を受けなければならない（12条1項）。

## (2) 生産緑地法

生産緑地法は、生産緑地地区に関する都市計画に関し必要な事項を定めることにより、農林漁業との調整を図りつつ、良好な都市環境の形成に資することを目的とする（生産緑地法1条）。生産緑地地区内においては、一定の行為については、市町村長の許可を受けなければ、してはならない（同法8条1項）。

## (3) 森林法

森林法は、森林計画、保安林その他の森林に関する基本的事項を定めて、森林の保続培養と森林生産力の増進とを図り、もって国土の保全と国民経済の発展とに資することを目的とする（森林法1条）。保安林においては、政令で定めるところにより、法所定の項目に該当する場合を除いて、都道府県知事の許可を受けなければ、立木を伐採してはならない（同法34条1項）。

## (4) 文化財保護法

文化財保護法は、文化財を保存し、かつ、その活用を図り、もって国民の文化的向上に資するとともに、世界文化の進歩に貢献することを目的とする（文化財保護法1条）。土木工事その他埋蔵文化財の調査以外の目的で、貝づか、古墳その他埋蔵文化財を包蔵する土地として周知されている土地（周知の埋蔵文化財包蔵地）を発掘しようとする場合には、事前に文化庁長官に対する届出が必要である（同法93条）。

**ポイント** 👉 公法上の規制とは、いわゆる建築関連規制のことです。ここでは、用語の定義を押さえたうえで、類似する制度を相互に比較し、基本的な数字も正確に押さえる必要があります。

なお、農地の競売を前提としての農地法のルールもしっかり押さえておきましょう。

### Q&A 一問一答

問 ① 市街化調整区域には、原則として用途地域を定める。

② 建築基準法上、建築物の敷地は、建築基準法上の道路で原則として幅員 4 m以上、都市計画区域内では、連続して 2 m以上接していなければならない。

③ 準防火地域内の地階を除く階数が 5 の建物は耐火建築物等としなければならない。

④ 農地が競売の対象となっているときに、買受適格証明書を取得した者が最高価買受申出人又は特別売却の買受申出人と定められた場合、買受人は、あらためて農業委員会等から所有権移転の許可書（又は届出受理通知書）を取得しなければならない。

............................................

答 ① ✕ 原則として用途地域を定めない。

② ○

③ ○

④ ○

# 第2章　その他の法令

　ここでは、不動産競売手続には直接かかわらないが、競売不動産取扱主任者として業務を行っていくうえで知っておくことが望ましい法令のいくつかについて、その概要を説明する。

## 1 宅地建物取引業法（宅建業法）

### (1) 宅地建物取引業法の目的

　宅地建物取引業法（以下、「**宅建業法**」という）は、宅地建物取引業者の免許制度などの規制による、業務の適正な運営と宅地や建物の取引の公正の確保、宅地建物取引業の健全な発達の促進、購入者等の利益の保護と宅地や建物の流通の円滑化を目的としている（宅建業法１条）。

### (2) 宅地建物取引業務

　様々な種類のある不動産業のうち、宅地建物取引業（以下、「宅建業」という）として、**免許が必要な業務**は、以下の内容である。
① 　**自らが行う宅地や建物の売買や交換**（「**宅地**」とは、建物の敷地に供される土地のこと）
② 　**売買や交換、貸借をするときの代理や媒介**（いわゆる仲介のこと）
③ 　**業として**（営利性の有無に関係なく、**不特定多数の人に対し、反復継続する意思で取引を行うこと**）行うもの
　一般の人が、不動産を購入したり借りたりするときにお世話になる、いわゆる「不動産業者」は、通常、宅建業を行っているといえる。
　宅建業を行う者は、法律に基づいて、国土交通大臣又は都道府県知事

の免許を受けなければならない。なお、この宅建業の免許の有効期間は、5 年である。

　そして、宅建業者には、**事務所ごとに一定数の宅地建物取引士の設置義務**が課せられ、契約時に重要な事項を説明させるなど、業務遂行上も一定の義務が課せられ、もって**業務の適正な運営や不動産取引の公正の確保、購入者の利益**の保護が図られている。

　なお、宅地建物取引士は、従来、宅地建物取引主任者と称されていた資格者で、平成26年の宅建業法の改正により変更された。

## (**3**) 不動産競売代行業と宅建業

　競売代行業務は、令和 6 年 4 月時点において、特に規制される法律がなく、その業務の内容が法律によって定まっているわけではない。

　一般的によく行われているのは、物件の情報提供から物件調査、入札手続、明渡し、住宅ローンまで一切の手続のコンサルタントや業務の代行である。したがって、通常、競売代行業務とされるものは、「宅地建物取引業務」には含まれない。そのため、宅建業の免許は必要ではない。このことから、一見、宅建業とは関係がないようにも思える。

　しかし、次の諸点から、宅建業の免許ないし宅地建物取引士（旧宅地建物取引主任者）資格の取得が望ましい。

① 　競売不動産取扱主任者の登録は、宅地建物取引士資格を保有していることが条件となっている。

② 　不動産業者が自ら落札した物件を転売する場合、あるいは、代行業務のクライアントから転売を委託され反復継続する場合は「宅建業」となるため、免許が必要である。判例は、「宅建業法第 2 条第 2 号にいう『売買』とは、宅建業者が売主又は買主となる場合を指すものであるから、同号における『売買』とは、所有権の移転と引換えに代金を支払う、あるいは、代金を受け取る行為を意味するものと解するのが相当であり、競売において売却許可決定を受け、売却代金を納付して所有権を取得する行為を含むべきである」としている。

③　落札率を高めるには、不動産に関する情報を多く入手できる環境が望ましい。

　先述したように、競売の代行業には、宅建業の免許は不要である。しかし、物件落札のポイントは売却基準価額の予想であり、そのためにはターゲットの物件に類似した物件の相場を知ることが必要となる。この情報は、宅建業者であれば、入手しやすいのである。したがって、実務的には「代行業者」も宅建業の免許を取得しておくことが望ましいといえる。

　このように、競売代行業者は宅建業の免許を取得することが望ましく、逆に、宅建業者が「不動産競売代行業」を行うに際しては、競売不動産取扱主任者資格を取得することが望ましいということも意味する。

　近年、宅建業に携わっている人の中では競売不動産取扱主任者の受験者や有資格者が増加していることからもうかがわれるように、不動産競売に関する業務は事業の拡大の契機として宅建業者の注目を浴びている。

　ただ、競売代行業務には、国家資格や免許等は不要とはいえ、もともと、競売は民間の取引ではなく裁判所での手続であり、取得できる情報も限られていて、専門的な知識やノウハウが必要な特殊な業務であることも事実である。したがって、専門家の証である競売不動産取扱主任者がかかわることは、業務運営の適正の確保のうえからも、また、消費者保護の見地からも望ましいといえる。

## (4) 競売物件を転売する場合の宅建業法上のポイント

### ① 自ら売主制限

　落札した競売物件の転売は、宅建業者が自ら売主となる売買にあたる。そして、宅建業者でない者が転売先となる場合、以下の 8 つの制限が適用される。

a）　クーリング・オフ

b）　自己の所有に属しない宅地・建物の契約制限

**c）　担保責任の特約制限**

d） 損害賠償額の予定等の制限

e） 手付の額の制限

f） 手付金等の保全措置

g） 割賦販売契約の解除等の制限

h） 所有権留保等の禁止

特に注意が必要なのは、**c）の担保責任の特約制限**である。

競売手続自体では物件に担保責任の規定の適用はないが、落札した後の売買は通常の売買であるから、民法の担保責任の規定（民法566条）の適用があり、その特別規定であるc）の担保責任の特約制限の適用もある。

## ② 担保責任の特約

### a） 民法の担保責任

民法では、売主が種類・品質に関して契約の内容に**適合しない**目的物を買主に引き渡した場合において、以下の**担保責任の追及**をすることができるとされている。

---

- 追完請求
- 代金減額請求
- 損害賠償請求
- 契約解除

---

ただし、**買主がその不適合を知った時から**1年以内にその旨を売主に通知しないときは、担保責任の追及をすることができなくなる。

### b） 宅建業法（自ら売主制限）による制限（宅建業法40条1項）

担保責任の追及期間について以下の制限がある。

ア　責任が追及できる期間についての特約は、「目的物の引渡しの日から2年以上」に限られる。

イ　上記を除き、民法で規定している内容よりも買主に不利な特約をしたときは、無効となる（→この場合は民法の規定に戻る）。

**【買主に不利な特約の例】**

- 売主は、一切担保責任を負わない。
- いかなる場合でも損害賠償責任しか負わない。
- 契約不適合の修補責任しか負わない。
- 売主に過失がある場合のみ責任を負う。

### ③ 重要事項説明（宅建業法35条）

　競売物件の調査や購入は、すべて、競売に参加しようと考える者の自己責任であるが、通常の売買では、宅建業者には契約締結までに対象となる宅地又は建物に直接関係する事項や取引条件に関する事項等、法令で定められる重要な事項について、宅地建物取引士に書面で説明をさせる義務がある。なお、この義務は自ら売主制限の規定とは異なり、すべての取引態様に適用される義務である。

### ④ 契約締結時書面の交付（宅建業法37条）

　通常の契約は、一部を除き、契約書の作成や交付の義務はないが、宅建業者は、宅地建物の売買・交換・貸借の契約を締結したときは、契約が成立したら遅滞なく、宅地建物取引士の記名がされた、その契約内容を記載した書面（契約書面）を相手方又は依頼者に交付しなければならない。この契約書に記載する事項には、法令上記載が必要なものと任意のものとがある。

## 2 消費者契約法

## (1) 消費者契約法の目的

　消費者契約法は、消費者と事業者との間の情報の質及び量並びに交渉力の格差に照らして、消費者の利益擁護を図ることを目的として平成12年に制定された法律である。

　この法律は、消費者と事業者の間で締結される労働契約を除くすべて

の契約が適用対象とされ、不当な内容の法律や規制について、取消しを認めたり、無効とすることにより、消費者の保護を図っている。

## (2) 用語

### ① 消費者

「消費者」とは、事業として又は事業のために契約の当事者となる場合におけるものを除いた個人をいう（消費者契約法 2 条 1 項）。

　例）契約主体となる単なる個人

### ② 事業者

「事業者」とは、法人その他の団体及び事業として又は事業のために契約の当事者となる場合における個人をいう（同法 2 条 2 項）。

　例）契約主体となる株式会社、契約主体となる個人事業主

### ③ 消費者契約

「消費者契約」とは、消費者と事業者との間で締結される契約をいう（同法 2 条 3 項）。

---

**ポイント** 👉 消費者契約法は、消費者と事業者との契約（＝消費者契約）を規律し、「消費者」を保護するための法律です。したがって、**消費者同士の契約**や、**事業者同士の契約**は、消費者契約には該当しません。

　なお、ここでいう消費者は、**個人**を指しますが、**事業として又は事業のために契約の当事者となる個人（＝個人事業者）は**除かれます。なぜなら、こうした個人事業者は、むしろ「事業者」と扱うべきものだからです。

---

## (3) 消費者契約法上の規制

　消費者契約法では、①事業者の**不当な勧誘**により消費者が契約を締結した場合に当該契約を「取り消す」ことができる制度と、②消費者契約に**不当な契約条項**が含まれていた場合に、当該契約条項が「無効」となる制度がある。

### ① 不当な勧誘行為があった場合における契約の取消し

#### a）取消事由

　事業者が次のような**不当な勧誘行為**をしたことで消費者が**誤認・困惑**して、契約の**申込み・承諾**の意思表示をした場合、消費者は、当該契約を取り消すことができる（同法 4 条 1 項・3 項）。

| 主な不当勧誘行為 | 主な内容 |
|---|---|
| 不実告知 | **重要事項**について事実と異なることを告げること |
| 断定的判断の提供 | 物品、権利、役務その他の当該消費者契約の目的となるものに関し、将来におけるその価額、将来において当該消費者が受け取るべき金額、その他の将来における変動が**不確実な事項**につき**断定的な判断を提供**すること |
| 不利益事実の不告知 | 事業者が消費者契約の締結について勧誘をするに際し、当該消費者に対してある重要事項又は当該重要事項に関連する事項について当該消費者の利益となる旨を告げ、かつ、当該重要事項について当該消費者の不利益となる**事実を故意又は重大な過失によって告げなかったこと** |
| 不退去 | 当該事業者に対し、当該消費者が、その住居又はその業務を行っている場所から**退去すべき旨の意思を示した**にもかかわらず、それらの場所から**退去しないこと** |
| 退去妨害 | 当該事業者が当該消費者契約の締結について勧誘をしている場所から当該消費者が**退去する旨の意思を示した**にもかかわらず、その場所から当該消費者を**退去させないこと** |
| 過量契約 | 事業者が消費者契約の締結の勧誘をする際に、消費者契約の目的となるものの**分量等**が、その消費者にとっての**通常の分量等を著しく超える**ことを知っていた場合において、その勧誘によりなされた**消費者契約** |

※このほか、「退去困難な場所へ同行」、「威迫する言動を交えて相談の連絡を妨害」、「不安をあおる告知」、「好意の感情の不当な利用」、「判断力の低下の不当な利用」、「霊感等による知見を用いた告知」、「契約締結前に債務の内容を履行」等といったものが取消事由とされている。

b）取消権の行使期間

　取消権は、**追認をすることができる時から 1 年間**（取消事由が「霊感等の知見を用いた告知」の場合は 3 年間）行わないときは、時効によって消滅する。また、消費者契約の締結の時から 5 年間（取消事由が「霊感等の知見を用いた告知」の場合は10年間）を経過したときも、同様に、取消権は消滅する（同法 7 条）。

② **不当な契約条項が含まれていた場合における当該契約条項の無効**

　消費者契約において、次のような消費者の利益を不当に害する契約条項は、無効となる（同法 8 条～10条）。

| 主な不当<br>契約条項 | 主な内容 |
|---|---|
| 事業者の<br>損害賠償の<br>責任を免除<br>する条項 | a）事業者の**債務不履行**による損害賠償責任の**免責条項**<br>b）事業者の**不法行為**による損害賠償責任の**免責条項**<br>c）**契約不適合**による損害賠償責任の**免責条項** |
| 消費者の<br>解除権を<br>放棄させる<br>条項 | 事業者の債務不履行により生じた消費者の解除権を放棄させ、又は当該事業者にその解除権の有無を決定する権限を付与する消費者契約の条項 |
| 消費者が<br>支払う<br>損害賠償の<br>額を予定<br>する条項 | a）消費者契約の解除に伴う損害賠償の額の予定や違約金を定める条項で、これらを合算した額が、同種の消費者契約の解除で事業者に生ずべき平均的な損害の額を超えるもの（超過する部分が無効）<br>b）消費者契約において消費者に課される遅延損害金年率が14.6％を超えるもの(超過する部分が無効) |

| 消費者の利益を一方的に害する条項 | 民法、商法等の法律の公の秩序に関しない規定の適用による場合に比し、**消費者の権利を制限**し、又は**消費者の義務を加重**する消費者契約の条項であって、民法 1 条 2 項に規定する基本原則（**信義誠実の原則**）に反して消費者の利益を一方的に害するもの |

※このほか「事業者の免責範囲が不明確な条項」、「成年後見制度を利用すると契約が解除されてしまう条項」等といったものが無効事由とされている。

# (4) 民法との関係

### ① 民法・商法との関係

消費者契約の申込み又はその承諾の意思表示の取消し、及び消費者契約の条項の効力については、**消費者契約法の規定**によるほか、消費者契約法に**特段の定めがない事項**については、**民法及び商法の規定**による。

### ② 民法・商法以外の個別法との関係

消費者契約の申込み又はその承諾の意思表示の取消し、及び消費者契約の条項の効力について、**民法及び商法以外の他の法律に別段の定め**があるときは、その定めによる。

> **ポイント** 民法・商法以外の個別法（例えば、宅建業法など）は、**当該個別法の関係状況を踏まえて規定**されたものであるため、消費者契約法の規定と個別法の規定とが抵触する場合には、原則として個別法が優先的に適用されます。

**問**
① 宅建業法は、宅建業者の免許制度などの規制による、業務の適正な運営と宅地や建物の取引の公正の確保、宅建業の健全な発達の促進、宅建業者の利益の保護と宅地や建物の流通の円滑化を目的としている。
② 消費者契約法において所定の不当な勧誘行為があったことで消費者が誤認又は困惑して契約の申込み又は承諾をした場合は、当該契約は無効となる。

----------

 **答**
① × 利益の保護は宅建業者ではなく、消費者等である。
② × 無効ではなく、取り消すことができるにとどまる。

## 3 競売代行業務に係る法令

## (1) 総説

　競売代行業務を直接規制する法令は、令和6年4月1日時点ではない。したがって、公序良俗に反しない限り、契約自由の原則に則って、業務を遂行することができる。

　一般的には、物件の情報提供から物件調査、入札手続、明渡し、住宅ローンまで一切の手続のコンサルタントや業務の代行が主な業務と考えられるが、コンサルタントや代行業務は、「(準)委任」契約（民法643条～656条）や「請負」契約（同法632条～642条）あるいは、両者が複合された性質を基本とした契約と考えられる。

　以下では、「委任契約」と「請負契約」の概要と、業務遂行上、理解しておくべき非弁活動の禁止（弁護士法72条）について説明する。

## (2)「委任」契約と「請負」契約

　請負と委任は、請負人、受任者のどちらも、**依頼者とは独立した立場で業務を遂行**する内容の契約である。

　両者の根本的な違いは、請負は、**ある仕事の完成を目的**としているのに対し、委任は、**業務をすること自体を目的**としている点である。なお、委任は、「法律行為」を目的としているが、「法律行為ではない事務の委託」についても「委任」の規定の適用があり（民法656条）、これは「準委任」といわれる。

| | （準）委任 | 請負 |
|---|---|---|
| 契約内容 | 当事者の一方が法律行為（準委任の場合は法律行為ではない事務）をすることを相手方に委託し、相手方がこれを承諾する契約 | 当事者の一方がある仕事を完成することを約し、相手方がその仕事の結果に対してその報酬を支払うことを約する契約 |
| 契約の目的 | 役務の提供それ自体 | 役務の提供による仕事の完成 |
| 報酬の有無 | 原則は無報酬（特約が可能） | あり |
| 報酬の支払時期 | 報酬支払特約がある場合、事務の終了後（①委任者に帰責事由なく委任事務が履行不能になった場合、又は、②委任が履行の中途で終了した場合は、既にした履行の割合に応じて報酬を請求することができる） | 仕事の完成後（ただし、目的物の引渡しが必要となる場合はその引渡しと引換え（同時履行）） |
| 第三者の利用の可否 | 原則として不可（ただし、委任者の許諾を得た場合又はやむを得ない事由がある場合は可能） | 原則として自由（ただし、損害を与えた場合は、使用者としての責任を負う場合がある（民法715条）） |

## ① 請負の主な規定

### a）請負 （同法632条）

請負は、当事者の一方がある**仕事を完成**することを約し、相手方が**その仕事の結果に対して**その**報酬を支払**うことを約することによって、その効力を生ずる。

**b）報酬の支払時期（同法633条）**

　報酬は、仕事の目的物の**引渡しと同時**に、支払わなければならない。ただし、物の引渡しを要しないときは、**仕事の完成後**でなければ、報酬を請求することができない。

**c）注文者が受ける利益の割合に応じた報酬（同法634条）**

　次に掲げる場合において、請負人が既にした仕事の結果のうち**可分な部分の給付によって注文者が利益**を受けるときは、その部分を**仕事の完成**とみなす。この場合において、請負人は、**注文者が受ける利益の割合に応じて報酬**を請求することができる。

> 一　**注文者の責めに帰することができない事由**によって仕事を完成することができなくなったとき。
> 二　**請負が仕事の完成前に解除**されたとき。

**d）請負人の担保責任の制限（同法636条）**

　請負人が種類又は品質に関して**契約の内容に適合しない仕事の目的物を注文者に引き渡した**とき（その引渡しを要しない場合にあっては、仕事が終了した時に仕事の目的物が種類又は品質に関して契約の内容に適合しないとき）は、注文者は、**注文者の供した材料の性質又は注文者の与えた指図によって生じた不適合**を理由として、**履行の追完の請求、報酬の減額の請求、損害賠償の請求及び契約の解除**をすることができない。

　ただし、請負人がその材料又は指図が不適当であることを**知りながら告げなかった**ときは、この限りでない。

**e）目的物の種類又は品質に関する担保責任の期間の制限（同法637条）**

　d）の本文に規定する場合において、注文者がその**不適合を知った時から1年以内**にその旨を請負人に**通知しない**ときは、注文者は、その不適合を理由として、**履行の追完の請求、報酬の減額の請求、損害賠償の請求及び契約の解除**をすることができない。

　上記の規定は、仕事の目的物を注文者に引き渡した時（その引渡し

を要しない場合にあっては、仕事が終了した時）において、請負人が
その不適合を**知り**、又は**重大な過失**によって知らなかったときは、**適
用しない。**

f）**注文者による契約の解除**（同法641条）

　請負人が**仕事を完成しない間**は、**注文者**は、**いつでも損害を賠償し
て契約の解除**をすることができる。

g）**注文者についての破産手続の開始による解除**（同法642条）

　注文者が破産手続開始の決定を受けたときは、請負人又は破産管財
人は、契約の解除をすることができる。ただし、請負人による契約の
解除については、仕事を完成した後は、この限りでない。

　この契約の解除によって生じた損害の賠償は、破産管財人が契約の
解除をした場合における請負人に限り、請求することができる。この
場合において、請負人は、その損害賠償について、破産財団の配当に
加入する。

② **委任の主な規定**

a）**受任者の注意義務**（同法644条）

　受任者は、委任の本旨に従い、**善良な管理者の注意**をもって、委任
事務を処理する義務を負う。

b）**復受任者の選任等**（同法644条の２）

　受任者は、**委任者の許諾を得たとき**、又は**やむを得ない事由がある**
ときでなければ、復受任者を選任することができない。

　代理権を付与する委任において、受任者が代理権を有する復受任者
を選任したときは、復受任者は、委任者に対して、その権限の範囲内
において、**受任者と同一の権利**を有し、**義務**を負う。

c）**受任者による報告**（同法645条）

　受任者は、**委任者の請求**があるときは、いつでも委任事務の処理の
状況を**報告**し、委任が**終了した後**は、**遅滞なくその経過及び結果を報
告**しなければならない。

d）受任者による受取物の引渡し等（同法646条）

　　受任者は、委任事務を処理するに当たって受け取った**金銭その他の物を委任者に引き渡さなければならない**。その収取した果実についても、同様とする。

　　受任者は、委任者のために自己の名で取得した権利を委任者に移転しなければならない。

e）受任者の金銭の消費についての責任（同法647条）

　　受任者は、委任者に引き渡すべき金額又はその利益のために用いるべき金額を**自己のために消費**したときは、その**消費した日以後の利息**を支払わなければならない。この場合において、なお**損害があるとき**は、その**賠償の責任**を負う。

f）受任者の報酬（同法648条）

　　受任者は、**特約がなければ**、委任者に対して**報酬を請求することができない**。

　　受任者は、報酬を受けるべき場合には、**委任事務を履行した後**でなければ、これを請求することができない。ただし、期間によって報酬を定めたときは、期間の経過後に請求できる。

　　受任者は、次に掲げる場合には、**既にした履行の割合に応じて報酬を請求**することができる。

---

　一　**委任者の責めに帰することができない事由**によって**委任事務の履行をすることができなくなったとき。**

　二　委任が**履行の中途で終了**したとき。

---

g）成果等に対する報酬（同法648条の2）

　　委任事務の履行により得られる**成果に対して報酬**を支払うことを約した場合において、その成果が**引渡しを要する**ときは、報酬は、その**成果の引渡しと同時に**、支払わなければならない。

h）受任者による費用の前払請求（同法649条）

　　委任事務を処理するについて**費用を要する**ときは、委任者は、**受任**

者の請求により、その**前払**をしなければならない。

ⅰ）**受任者による費用等の償還請求等**（同法650条）

受任者は、委任事務を処理するのに必要と認められる**費用を支出し**たときは、委任者に対し、その**費用及び支出の日以後におけるその利息の償還**を請求することができる。

受任者は、委任事務を処理するのに必要と認められる債務を負担したときは、委任者に対し、自己に代わってその弁済をすることを請求することができる。この場合において、その債務が弁済期にないときは、委任者に対し、相当の担保を供させることができる。

**受任者**は、委任事務を処理するため**自己に過失なく損害**を受けたときは、委任者に対し、その**賠償を請求**することができる。

ⅰ）**委任の解除**（同法651条）

委任は、**各**当事者がいつでもその**解除**をすることができる。

上記により委任の解除をした者は、**次に掲げる場合**には、相手方の**損害を賠償**しなければならない。ただし、**やむを得ない事由**があったときは、**この限りでない**。

---

一　**相手方に不利な時期**に委任を解除したとき。
二　委任者が**受任者の利益**（専ら報酬を得ることによるものを除く。）**をも目的とする委任**を解除したとき。

---

ⅽ）**委任の解除の効力**（同法652条）

**委任の解除**をした場合には、その解除は、**将来に向かってのみその効力**を生ずる。この場合においては、**損害賠償の請求を妨げない**。

ⅼ）**委任の終了事由**（同法653条）

委任は、次に掲げる事由によって**終了**する。

---

一　委任者又は受任者の**死亡**
二　委任者又は受任者が**破産手続開始の決定**を受けたこと。
三　受任者が**後見開始の審判**を受けたこと。

---

**m）委任の終了後の処分（同法654条）**

　委任が終了した場合において、急迫の事情があるときは、受任者又はその相続人若しくは法定代理人は、委任者又はその相続人若しくは法定代理人が委任事務を処理することができるに至るまで、**必要な処分をしなければならない。**

## **(3) 弁護士法第72条**

### ① **弁護士法第72条の趣旨**

　弁護士法第72条は、以下のように規定している。

　「弁護士又は弁護士法人でない者は、報酬を得る目的で訴訟事件、非訟事件及び審査請求、再調査の請求、再審査請求等行政庁に対する不服申立事件その他一般の法律事件に関して鑑定、代理、仲裁若しくは和解その他の法律事務を取り扱い、又はこれらの周旋をすることを業とすることができない。ただし、この法律又は他の法律に別段の定めがある場合は、この限りでない」。

　そして、この規定に違反した場合、2年以下の懲役か300万円以下の罰金が科される（弁護士法77条3号）。これを非弁活動の禁止という。弁護士以外の者が法律事務を実施した場合は、類型的にトラブル発生の危険性が高いため、非弁活動を一律に規制したものである。

　不動産競売が法律手続であることから、不動産競売の代行業務を行う際には、この原則に触れないように細心の注意を払う必要がある。

　そこで、以下では、競売代行業務を行うにあたって、注意すべき点について説明する。

### ② **非弁活動か否かの判断基準**

　弁護士法第72条が禁止する行為は、報酬を得る目的で法律事務を扱うこと、又は、周旋することを業とする場合である。

第4編

第2章 その他の法令

弁護士法違反になるかどうかは、①その依頼の内容が
どのようなものであるか（「法律事件」であるか否か）、②その依頼
に対し、不動産業者がどのような対応をしたか（その対応の内容が
「法律事務」を行ったといえるか否か）、その不動産業者が、それら
の行為を、③「報酬」を得る目的で、④「反復継続」する意思で行
ったのか（「業」として行ったのか）という4つの要件に該当する
かどうかで判断されます。

## 【判例の基準】

### a）　法律事件

　法律事件とは、法律上の権利義務に関し争いや疑義があり、又は新た
な権利義務関係が発生する案件をいう。

### b）　法律事務

　法律事務とは、法律事件の法律上の権利義務に関し争いや疑義があり、
又は新たな権利義務関係が発生する案件について、法律上の効果を発生
させ又は変更する事項の処理をいう。

### c）　報酬を得る目的

　報酬を受けるについては、必ずしも事前に報酬支払の特約をした場合
に限らず、処理の途中あるいは解決後に依頼者が謝礼を持参するのが通
例であることを知り、これを予期していた場合でも、報酬を得る目的が
あるということになる。

　また、報酬を得る主観的な目的があれば足りるから、現実に報酬を得
たことは必要ない。報酬は、事件を依頼する者から受け取る場合に限ら
ず、第三者から受け取る場合もあてはまる。

### d）　「業として」

　「業とする」ということの意義は、「反復的に又は反復継続の意思をも

って法律事務の取扱い等をし、それが業務性を帯びるに至った場合を指す」と解すべきである。反復継続の意思が認められれば、具体的にされた行為の多少は問題とならない。

---

**コラム**
**column**

## 競売代行業と非弁活動

　非弁活動として禁止されるのは、法律事件と法律事務です。これは、具体的な権利や義務に関するものが前提となっています。したがって、物件の調査や、情報の収集・提供等の裁判手続とは無関係な業務はもちろん、裁判所で行う手続でも競売手続への参加に関する業務は法律事件ではないので、非弁活動とはなりません。

　また、具体的な事件性を前提としない一般的な法律的な知識の提供も非弁活動とはなりません。しかし、法律的な文書の作成は、具体的な事件性を前提とするので、競売代行業者が行うことは、非弁活動にあたります。

　この点で注意を要するのが、立ち退き交渉です。「執行」は、法律事件ではないので、それ自体に係るのは非弁活動にはあたりません。しかし、金銭等を渡して立ち退きを承諾してもらうことは、民法の契約のひとつである「和解」（民法695条）であり、その交渉自体、高度の法律的判断を要することであり、非弁活動と判断されるのが通常です。「不動産業者が、賃貸人の代理人として、その賃借人らとの間で建物の賃貸借契約を合意解除し、当該賃借人らに建物から退去して明け渡してもらうという事務をすること」が「法律事務」に該当するとした判例もあります（広島高判平成4年3月6日判時1420号80頁）。

　さらに、不動産業者が、賃借人との間で立ち退き交渉を行った結果、そのまとまった内容を契約書にする行為のように、法律上の効果を保全・明確化する事務の処理も「法律事務」に該当すると解されるので、注意が必要です。

一問一答

問　① 委任は、原則として無報酬である。

　　② 注文者は、仕事の完成前であれば、損害の賠償をすること
　　なく、請負契約を自由に解除できる。

・・・・・・・・・・・・・・・・・・・・・・・・・・・・・・・・・・・・・・・・・・・・・・・・・・・・・・・・・・

答　① ○

　　② ×　損害の賠償をすることが必要。

# 第 5 編

# 競売不動産の移転、取得等に関する税金等

本編の学習の指針

　本編では、競売不動産を取得し、保有する場合にかかる税金に関する基本的知識を学習します。

　もっとも、競売による売却によって不動産を取得した場合も、税金関係の面では、基本的には一般の流通物件の場合と異なりません。

# 1 登録免許税

## (1) 意義

登録免許税とは、**登録免許税法に基づいて登記等の際に課される国税**である。不動産競売との関係では、所有権移転登記などを受ける際に課税され、代金納付時に納付しなければならない。

## (2) 内容

所有権移転登記の税金の計算は、「**課税標準額**」×2%（1,000分の20）による。

### ① 課税標準額

原則として市町村の「固定資産課税台帳」に登録された価格をいい、固定資産評価証明書などに記載されている。

### ② 税率

1,000分の20

### ③ 軽減税率

個人が2027年3月31日までの間に一定の条件を満たした住宅用家屋を競落し、自己の居住の用に供した場合の税率は、1,000分の3となる。

# 2 不動産取得税

## (1) 意義

　不動産取得税とは、**地方税法に基づいて不動産の取得に対して課される都道府県税**である。競売との関係では、売却代金を納付することによって不動産の所有権が買受人に移転したために課される。**納付時期は不動産取得後で、都道府県税事務所から通知が来る。**

## (2) 内容

　税金の計算は、以下のように行う。

### 税金の計算

| 土地 | | 「課税標準額」× 3 ％（100分の 3 ） |
|---|---|---|
| 家屋 | 住宅 | 「課税標準額」× 3 ％（100分の 3 ） |
| | その他 | 「課税標準額」× 4 ％（100分の 4 ） |

#### ① 課税標準額

　原則として市町村の「固定資産課税台帳」に登録された価格をいい、固定資産評価証明書などに記載されている。ただし、2027年 3 月31日までに宅地等（宅地及び宅地評価された土地）を取得した場合は、取得した不動産の価格× 1 ／ 2 が課税標準額となる。

#### ② 税率

- **土地及び家屋（住宅）→ 3 ／ 100 （ 3 ％）**
- **家屋（非住宅）→ 4 ／ 100 （ 4 ％）**

※2027年 3 月31日まで、住宅及び土地の取得に係る不動産取得税の標準税率（本則 4 ％）を 3 ％とする特例措置が適用される。

③ **中古住宅の課税標準の特例（下記すべて該当すれば軽減措置の可能性あり）**

- 自己居住用として買い受ける
- 床面積が50㎡以上240㎡以下
- 一定の耐震基準要件又は耐震改修・居住要件の充足

# 3 固定資産税、都市計画税

## (1) 固定資産税

### ① 意義

固定資産税とは、**土地、家屋及び償却資産といった「固定資産」の所有者に対し、その固定資産の所在する市町村が課税する地方税**である。

競売不動産を買い受けた者も、固定資産の所有者となるため、この税金が課せられる。

なお、納税者は、「毎年1月1日現在」の土地、家屋又は償却資産の所有者として、固定資産課税台帳に登録されている者となる。

### ② 税金の計算

「課税標準額」×1.4%（1,000分の14）

#### a) 課税標準額

原則として市町村の「固定資産課税台帳」に登録された価格をいい、固定資産評価証明書などに記載されている。

#### b) 特例

一定の条件を満たす不動産については、課税標準や税額について特例を受けることができる。

# (2) 都市計画税

## ① 意義

都市計画税とは、**道路・公園・下水道整備などの都市計画事業や土地区画整理事業に要する費用に充てるために課税される目的税で、その事業による利益を受け得る区域内にある土地及び建物に対して課税される地方税**である。都市計画法による都市計画区域のうち、原則として市街化区域内に所在する土地及び家屋が課税対象となる（償却資産は課税対象外）。

競売不動産が当該区域内にあるものについては、この税金が課せられる。

なお、納税者は、「毎年1月1日現在」の土地、家屋の所有者として、固定資産課税台帳に登録されている者となる。

## ② 税金の計算

「課税標準額」×0.3％（1,000分の3）

### a) 課税標準額

原則として市町村の「固定資産課税台帳」に登録された価格をいい、固定資産評価証明書などに記載されている。

### b) 特例

一定の条件を満たす不動産については、課税標準や税額について特例を受けることができる。

> **ポイント** 競売不動産の取得に伴う税金は、例年1問出題されていますが、範囲も狭く、分量も少ないので、きちんと学習すれば得点につながりやすいといえます。各種税金の定義や税率を正確に押さえ、余力があれば特例等についても確認しておきましょう。

一問一答

 ① 不動産取得税とは、不動産の取得に対して課される国税である。

② 固定資産税の納税者とは、「毎年 1 月 1 日現在」の土地、家屋又は償却資産の所有者として、固定資産課税台帳に登録されている者である。

③ 土地の不動産取得税は、課税標準額の 4 ％である。

- - - - - - - - - - - - - - - - - - - - - - - - - - - - - - - - - - - - - - - - - - - - - - - -

 ① × 地方税である。

② ○

③ × 3 ％である。

# 付録

# 競売用語集

裁判所資料等で用いられている
主な語句について説明しています。

**あ** **空き家（残置物あり）**

空き家内部に所有者などが残していった物がある場合、買受人は、残置物を勝手に処分することはできないので、執行官に保管費用等を予納したうえで、明渡執行を求める必要があります。なお、空き家であるとの認定は、執行官が行った現況調査時点の資料に基づき判断したものであって、現時点において空き家であることを示すものではありません。

**明渡しの催告**

明渡執行に際し、執行官が、債務名義上の債務者が不動産を占有していることを認定し、執行に着手することが可能であると判断したうえで、明渡しの断行予定日を定めて、債務者に告げることにより、その日までに任意に明渡しするよう占有者に促すことです。この催告を公示することにより、その後、断行日までの間に不動産の占有の移転があった場合であっても、はじめから手続をやり直すことを要しないで、直ちに明渡執行を断行することができます。

**明渡猶予制度**

抵当権者に対抗することができない賃貸借（従前、対抗することができるとされていた短期賃貸借権も含む。）に基づく抵当建物の占有者に対し、建物の競売による売却の時から6か月間は、建物を買受人に明け渡さなくてよいこととする制度です。占有者は、明渡猶予により無償で建物を使用する権利を与えられているわけではなく、建物所有者である買受人に対し、建物の使用の対価として、賃料相当額を支払わなければなりません。明渡猶予の対象となる場合については、物件明細書の「4　物件の占有状況等に関する特記事項」の欄にその旨の記載があります。

**い** **移行地**

住宅地・商業地・工業地の各種別のうちで、他の種別へ移行中（地域が変動中）の地域にある土地のことです。※例：住宅地域から商業地域へ移行中の地域にある土地は「商業移行地」です。

**か** **買受可能価額**

買受可能価額とは、売却基準価額からその20％に相当する額を控除した価額のことです。買受けの申出の額は、この価額以上でなければなりません（法60条3項）。

## 買受適格証明書

売却物件が農地である場合、その所有権を移転するには農業委員会又は都道府県知事の許可が必要であるため、買受けの申出ができる者を上記の機関が交付した「買受適格証明書」を有する者に限定しています。執行裁判所で入札するためには、あらかじめ買受適格証明書を取得しておかなければなりません。

## 買受人の所有権取得

買受人が代金を納付すると、その時に不動産の所有権を取得します。買受人は、執行裁判所から送付された「代金納付期限通知書」に同封された「振込依頼書（兼入金伝票）」に必要事項を記載のうえ、指定銀行宛に代金を振り込み「保管金受入手続添付書（3枚綴りの2枚目）」を受け取ります。必要事項を記載した「保管金提出書」に、「保管金受入手続添付書」を添付して、執行裁判所に提出し、「保管金受領証書」を受け取ります。法律上はこの時点で買受人に対する所有権移転の効力が生ずることになります。

## 開札

入札期間が終わると、あらかじめ公告されていた開札期日に開札が行われます。開札は、執行裁判所内の売却場で、執行官が入札書の入った封筒を開封して入札書を読み上げます。入札した人のうち最も高い価格を付けた人が「最高価買受申出人」と定められます。

## 開始決定・差押え

開始決定とは、強制競売や担保権不動産競売の申立てを受けた執行裁判所が、申立てが適法にされていると認めると、不動産執行を始める旨及び目的不動産を差し押さえる旨を宣言することをいいます。開始決定がされると、裁判所書記官が、管轄法務局に対して目的不動産の登記簿に「差押え」の登記をするように嘱託します。また、債務者及び所有者に開始決定正本を送達することになります。

## 確定した執行決定のある仲裁判断

仲裁判断に基づいて強制執行するには、あらかじめ裁判所において、強制執行を許す旨の決定（執行決定）を得なければなりません。

## 確定した執行判決のある外国裁判所の判決

外国裁判所の判決に基づいて強制執行するには、あらかじめ日本の裁判所において、強制執行を許す旨の判決（執行判決）を得なければなりません。

## 確定判決

確定判決とは、上訴裁判所によって取り消される余地のなくなった判決のことです。このうち、強制執行できるのは、給付請求権を表示した給付判決に限られます。

## 確定判決と同一の効力を有するもの

裁判上の和解調書・請求の認諾調書・家事調停における調停調書・破産手続における破産債権者表・民事再生手続における再生債権者表・会社更生手続における更生債権者表及び更生担保権者表等の記載は、確定判決と同じ効力を有し、それらの文書に基づき強制執行をすることができます。

裁判上の和解と同一の効力を有するものに、民事調停における調停調書・民事調停における調停に代わる決定があります。

## 仮換地

土地区画整理事業を施行する者が換地処分をする前に仮に指定をして、従前の宅地の権利者に使用等をさせることができる土地のことです。なお、仮換地について使用・収益を開始することができる日を仮換地の指定の効力発生の日と別に定める場合があります。

## 仮執行宣言付支払督促

支払督促は、債権者から申立てを受けた裁判所書記官が債務者に対し一定額の金銭を支払う旨の命令を発するものです。支払督促送達後、2週間以内に債務者が督促異議の申立てをしないときは、その時から30日の期間内に、債権者は仮執行宣言を申し立てることができ、この宣言がされると、債権者は強制執行を申し立てることができます。

## 仮執行宣言付判決

仮執行の宣言（「この判決は仮に執行できる。」等という判決主文）が付された給付判決のことで、確定しなくても執行することができます。

#### 換地

土地区画整理事業によって、従前地に換えて与えられる宅地のことです。なお、従前地と異なる場所にされる場合（飛換地）もあります。

### き　期間入札

裁判所書記官が定めた期間内に入札を受け付け、後日開札を行って落札者を決める入札方法のことです。

#### 期間入札の公告

期間入札で売却される不動産については、入札期間が始まる日の2週間前までに裁判所の掲示場か庁舎の中の掲示板に、公告が掲示されます。公告には、売却される不動産、入札期間、開札の日時・場所、不動産の売却基準価額、買受可能価額、買受けの申出に際して提供しなければならない保証の額や提供方法など、売却についての重要な事項が記載されています。買受けを希望する場合は、まずこの公告を見て、自分の買いたいと思う不動産を選択します。なお、裁判所が導入しているBIT（Broadcast Information of Tri-set system）では3点セットを公開していますが、その冒頭に期間入札の公告の写しが添付されています。また、多くの裁判所が、新聞などに不動産執行の広告を出しています。

#### 基準地価格

地価公示と同趣旨で、地価公示を地域的、時期的に補完するものとして毎年1回（7月1日が基準日）、各都道府県知事による地価調査が実施されており、この調査地点（基準地）の価格を基準地価格といいます。評価書においては、「地価調査価格」「基準価格」等の表現で価格資料として掲げています。

#### 強制執行開始の要件

強制執行の開始又はその続行には、債権者からの執行力ある債務名義の正本に基づく申立てのほか、次の要件が必要です。(1)債務名義の正本等が債務者に送達されていること、(2)請求が確定期限の到来に係る場合には、その期限が到来したこと、(3)請求が債権者の引換給付義務の履行に係る場合には、その反対給付又はその提供をしたこと、(4)請求が代償請求の場合には、主たる請求の執行が不能に帰したこと、(5)請求が債権者の担保の提供に係る場合には、担保を立てたこと。なお、債務者につき破産手続開始、民事再生手続開始、会社更生手

続開始、整理又は特別清算の開始があると、これらは執行障害となり、執行を開始又は続行することができなくなります。

### 強制執行手続

強制執行手続は、勝訴判決を得たり、相手方との間で裁判上の和解が成立したにもかかわらず、相手方がお金を支払わなかったり、明渡しをしなかったりする場合に、債務名義を得た人（債権者）の申立てに基づいて、相手方（債務者）に対する請求権を、国家の執行機関が強制的に実現する手続です。

### 銀行ローンを利用する場合（民事執行法第82条第2項の申出）

買受人が買受不動産を担保に抵当権を設定し、金融機関等から残代金相当額の融資を受ける（銀行ローンを利用する）場合は、代金納付前に執行裁判所に対しその旨の申出（民事執行法82条2項の申出書の提出）をしなければなりません。申出に際しては、金融機関等との抵当権設定の契約書（写し）及びその金融機関等と連名で登記の申請の代理を業とすることができる者（司法書士又は弁護士）を指定した「指定書」等が必要となります。銀行ローン利用の申出は、代金納付期限の1週間前（遅くとも代金納付期限の3日前）までに行います。

### 近隣商業地域

用途地域の1つで、近隣の住宅地の住民に対する日用品の供給を行うことを主たる内容とする商業、その他の業務の利便を増進するため定める地域です。

### け　形式的競売

留置権による競売及び民法、商法その他の法律の規定による換価のための競売の総称です。これらの手続については、担保権の実行としての競売の例によるとされており、形式的競売の根拠となる民法等実体法規定の趣旨になじまない場合を除き、できるだけ担保権の実行としての競売の手続と同じ取扱いをします。

### 競売市場修正

競売手続に必然的に随伴する減価要因（売主の協力が得られないことが常態であること、買受希望者は内覧制度によるほか物件の内部の確認が直接できないこと、引渡しを受けるためには法定の手続をとらなければならない場合がある

こと等）を売却基準価額に反映させる目的で、一般の不動産市場における売却可能な価格を算出した後（市場性修正を施した後）に行う価格修正のことです。

### 競売申立ての取下げ

申立ての取下げとは、申立債権者がその申立てを撤回する行為です。開始決定がされた後でも、売却が実施されて売却代金が納付されるまでは、いつでも申立てを取り下げることができます。ただし、売却が実施されて、執行官による最高価買受申出人の決定がされた後の取下げについては、原則として最高価買受申出人又は買受人及び次順位買受申出人の同意を必要とします。したがって、確実に取り下げるためには、申立債権者は、開札期日の前日までに執行裁判所に対し取下書を提出する必要があります。買受人が代金を納付した後は、申立ての取下げはできません。申立てを取り下げるためには、事件番号、当事者、目的不動産を記載し、申立てを取り下げる旨を明言した書面（取下書）を執行裁判所受付窓口に提出しなければなりません。既に入札期間が開始されているときは、提出時にその旨を伝えます。取下書は、執行裁判所提出用正本に加え、債務者・所有者数分の副本が必要です。取下書には、その真正を担保するため申立時に使用した印鑑を押印し、印鑑が異なる場合は、印鑑証明書を添付する必要があります。

### 減価修正

減価の要因分析をして求められた減価額を対象不動産の再調達原価から控除することであり、価格時点における対象不動産の適正な積算価格を求めることです。建物の減価率は「定額法」「定率法」及び直接観察して減価率を求める「観察減価法」がありますが、一般的にはこれらを併用する方法で減価修正が行われます。

### 原価法

不動産の価格をその再調達（再取得）に要する費用に着目して求めようとするものであり、価格の判定の基準日（「価格時点」）において、対象不動産を再調達することを想定した場合に必要とされる原価（土地の更地価格や建物の再建築費用等）から、例えば、建物であれば経年や損傷等に応じた減価額を控除して対象不動産の試算価格（積算価格）を求めるものです。

### 現況地目

現実の地目のことで、登記簿上とは異なることもあります。

### 現況調査

執行裁判所の現況調査命令によって、執行官が、不動産の形状、占有状況、占有者の権原等を調査することです。執行官は、現況調査報告書を作成し、執行裁判所に提出します。

### 現況調査報告書

執行官が、実際に競売物件を見たうえで、その物件に関する権利関係や占有状況、形状などについて調査した内容を記載した書類です。現況調査報告書には、土地の現況地目、建物の種類・構造等、不動産の現在の状況のほか、不動産を占有している者の氏名やその者が占有する権原を有しているかどうかなどが記載されており、不動産の写真等が添付されています。

### 建蔽率

建築物の建築面積の敷地面積に対する割合のことです。地域内の建物は、都市計画法で定められる区分ごとの定率以下であることが必要です。なお、地域内においても角地や一定の地域での耐火建築物での増加等、個々の土地ごとに定率等が異なりますので、市町村の「都市計画図」等で各々確認することが必要です。

### こ 工業専用地域

用途地域の1つで、工業の利便を増進するため定める地域です。

### 工業地

工業地域に存する宅地のことであり、「工業地」「準工業地」「工場地」「倉庫地」「流通業務地」「臨海又は臨空工業地」等の表現をしている場合があります。

### 工業地域

用途地域の1つで、主として工業の利便を増進するため定める地域です。

### 抗告によらなければ不服申立てができない裁判

強制執行をするには債務名義が必要ですが、確定判決や仮執行の宣言を付した

判決等と同様に、抗告によらなければ不服申立てができない裁判も債務名義となります。ただし、確定しなければその効力を生じない裁判（例えば、民事執行法83条の引渡命令）にあっては、確定したものに限ります。

## 公示価格

国土交通省土地鑑定委員会は、地価公示法に基づき、都市及びその周辺地域で標準地を選定し、毎年1回基準日（1月1日）における標準地（公示地）の正常な価格を判定し、これを公示しており、これを公示価格といいます。評価書においては、「地価公示価格」との表現で価格資料として掲げられています。

## 個別補正

「標準価格」に対象地の有する個別性を考量した個別の格差修正（個別修正、個別補正、個性率適用などという。）を行って対象地の価格を求める手法です。

## （さ）最高価買受申出人（買受申出人）

最高価買受申出人とは、期間入札の開札期日において、適法な入札をした者の中で最も高額な入札金額の申出をし、執行官から最高価買受申出人と定められた者のことです。また、買受申出人とは、一定期間買受可能価額以上による定額販売方式を実施する特別売却において、売却実施期間中に最初に適法な買受けの申出をし、執行官から買受申出人と定められた者のことです。

## 再調達原価

不動産を価格時点において再調達することを想定した場合に必要とされる適正な原価のことです。建物のみ、建物及びその敷地の場合だけでなく、最近の造成地、埋立地等の対象不動産が土地のみである場合にも求めることができます。再調達原価は建設請負により、請負者が発注者に対し直ちに使用可能な状態で引き渡す通常の場合を想定して、「標準的な」建設費に発注者が直接負担する通常の付帯費用を加算して求めます。

## 債務名義

強制執行によって実現されることが予定されている私法上の給付請求権の存在、範囲、執行当事者（債権者・債務者）を表示した公の文書のことです。強制執行をするには、この債務名義がなければなりません。債務名義の例としては、判決や支払督促などがあります。

**更地**

建物及び構築物等の定着物がなく、かつ、使用等を制約する権利の付いていない土地のことです。

**3点セット**

(1)土地の現況地目、建物の種類・構造など不動産の現在の状況のほか、不動産を占有している者の氏名やその者が占有する権原を有しているかどうかなどが記載され、不動産の写真などが添付された「現況調査報告書」、(2)競売物件の周辺の環境や評価額が記載され、不動産の図面などが添付された「評価書」、(3)競売後もそのまま引き継がなければならない賃借権などの権利があるかどうか、土地又は建物だけを買い受けたときに建物のために底地を使用する権利が成立するかどうかなどが記載された「物件明細書」のそれぞれの写しを1冊のファイルにしたもので、各地方裁判所に閲覧できるように備え置かれたものです。競売物件の買受けのために重要な内容が記載されているので、その内容をよく理解して吟味する必要があります。なお、BITでは3点セットの内容そのものをインターネットで公開し、ダウンロードできるようにされています（一部、農地等でBITで公開していない事件もある。それらの事件については、裁判所で閲覧できる。）。

し **市街化調整区域**

都市計画区域のうち、無秩序な市街化を防止するため原則として住宅等の建設、開発を制限する区域（市街化を抑制すべき区域）のことです。したがって、農林・漁業施設や公共・公益施設等を除く開発行為は、都道府県知事等の許可が必要です。原則として住宅等は建築できませんが、例外として認められるものや特殊なものとして許可されるもの等もあり、特定行政庁（市役所等の都市計画課）にその都度確認することを要します。

**事件番号**

裁判所が個々の事件を識別して、適切に処理していくために付した符号及び番号のことで、例えば、強制執行事件であれば「令和○年（ヌ）第○○号」等と表示されます。裁判所では多くの事件を事件番号によって管理していますので、裁判所に照会するときは必ず事件番号を告げる必要があります。

## 次順位買受けの申出

次順位買受けの申出とは、最高価買受申出人が売却代金を支払わなかった場合に次順位買受申出資格者が買受人となることを、開札期日において執行官に申し出ることをいいます。ただし、申出をするには、(1)最高価買受申出人に次ぐ高額の申出であること、(2)申出額が買受可能価額以上であること、(3)申出額が最高価買受申出額から買受申出保証額を控除した金額以上であることが必要となります。

## 市場性修正

競売不動産の評価では、対象物件自体の個別的要因（形状、規模、接道状況等）による増減価は、試算価格査定の段階で行われるのが通常ですが、例えば、借地権付建物のように、個別的要因を考慮しても、その物件の特殊性のために需要が限定され（土地の賃貸人など買受人が事実上特定の人に限定されるなど）、売却が困難である場合があり得ます。このように、主に物件自体に固有に内在する市場性を制約する要因による修正を「市場性修正」といいます。

## 執行証書

公証人がその権限に基づき作成した公正証書であって、一定の金銭の支払又はその他の代替物若しくは有価証券の一定の数量の給付を目的とする請求を表示し、かつ、債務者が直ちに強制執行に服する旨の陳述が記載されているものです。

## 執行文

裁判所書記官又は公証人の作成する書面で、債務名義に執行力が現存することを証明するものです。強制執行の実施は、執行文の付された債務名義の正本に基づかなければなりません（民事執行法25条）。この執行文の制度は、債務名義が存在していても、それが現在執行力を有するか、また、誰との関係で執行力を有するかについてはさらに調査を要することから設けられています。執行証書以外の債務名義については事件の記録の存する裁判所の裁判所書記官が、執行証書についてはその原本を保存する公証人が、その点を調査して、債務名義の正本の末尾に執行力がある旨の証明（「債権者Aは債務者Bに対し、この債務名義により強制執行することができる。」）を付記します。

### 収益価格

不動産の価格を求める手法の1つである「収益還元法」を適用して試算された試算価格を「収益価格」といいます。収益価格は、収益性不動産（賃貸物件）のほか、賃貸借をすることが物理的、経済的に合理的である不動産においても試算します。

### 収益還元法

不動産の価格を求める手法の1つであり、対象不動産が生み出すであろうと期待される収益の現在価値の総和を求めることにより対象不動産の試算価格（収益価格）を求める手法です。

### 住宅地

住宅地域に存する宅地のことであり、「既存住宅地」「共同住宅地」「戸建住宅地」「高級住宅地」「中級住宅地」「普通住宅地」等の表現をしている場合があります。

### 準工業地域

用途地域の1つで、主として環境の悪化をもたらすおそれのない工業の利便を増進するため定める地域です。

### 準住居地域

用途地域の1つで、道路の沿道としての地域の特性にふさわしい業務の利便の増進を図りつつ、これと調和した住居の環境を保護するため定める地域です。

### 商業地

商業地域に存する宅地のことであり、「高度商業地域」「準高度商業地域」「普通商業地域」「沿道又は路線商業地域」「近隣商業地域」「小売商業地域」等の表現をしている場合があります。

### 商業地域

用途地域の1つで、主として商業その他の業務の利便を増進するため定める地域です。

### 所有権移転手続

所有権を買受人に移転させる手続です。代金納付手続が終わったら、裁判所書

記官から管轄法務局に対し、次の登記嘱託手続をすることになります。(1)前所有者から買受人に対する所有権移転登記（物上保証人が買い受けた場合は不要）、(2)差押登記や抵当権等の設定登記の抹消の登記。なお、(1)(2)の登記を嘱託する際には、登録免許税法の定めにより手数料（収入印紙又は納付書による納付）を納付しなければなりません。

### 新聞等への広告

売却の情報を広く一般に提供するため、大多数の地方裁判所では公告事項の要旨を日刊新聞に広告し、また、大都市部の地方裁判所を中心に住宅情報誌等にも掲載しています。

## せ 積算価格

不動産の価格を求める手法の1つであり、原価に着目して求める「原価法」を適用した場合に求められる一時的に試算された段階での中間的な価格（「試算価格」）を「積算価格」といいます。

### 船舶に対する強制執行

船舶に対する強制執行については、船舶執行における特殊部分を除き、不動産に対する強制執行の規定が準用されています（民事執行法121条）。

### 占有権原

所有者以外の占有者がいる場合に、その占有者の占有の根拠となる権利の内容のことです。

### 占有者、占有の状況及び地上建物の表示

現況調査報告書の記載事項で対象物件が土地と建物の場合、建物の所有者は、土地の上に建物を所有して土地を占有（物件を支配している状態）しているので、その旨の記載がされます。建物が売却対象外の土地の上にも建っているなど売却対象外の敷地があれば、敷地に対する利用権原が問題となります。

## た 第1種住居地域

用途地域の1つで、住居の環境を保護するため定める地域です。

## 第 1 種中高層住居専用地域

用途地域の 1 つで、中高層住宅のための良好な住居の環境を保護するため定める地域です。

## 第 1 種低層住居専用地域

用途地域の 1 つで、低層住宅のための良好な住居の環境を保護するため定める地域です。

## 代金納付

買受人が入札申出額から保証金額を控除した残代金額を執行裁判所に納めることです。この納付によって、不動産の所有権が買受人に移転します。期限までに代金を納付しないと買い受ける権利を失い、買受申出のために提出された保証金も返還されません。代金が納付されると裁判所書記官は、登記所に所有権移転登記を嘱託します。なお、買受人は、買受代金のほかに所有権移転登記の登録免許税、切手代、場合によっては、引渡命令の申立費用、滞納債務、必要費・有益費、引渡命令の執行や残置物処分のための費用などを負担することになります。

## 代金納付期限通知

売却許可決定が確定すると、買受人は、裁判所書記官が定める納付期限までに、執行裁判所に対し代金を納付すべき義務が生じます。実務上、裁判所書記官は、特別の理由がない限り、売却許可決定確定日から 1 か月以内の日を定めます。代金納付期限が指定されると、その旨を「代金納付期限通知書」等の特別送達郵便で通知します。

## 代金の納付手続

最高価買受申出人等に売却を許可する執行裁判所の決定が確定すると、実務上裁判所書記官は、特別の理由がない限り、確定の日から 1 か月以内の適当な日を代金の納付期限と定め、買受人に通知をします。以下が代金の納付手続です。買受人は、定められた期限までに、最寄りの金融機関から裁判所の預金口座に金銭を振り込んで金融機関の領収印のある保管金受入手続添付書を受け取り、それを裁判所に持参する方法、現金を裁判所に持参する方法、裁判所が指定した日本銀行の支店等に現金を納めて保管金領収証書を受け取り、それを裁判所に持参する方法のいずれかにより代金を納付しなければなりません。買受

人が代金を納付しないと、不動産を買い受ける資格を失い、提供していた保証の返還も受けられないことになります。そのため、入札をしようとするときは、入札後短期間のうちに代金全額を納付することができるよう、取引のある金融機関等と相談するなどしてあらかじめ資金の準備をしておく必要があります。代金が納付されると、不動産は買受人の所有となります。

### 第 2 種住居地域

用途地域の１つで、主として住居の環境を保護するため定める地域です。

### 第 2 種中高層住居専用地域

用途地域の１つで、主として中高層住宅のための良好な住居の環境を保護するため定める地域です。

### 第 2 種低層住居専用地域

用途地域の１つで、主として低層住宅のための良好な住居の環境を保護するため定める地域です。

### 滞納債務

マンションを買い受けた場合、買受けまでの管理費や修繕積立金、また、前所有者が滞納した金額を「滞納債務」といい、買受人が支払う必要があります。滞納債務は、物件明細書や評価書等に記載された額から、買受けまでにさらに増加していることがあります。

### 宅地

住宅、店舗、工場他の建物等の敷地として利用されることが合理的な土地（現況の宅地）のことで、不動産登記簿上の表示と必ずしも一致するものではありません。なお、宅地にあっては都市計画法や建築基準法、その他の法令による種々の制限があるので、利用等に際しては行政機関への事前の確認が必要です。

### 宅地見込地

将来、宅地造成が行われ宅地に転換されることが合理的・合法的に見込まれる土地（農地・林地等）のことです。

### 建付地

建物等の敷地となっている宅地のことです。

### 建付地価格

建物の敷地となっている宅地（建付地）の価格のことです。「更地」は建物等がなく使用等を制約している権利が付いていないので、最有効使用が可能ですが、「建付地」は建物等があり、かつ建物等の継続使用を前提とした敷地部分であるため、建付地の価格は例外を除き、「更地」≧「建付地」の関係にあります。

### 担保権の実行

不動産を目的とする担保権の実行の方法には、担保不動産競売と担保不動産収益執行があります。担保不動産競売とは、競売（広く買受けの申出を行わせ、最高の価額で申出をした者に売るという売買方法）による不動産担保権の実行をいい、担保不動産収益執行とは、目的不動産を差し押さえ、管理人にこれを管理させ、その不動産から生ずる収益を債権の弁済に充てる方法による担保権の実行をいいます。担保権は、抵当権、質権、先取特権等実体法上の優先弁済請求権を有するものに限られ、解釈上、担保的機能を有する物権としての法定担保ではない譲渡担保・所有権留保等を含まず、また、優先弁済権を有しない留置権も含まれません。強制執行と異なり、債務名義は不要であり、担保権が登記されている登記事項証明書などが提出されれば、執行機関は手続を開始することとなります。なお、担保権の実行による競売手続も、強制執行手続と比較すると、債務名義を前提とする部分は異なりますが、それ以外の手続はほぼ同じです。

### ち 地代等の代払の許可

借地上の建物が競売の目的物であるとき、その建物の所有者である債務者が地代を滞納すると、地主（土地の所有者）はそれを理由に賃借権の解除をすることができます。解除がされた場合、差し押さえた建物は借地権を失い無価値同然となってしまうため、差押債権者は、債務者（建物所有者）が地代を滞納したときは、執行裁判所の許可（地代等の代払の許可）を得て、債務者（建物所有者）に代わって地代を弁済することができます。

**賃借権**

賃貸借契約に基づき賃借人が有する権利のことです。買受人は、物件明細書の「買受人が負担することとなる他人の権利等」の欄に記載してある賃借権はそのまま引き受けなければなりません。したがって、上記欄に賃借権の記載があるときは、買い受けてもすぐに自分で居住することはできません。貸主として賃料を受け取ることになります。賃料の前払がされている場合は、前払がされている期間の賃料は受け取ることができません。契約が終了したときは、敷金の欄に記載された金額から未払賃料や原状回復費用などを控除した額を賃借人に返還することになります。買受人は、買受後、期間の定めがない賃借権についてはいつでも、期間の定めがある賃借権についてはその期間が経過した後、解約を申し入れることもできます。ただし、解約の効果が発生するためには、買受人の建物使用の必要性や立退料の提供などの正当事由の存在が必要となります。

**賃借権 （短期）**

土地については5年以下、建物については3年以下の期間を定めた賃借権をいい、平成15年の民法改正（平成16年4月1日施行）までは、該当する賃借権については、売却手続中に期限欄の期間が満了しないと、明渡しを求めることができませんでしたが、同改正により、この制度が廃止され、抵当権設定後の賃借権はすべて抵当権に対抗できないこととされました。その一方で、明渡猶予制度等が創設されています。ただし、平成16年4月1日時点で既に存する抵当不動産の賃借権（同日以後に更新されたものを含む。）のうち、上記の各期間を超えないものであって当該抵当不動産の登記後に対抗要件を備えたものに対する抵当権の効力は、なお法改正前の例によることとされています。

**賃借権の譲渡の許可**

第三者である買受人が借地上の建物を競売により取得した際、地主が、その土地の賃借権を買受人に変更しても地主の不利にならないのに、譲渡を承諾しない場合には、裁判所は、その買受人の申立てにより、地主の承諾に代わる許可を与えることができます。

**て 田園住居地域**

用途地域の1つで、農業と調和した低層住居の環境を守るための地域です。

## と 登録免許税

国税の 1 つで、公簿に登記登録する際に課税されるものです。不動産競売手続において個人で買い受けた場合、所有権移転登記に要する家屋についての「登録免許税」が軽減される場合があります。適用されるための要件：(1)その建物に自分が居住すること、(2)床面積が50㎡以上であること（マンション等の場合は登記簿上の専有面積（附属建物も合算）を基準とする。）、(3)一定の耐震基準要件又は耐震改修・居住要件の充足。

## 特別売却

特別売却とは、入札又は競り売りの方法以外の特別な売却方法であり、期間入札により売却を実施しても、適法な買受けの申出がなかった場合にのみ行う売却方法です。特別売却についても裁判所書記官の売却実施処分に基づいて執行官が行います。特別売却には、実務上、(1)条件付特別売却：期間入札の売却実施処分と同時に、期間入札において適法な買受けの申出がないときに特別売却を実施するという「条件付特別売却実施処分」に基づく売却方法、(2)上申による特別売却：条件付特別売却を実施しても買受けの申出がなかった場合で、差押債権者から特別売却の実施を要請する旨の上申書が提出され、裁判所書記官が相当と認めたときに実施するという「特別売却実施処分」に基づく売却方法がありますが、いずれも特別売却期間中に最初に買受けを申し出た人に買受けの権利が与えられます。同一物件について、買受けの申出が同時に複数されたときは、再入札により買受申出人を定めます。特別売却物件の買受申出も、執行官室で受け付けています。

## 特別売却の実施方法等

(1)特別売却物件とは期間入札において適法な買受けの申出がなかった物件です。対象物件は、開札結果欄に「特売」と表示されている物件です。(2)買受希望者は、執行官に対し、買受申出人の資格を証明したうえで買受けの申出をし、保証金を提出することになります。(3)特別売却による売却基準価額は、その直前の期間入札における売却基準価額と同額であり、売却の申出ができる価額は、買受可能価額以上の価額です。(4)買受申出の保証は、金銭又は執行裁判所が相当と認める有価証券を執行官に提出する方法によります。(5)買受申出人とは、特別売却において、売却実施期間中に最初に適法な買受けの申出をし、執行官から買受申出人と定められた者のことです。

## 取引事例比較法

不動産の価格を求める手法の1つであり、マンションの価格を算出する際によく利用される手法です。近隣地域又は同一需給圏内の類似地域に存する複数の取引事例について、それぞれ事情補正及び時点修正をし、並びに地域要因及び個別要因の補正をして求められた各試算価格を調整して対象不動産の価格を求めます。

## な 内覧

執行官が、買受希望者を不動産に立ち入らせて見学させる制度です。内覧は、差押債権者の申立てがあった場合にのみ発令される内覧実施命令に基づき実行されるものです。内覧は、占有者が立入りを拒んだり、差押債権者の申立てが取り下げられたり、内覧実施命令が取り消された場合には、実施することはできません（その場合の交通費等の弁償はない。）。また、他の内覧参加者の行為等によって、円滑な実施が困難になり、途中で実施できなくなることもあります。

## に 入札の方法

(1)BIT等により3点セットを検討し、現地に行って物件を確認したうえで、買い受けたいと思う物件が見つかったら、執行官室で入札の受付と手続をします。入札をしようとする人は、執行官から入札書用紙と封筒を受け取り、これに必要事項を記入します。期間入札では、多数の不動産についての入札を同時に行うのが普通ですから、不動産を取り違えないよう注意が必要です。入札価格は、公告に記載された買受可能価額以上でなければなりません。(2)入札の方法は、入札書を執行官に直接差し出す方法と、入札書を執行官宛に郵送する方法とがあります。執行官に直接差し出す場合には、入札書を封筒に入れて封をし、その封筒に開札期日を記入したうえで、入札期間内に差し出します。郵送入札をする場合には、入札書を入れて封をし、開札期日を記入した封筒を、更に別の封筒に入れ、執行官に宛てた郵便又は信書便で、入札期間内に届くように送付します。入札期間を過ぎてから配達されたものは無効となります。いったん提出した入札書は、訂正したり取り消したりすることができません。入札するときには買受申出の保証金を提供することが必要です。保証の額は通常は売却基準価額の20％ですが、それ以上のこともありますので、公告等を確認することが必要です。(3)入札期間経過後、公開の開札期日に裁判所内の開札場で開札が行われ、最も高い金額で入札した人（「最高価買受申出人」）が買い受

ける権利を取得します。それ以外の人のうち、次順位買受申出をした者を除く入札人の保証金等は返還されます。

### の 農地

農地地域にある耕作の用に供されている土地のことです。農地法上の「農地」は転用・移転等が制限（許可又は届出等）されており、買受人の適格性等の制限を受けるため注意が必要です。

### 農地見込地

農地地域や周辺にある山林や原野等で、農地造成が行われて農地に転換されることが合理的・合法的に見込まれる土地のことです。

### は 売却基準価額

売却基準価額は、従来の最低売却価額に相当するもので、評価人の評価に基づいて定められた競売不動産の価額です。売却基準価額が適正であるためには、評価が適正でなければなりません。そこで、執行裁判所は、評価書を、現況調査報告書、不動産登記事項証明書等とともに審査し、評価の前提とした目的不動産に関する事実関係及び権利関係が的確に把握されているか、並びに評価の方法及び計算過程が適正であるかを検討したうえで売却基準価額を定めることになります。

### 売却許可決定

最高価買受申出人が決まると、「売却決定期日」（あらかじめ公告される。）が開かれ、最高価買受申出人に不動産を売却するか否かを、執行裁判所が決定することをいいます。最高価買受申出人が不動産を買い受ける資格を有しない場合など、一定の場合には、売却が許可されないこともありますが、普通の場合には売却が許可され、最高価買受申出人は買受人となります。

### 売却許可決定の確定

債権者、債務者及び所有者等の利害関係人は、売却許可決定に対する不服申立方法として執行抗告をすることができ、公告の掲示日の翌日から起算して1週間以内に執行抗告の申立てがされない場合に売却許可決定が確定することをいいます。売却許可決定が確定した時点で買受申出人は、目的不動産の「買受人」としての代金納付義務が発生します。買受人の事情により目的不動産の取

得を取りやめる場合は、入札時に差し入れた保証（入札保証金）を放棄することにより、代金納付義務を免れることができます。最高価買受申出人又は買受人たる地位（権利）の譲渡は、相続等の一般承継の場合を除き、認められません。

## 売却決定期日

売却決定期日とは、執行裁判所が最高価買受申出人（又は買受申出人）に対し、不動産の売却を許可するか否かを審査し、その結果について「決定」という裁判を行う期日です。裁判所書記官は、通常は、売却決定期日を開札期日から3週間以内の日に指定します。執行裁判所は、売却決定期日において最高価買受申出人等の買受けの申出に対する許否を明らかにするため、これまでに実施された一連の手続が適正に行われたか否かについて職権で調査を行い、民事執行法第71条に定める売却不許可事由に該当する場合を除き、通常は売却許可決定という裁判を行います。売却許可決定が言い渡されたときは、その内容を執行裁判所の掲示場に公告します。買受人が配当を受けられるべき債権者である場合は、売却代金から買受人が配当等を受けるべき額を差し引いた残額だけを配当期日等に納付することも認められています。差引納付の申出は売却許可決定が確定するまでに申し出なければなりません。

## 配当

執行裁判所が、配当期日において、差押債権者や配当の要求をした他の債権者に対し、法律で規定される権利の順番等に従って売却代金を配る手続です。執行裁判所が配当の定めをした場合には、裁判所書記官がその定めに基づいて配当表を作成し、この配当表に基づいて配当が実施されます。原則として、抵当権を有している債権と、債務名義しか有していない債権とでは、抵当権を有している債権が優先します。また、抵当権を有している債権の間では、抵当権の設定登記がされた日の順に優先し、債務名義しか有していない債権の間では、優先関係はなく、平等に扱われます。

## 配当要求

配当要求とは、債権者が、配当等を受けるべき債権者の地位を取得するために、既に開始されている他の債権者が申し立てた競売手続に参加して自己の債権の満足を受けようとする手続です。しかし、誰でもこの手続に参加することができるわけではなく、配当要求をすることができる債権者は限定されています。

配当要求は、他の債権者が申し立てた競売手続に参加し、その手続上で配当等を受ける地位を取得するにすぎないため、当該手続が取下げ又は取消しにより終了した場合は配当要求も効力を失います。

## ひ 引渡命令

引渡命令とは、買受人が代金納付を済ませた後、簡易な手続（通常の裁判と比較して）で、建物から占有者を退去させる命令のことです。代金を納付した買受人又はその一般承継人から、引渡命令の申立てがされると、執行裁判所は、発令要件を備えていると認めた場合、競売不動産を引き渡すべき旨の決定をします。なお、占有者が自発的に退去しない場合は、引渡命令に基づいて退去させるための強制執行が必要です。その場合には、退去執行のため別途費用がかかります。

### 引渡命令の執行

引渡命令が相手方に送達され、1週間以内に執行抗告（引渡命令に対する不服申立て）がなければその命令が確定し、強制執行ができる効力（「執行力」）が発生します。なお、実際に明渡しの強制執行をする場合には、引渡命令に対する執行文の付与（申立手数料は1件につき300円）及び送達証明（手数料は証明事項1個につき150円）の申請を裁判所書記官にし、これらの書類（執行文付きの引渡命令正本及び送達証明）に基づき、執行官に明渡執行を申し立てなければなりません。また、実際に明渡しの強制執行をする場合には、上記手数料のほかに、執行官に対し必要な費用（家具などの運搬費用や執行官手数料など）を予約しなければなりません。

### 比準価格

不動産の価格を求める手法の1つである取引事例から比較して求める「取引事例比較法」を適用して、試算された試算価格を「比準価格」といいます。

### 必要費・有益費

建物の占有者が建物の修繕などのために必要又は有益な費用を支出している場合、占有者に支払う必要がある費用のことです。占有者が、留置権を主張している場合、この費用を支払わなければ、買い受けた建物の明渡しを受けることはできません。金額に争いがあり、話合いで解決がつかない場合には、民事訴訟などによって解決することになります。物件明細書に記載された必要費・有

益費の額は、作成時点で裁判所書記官が、執行裁判所の売却基準価額の決定の資料とするために記載した額であるため、現実に支払う額は必ずしもこれと同額とは限りません。

### 評価書

執行裁判所の選任した評価人（原則として、不動産鑑定士）が、その物件の価格評価とその算出過程などについて記載した書類です。評価書には、不動産の評価額、周囲の環境の概要等が記載されており、不動産の図面等が添付されています。これらを見れば、算出された評価額の理由、不動産の現況と、それをめぐる公法上の規制等法律関係のあらましがわかるようになっています。

### 標準画地価格

土地価格を求めるにあたって、例えば対象地が角地である場合や付近の土地と比較して形状が劣る等の個別性を有する場合に、まず地域の標準的な画地（一般住宅地域においては整形な中間画地等）を想定した価格を求める場合があり、この価格を「標準画地価格」といいます。

### ふ 風致地区

都市計画法に基づく地域地区の1つで、都市の良好な自然的な景観（風致）を維持するために定める地区のことです。風致地区においては、都市計画法による基準に基づき定められる都道府県の条例で建築物の建築、その他の工作物の建設、宅地造成、その他都市の風致の維持に影響を及ぼすおそれのある行為は、都道府県知事等の許可を受けなければなりません。また、条例において、建築物に対しては、高さ・建蔽率・壁面の後退等の規制が定められています。

### 袋地

不動産の評価書中に袋地と表現している場合の土地は、土地の形状が袋形（路地状部分が道路に接する形）の不整形画地のことです。評価人によっては「路地状部付宅地」等の表現をしている場合があります。建築基準法第43条の規定により、建築物の敷地は建築基準法上の道路に2m以上接しなければなりませんので注意を要します。また、用途又は規模の特殊性により、地方公共団体の条例で制限を付加することができるようになっていますので、事前によく調べる必要があります。

### 物件明細書

物件明細書は、民事執行法第62条・民事執行規則第31条により、買受人が引き受けることとなる権利関係など競売物件に関する一定の情報を記載して備え置くこととされているものです。物件明細書には、その不動産を買い受けたときに、買い受けた人がそのまま引き継がなければならない賃借権などの権利があるかどうか、土地か建物だけを買い受けたときに建物のために地上権が成立するかどうか、その他参考となる事項が記載されています。物件明細書は、裁判所書記官が記録上表れている事実等とそれに基づく認識を記載したものにすぎず、当事者の権利関係を確定するものではなく、権利関係に関する裁判を拘束するものでもありません。したがって、新たな事実の発生・発覚等によって権利関係が変わることもあり、また、物件の状態が変わることもあり得ます。そのため、入札を検討する場合には、必ず、直接現地を見に行くなど十分な調査・確認を行うことが必要です。

### 物件明細書の記載事項

物件明細書には、これを作成した裁判所書記官の氏名及びその所属する執行裁判所名や事件番号、作成日付のほか、(1)不動産の表示、(2)売却により成立する法定地上権の概要、(3)買受人が負担することとなる他人の権利、(4)物件の占有状況等に関する特記事項、(5)その他買受けの参考となる事項といったものが記載されています。なお、裁判所では、多くの事件を取り扱っており、その管理は事件番号によって行っていますので、裁判所に問合せ等をする場合には、必ず事件番号を告げる必要があります。

### 物件目録

売却対象となる不動産の目録が記載されているものです。この記載内容により、土地と建物が売り出されているのか、建物だけなのか、売り出される権利は全部の所有権なのか、持分のみなのか等がわかります。なお、物件については、物件番号が付けられていますので、物件番号にも注意が必要です。土地が一筆と建物が一棟だけの場合は、土地を物件(1)、建物を物件(2)と表示するのが一般的です。物件について、「持分〇分の〇」と記載されている場合には、当該物件については共有持分（他の人と分け合って所有する物の割合的な権利）のみの売却であり、買受人は当然に物件を使用収益できるとは限りません。

### 不動産競売

地方裁判所では、債務を弁済することができなくなった人の所有する不動産等を差し押さえて、これを売却し、その代金を債務の弁済に充てる手続を取り扱っています。これが不動産の競売です。

### 不動産執行の申立て

債務者所有の不動産に対して行う差押えを、裁判所に対して申し立てることです。不動産執行の申立ては、書面でしなければなりません。申立ては、目的不動産の所在地を管轄する地方裁判所（支部を含む。）にします。

### 不動産に対する強制執行

不動産に対して行う強制執行の方法には、強制競売と強制管理があります。強制競売は、債務者所有の不動産を差し押さえ、これを換価し、その売得金を債権者の債権の弁済に充てることを目的とする執行方法です。強制管理は、目的不動産を差し押さえ、管理人にこれを管理させ、その不動産から得る収益を債権の満足に充てることを目的とする執行方法です。

### 不動産の引渡し

所有権を取得した買受人が、不動産を占有している者に対して、引渡しを求めることをいいます。従前の所有者が任意に引き渡さないときなど、一定の場合には、代金を納付した日から6か月以内（買受けの時に民法395条1項に規定する建物使用者が占有していた建物の買受人にあっては9か月以内）に申し立てることによって、引渡命令という裁判ができます。この裁判がされると、執行官に申し立てて、従前の所有者等を強制的に立ち退かせることができます。ただし、引き続いて居住する権利を有する人が住んでいる場合など自ら引き継がなければならない賃借権がある場合などには、すぐに引き渡してもらうことはできません。

### ㋭ 法定地上権

競売の結果、土地と建物を別々の人が所有することとなった場合、土地については地上権の負担を伴うものとなり、建物については、敷地に対して一定の範囲内で地上権を取得できることがあります。これを法定地上権といいます。

### 法定地上権価格

法定地上権価格とは、「法定地上権」という土地利用権について評価した価格のことです。法定地上権には、担保権の実行としての競売及び抵当権の設定された土地又は建物に対する強制競売の場合に民法第388条の適用により成立するものと、抵当権の設定のない土地又は建物に対する強制競売の場合に民事執行法第81条の適用により成立するものがあります。民法第388条による法定地上権は、同一の所有者に属する土地又はその上に存する建物に設定された抵当権が実行され、それぞれ所有者を異にするに至ったときに、抵当権設定者が設定したとみなされる地上権のことです。また、民事執行法第81条による法定地上権は、同一の債務者に属する土地又はその上に存する建物について強制競売が行われ、それぞれ所有者を異にするに至ったときに、その建物について設定されたとみなされる地上権のことです。法定地上権の成立時期は代金を完納した時期であり、存続期間は借地借家法第3条により、30年となります。また、法定地上権の及ぶ範囲は、建物の利用上必要な限度で敷地以外の相当な範囲にも及び、一筆の土地の一部又は数筆にまたがって認められる場合もあります。不動産競売事件における評価においては、対抗要件を具備し、買受人に対抗できる土地利用権が存続するときの「土地」については、当該土地の価格から土地利用権価格を控除して評価します（土地利用権価格を控除した土地の価格が「底地価格」であり、土地利用権の制約を受ける土地として評価されることになる。）。土地利用権が建物に付着するものであるときは、その価格は建物の価格に加算されることになります。なお、建物の築造が土地への抵当権設定の後であるときは、抵当権者は当該土地及び建物を一括で競売することができますが、この場合には、買受人の所有権取得についてなんら影響を及ぼしません。

### 保証の提供

入札をするときには、買受けの申出をするための保証の提供が必要です。その額は、通常は不動産の売却基準価額の20％ですが、それ以上のこともあります。保証の額も公告に記載されています。保証の提供は、次のいずれかの方法でしなければなりません。第1は、入札する前に、執行裁判所の預金口座に、最寄りの金融機関から保証の額に相当する金銭を振り込み、金融機関の領収印のある保管金受入手続添付書（振込依頼書の第2片）を入札保証金振込証明書の用紙に貼付し、これを入札書と共に提出する方法です。この場合、振り込まれた金銭が入札期間中に裁判所の預金口座に入金済みにならないと入札は無効ですから、なるべく「電信扱い」として早めに振り込みます。入札保証金振込

証明書と振込依頼書（3連複写式）の用紙は、入札書用紙と共に執行官室に備え置かれています。第2は、銀行、損害保険会社、農林中央金庫、商工組合中央金庫、全国を地区とする信用金庫連合会、信用金庫又は労働金庫と支払保証委託契約を締結して、その証明書を提出する方法です。この方法は銀行等が支払保証委託契約の締結に応じてくれることが前提となります。

## み 見込地

評価上、より価値の高い他の種別の土地へ転換されることが見込まれる土地のことであり、「宅地見込地」「農地見込地」等があります。

### 民事執行手続

債権者の申立てによって、裁判所が債務者の財産を差し押さえてお金に換え（換価）、債権者に分配する（配当）などして、債権者に債権を回収させる手続です。民事執行手続には、強制執行手続や担保権の実行としての競売手続などがあります。

### 民事執行法第63条第2項第1号の申出・申出額

差押債権者が、無剰余（不動産の買受可能価額が手続費用及び優先債権の見込額の合計額に満たない場合）による競売手続の取消しを回避するため、民事執行法第63条第2項第1号の申出及び保証の提供をする場合があります。具体的には、差押債権者は、手続費用及び優先債権の見込額の合計額以上の額（「申出額」）を定め、その申出額に達する買受けの申出がないときは、自らが申出額で買い受ける旨の申出をし、さらに、申出額に相当する保証を提供することになります。この場合、その他の買受希望者は、この申出額以上の買受けの申出をしないと最高価買受申出人になることができません。

## よ 容積率

建築物の延べ面積の敷地面積に対する割合のことです。都市計画法で定められる区分ごとの定率以下で、かつ、前面道路の幅員に応じた率以下でなければなりません。「定率」とは、各用途地域ごとに都市計画法により定められていますが、一定の要件を満たした地階の床面積や共同住宅の廊下、階段室等の緩和もありますので各々確認することが必要です。

**用途地域（用途地域に関する制限の意義）**

都市計画法の地域地区の１つで、良好な居住地域の確保や商工業その他の利便増進のために、都市の諸機能の適切配分化を図る目的で定められていますが、各々の土地地域内の建蔽率・容積率や建物用途制限の詳細については多様のため表示し尽くせないので、各市町村の都市計画課又は「都市計画図」等で確認することが必要です。

**り** **林地**

木の生育の用に供されている（山林）土地のことです。

**ろ** **ローン制度**

融資先の銀行等の金融機関と抵当権設定契約を締結して、金融機関から資金を借り入れることができます。競売物件でも認める金融機関もあります。

**わ** **和解調書**

裁判所において、当事者が和解するときにその内容を記録したものを和解調書といいます。和解の内容を調書に記載したときは、その記載は、確定判決と同一の効力を有します（民事訴訟法267条）。

<本書に関するお問合せ先>

　本書の記述に関するご質問等は、**文書にて**下記あて先にお寄せください。お寄せいただきましたご質問等への回答は、若干お時間をいただく場合もございますので、あらかじめご了承ください。また、**電話でのお問い合わせはお受けいたしかねます。**

一般社団法人　不動産競売流通協会　試験センター

https://fkr.or.jp/exam/

〒105-0012　東京都港区芝大門 2-10-1　第一大門ビル 7 F

Email：book@fkr.or.jp


競売不動産の基礎知識　4訂版
〜競売不動産取扱主任者　公式テキスト〜

| | |
|---|---|
| 平成 27 年 5 月 7 日 | 改訂版発行 |
| 平成 28 年 4 月 5 日 | 改訂版第 2 刷発行 |
| 平成 30 年 7 月 30 日 | 改訂版第 3 刷発行 |
| 令和 2 年 3 月 30 日 | 3 訂版発行 |
| 令和 6 年 4 月 24 日 | 4 訂版発行 |

著　者　青山　一広（一般社団法人　不動産競売流通協会　代表理事）

発行所　（一社)不動産競売流通協会
　　　　　　　　〒105-0012 東京都港区芝大門 2-10-1
　　　　　　　　　　　　　　　　第一大門ビル 7 F
　　　　　　　　　電　話　03(5776)0981

発売所　（株)住宅新報出版
　　　　　　　　〒171-0014 東京都豊島区池袋 2-38-1
　　　　　　　　　電　話　03(6388)0052

印刷・製本／東光整版印刷株式会社　　　　　　　　Printed in Japan

落丁本・乱丁本はお取り替えいたします。　　　ISBN978-4-910499-95-6 C2032